Christoph Schulz

NACHHALTIG LEBEN
FÜR EINSTEIGER

Christoph Schulz

NACHHALTIG LEBEN
FÜR EINSTEIGER

Schritt für Schritt den
Unterschied machen

Bibliografische Information der Deutschen Nationalbibliothek

Die Deutsche Nationalbibliothek verzeichnet diese Publikation in der Deutschen Nationalbibliografie.
Detaillierte bibliografische Daten sind im Internet über http://d-nb.de abrufbar.

Für Fragen und Anregungen
info@mvg-verlag.de

Originalausgabe
2. Auflage 2020
© 2020 by mvg Verlag, ein Imprint der Münchner Verlagsgruppe GmbH
Nymphenburger Straße 86
D-80636 München
Tel.: 089 651285-0
Fax: 089 652096

Redaktion: Kerstin Bömer
Umschlaggestaltung: Manuela Amode
Umschlagabbildung: shutterstock.com/Tasty_Cat, HappyPictures, bosotochka, Katy Flaty, cosmaa
Illustrationen Innenteil: Götz Rohloff, Die Buchmacher – Atelier für Buchgestaltung, Köln
Layout: Ortrud Müller, Die Buchmacher – Atelier für Buchgestaltung, Köln
Satz: Ortrud Müller, Die Buchmacher – Atelier für Buchgestaltung, Köln
Druck: Florjancic Tisk d.o.o., Slowenien
Printed in the EU

ISBN Print 978-3-7474-0089-0
ISBN E-Book (PDF) 978-3-96121-430-3
ISBN E-Book (EPUB, Mobi) 978-3-96121-431-0

Weitere Informationen zum Verlag finden Sie unter

www.mvg-verlag.de

Beachten Sie auch unsere weiteren Verlage unter www.m-vg.de

Erst wenn der
letzte Baum gerodet,
der letzte Fluss vergiftet,
der letzte Fisch gefangen ist,
werdet ihr feststellen,
dass man Geld nicht
essen kann.

WEISHEIT DER CREE

INHALT

VORWORT

Mit geschlossenen Augen und zugehaltenen Ohren stelle ich mir für einen Moment vor, dass alle Menschen auf diesem großartigen Planeten genauso natürlich leben würden, wie es uns alle Tiere seit jeher vormachen. Ohne Abgase, ohne Plastikmüll, ohne Ölbohrungen und Schiffsunglücke. Ich male mir aus, wir hinterließen nichts als einen nackten Fußabdruck im feuchten Strandsand, ganz so, wie eine spazierende Möwe mit jedem Schritt ihre drei kleinen, schmalen Linien hineindrückt. Auch von einem wilden Pferd, das am Meer entlanggaloppiert, bleiben nur die Abdrücke der schwingenden Hufe zurück. Sogar eine kleine Schildkröte weiß schon direkt nach ihrem Ausbruch aus dem Ei, was sie zu tun hat – und kämpft ihren flachen Körper mit maximaler Kraft in Richtung der ersten Welle durch den Sand. Alles, was sie hinterlässt, sind eine biologische Eierschale und ein paar Schleifspuren.

Dann öffne ich meine Augen und lasse meine Hände sinken. Was ich dann ohne jede Anstrengung sehe, höre und auch rieche, ist der menschliche Fußabdruck auf dieser Erde. Rauchende Fabriktürme und lärmende Autos blasen stinkende Abgase hinaus. Im Wasser treiben Feuerzeuge, Flip-Flops und Plastikflaschen neben ein paar verendeten Fischen. Noch im selben schweren Atemzug steigt ein Airbus majestätisch in die Lüfte, während im Hintergrund ein riesiges Kreuzfahrtschiff auf seiner Jungfernfahrt vorbeischleicht.

Einige Fragen drängen sich mir auf: War dieser Augenblick nur ein Trugbild, das ich unter »Ach, das wird schon wieder!« abheften kann?

Oder sind wir wirklich die einzigen Lebewesen, die diesen Planeten zerstören? Ist das tatsächlich das Werk des intelligentesten Lebewesens der Erde? Hatte ich einfach nur zu lange meine Augen verschlossen und mich an diese Zustände gewöhnt? Dass dieselben Eindrücke in exakt demselben Augenblick nicht nur Menschen in Mumbai, sondern auch in Denpasar, Peking, Kapstadt, Hamburg, New York oder Sydney erleben konnten, spricht dafür. Wie wilde Bestien nehmen wir uns alles, was wir wollen. Der Preis, den wir dafür zahlen, spielt keine Rolle. Wir töten, vergiften und rauben – und gieren nach mehr. Bis kein einziges Lebewesen – einschließlich uns selbst – mehr auf diesem Planeten überleben kann. Aber halt, noch ist es nicht zu spät. Noch können wir die Erde für zukünftige Generationen bewahren.

Doch wie genau können wir dafür sorgen, dass auch im Jahr 2090 noch Menschen einen Planeten vorfinden, den man gern bewohnt? Die Antwort auf diese Frage liegt im WIR. Denn nur, wenn wir gemeinsam lernen, nachhaltig zu leben, ist unser Planet zu retten. Gemeinsam können wir verhindern, dass mehr Plastikmüll als Fische im Meer schwimmt und es schaffen, dass die Luft in Großstädten eingeatmet werden kann, ohne schwerwiegende Erkrankungen nach sich zu ziehen. Gemeinsam können wir auch den von uns selbst verursachten Klimawandel stoppen und unsere eigenen Fehler korrigieren.

Vegan – klimafreundlich – plastikfrei – fair – regional – palmölfrei. Tierleid und Erderwärmung verhindern, Plastikmüll vermeiden, kleinere Biobauern vor Ort unterstützen und den Lebensraum des Orang-Utans retten. All das zusammen genommen ist ziemlich nachhaltig, aber puh ... es erscheint auch fast unmöglich. Glücklicherweise erwartet niemand von uns, dass wir alles auf einmal umsetzen, richtig? Richtig. Das heißt, dass wir uns in unserem eigenen Tempo nach und nach in diese Richtung entwickeln können. Niemand muss alles perfekt machen – Veränderung funktioniert auch, wenn viele großartige Menschen viele kleine Dinge unperfekt tun. Ja, doch was, wenn findige Forscher in einem halben Jahrhundert feststellen, dass es eigentlich gar keinen Klimawandel gibt und Probleme wie die Erderwärmung überhaupt nicht menschengemacht sind? Dann hätten wir ja völlig umsonst dafür gesorgt, dass unsere Gewässer voll und klar, unsere Luft wohlriechend und sauber, unsere Böden fruchtbar und gesund und unsere Unternehmen umweltbewusst und sozial sind. Oh ja, da würden wir uns aber mächtig ärgern. Ironie aus.[1]

Es ist mehr als an der Zeit, unser eigenes Verhalten auf diesem Planeten zu hinterfragen und zukünftigen Generationen die Chance zu bewahren, das Leben hier genießen zu können. Da trifft es sich doch gut, dass es heute wieder cool ist, ein »Öko« zu sein. Mit diesem Buch möchte ich dir ein Bild der Probleme unserer Zeit malen, dir Lösungsmöglichkeiten an die Hand geben und dich dazu motivieren, diese in deinen Alltag zu integrieren. So kannst auch du jeden Tag ganz einfach einen wertvollen Teil zur Lösung beitragen.

11

WARUM NACHHALTIG LEBEN?

»Sei du selbst
die Veränderung,
die du dir wünschst
für diese Welt.«

MAHATMA GANDHI

Warum nachhaltig leben?

Um das eigene Verhalten positiv zu verändern, braucht es neben einer Extraportion Mut auch immer einen greifbaren, motivierenden Sinn. Oder würde ein Raucher etwa aufhören zu qualmen, wenn er nicht wüsste, dass Zigaretten seine Lunge zerstören, sein Krebsrisiko erhöhen, täglich gemeinsam mit zehn Milliarden anderen Glimmstängeln[2] als Schadstoffe und Plastikmüll in der Umwelt landen und zahlreichen Tieren das Leben kosten? Tendenziell nicht, denn kurzfristig verschafft die Zigarette ja anscheinend eine Art Wohlgefühl. Langfristig tötet sie Mensch und Tier. Leider ist das kurzfristige Wohlgefühl oft so greifbar und erstrebenswert, dass es uns blind für die langfristigen Folgen macht. Wer jedoch den Sinn hinter einer angestrebten Veränderung verinnerlicht, der ist motivierter, strengt sich daher mehr an und wird sein Ziel mit höherer Wahrscheinlichkeit erreichen. Und wer zu hundert Prozent von den Gründen für die Veränderung überzeugt ist, wer mit jeder Faser seines Körpers an das glaubt, was er tut, der lässt sich von niemandem von seinem Ziel abhalten. Diese Leidenschaft ist ansteckend, da sie heute nicht mehr selbstverständlich ist. Wer nachhaltig lebt, ist Vorbild – und Vorbilder entscheiden über die Zukunft. In der Psychologie nennt man es das »Prinzip der sozialen Bewährtheit«: Zunächst muss jemand vorangehen und zeigen, wie der Hase läuft. Dann werden neue Verhaltensweisen plötzlich gesellschaftlich anerkannt und adaptiert.

Da nachhaltiges Denken und Handeln uns sowohl weniger Tierleid als auch einen fairen und sozialen Umgang untereinander und darüber hinaus eine saubere Umwelt mit gesunder Luft zum Atmen, klaren Flüssen zum Bewässern und Trinken sowie leckeren Lebensmitteln gewähren, sind sie zum Wohle aller.

Was versteht man eigentlich grundsätzlich unter Nachhaltigkeit? Moderne Lexika beschreiben den Begriff der Nachhaltigkeit mit »längere Zeit anhaltende Wirkung«. So weit, so gut. Doch bezogen auf unsere Umwelt, unsere Gesundheit und unsere Gesellschaft bedeutet er, dass wir so leben sollten, dass zukünftige Generationen die gleichen Chancen auf diesem Planeten haben wie wir auch. Demnach darf ich mich als jemanden bezeichnen, der nachhaltig handelt, wenn ich dieses Ziel mit meinem alltäglichen Verhalten beim Frühstück, auf dem Weg zur Arbeit oder im Urlaub nicht gefährde.

Was die exakte Definition des Begriffs anbelangt, scheiden sich jedoch die Geister. Wir können froh sein, dass für uns entscheidender ist, was wir selbst darunter verstehen. Der eine meint schon, nachhaltig zu leben, wenn er auf einen Plastikstrohhalm im Cuba Libre verzichtet, der andere erst, wenn er zwei Jahre lang nicht mit dem Flugzeug fliegt und sich seitdem auch ohne Ausnahmen vegan ernährt. Wie weit man schlussendlich geht, ist jedem selbst überlassen. Wichtig ist in jedem Fall, den nachhaltigen Alltag nicht als Hauruckaktion zu sehen, die ein paar Tage später keine Rolle mehr spielt. Denn die Grundidee, nachhaltig zu leben, ist kein vorübergehender Trend. Nein, sie ist eine stetig wachsende Bewegung, da sie das Leben auf dieser Welt verbessert. Man kann sie nicht einfach wie eine heiße Kartoffel fallen lassen. Stattdessen ist es sinnvoll, sich zunächst die Gründe für ein möglichst nachhaltiges Leben zu verinnerlichen, die eigenen persönlichen Wünsche und Ziele mit dem neuen Lebensstil klar zu definieren und sich dann langsam, aber stetig weiterzuentwickeln.

Ich zum Beispiel lebe nachhaltig, weil ich ein Herz für unsere Natur habe. Ich kann es nicht ertragen, dass der Earth Overshoot Day jedes Jahr ein paar Tage näher an das Neujahrsfest heranrückt, weil wir die Erde ausquetschen wie eine saftige Zitrone.

15

Earth Overshoot Day

Übersetzt ist damit der Tag der Erdüberlastung gemeint, also der Tag im Jahr, an dem wir Menschen mehr nachwachsende Ressourcen verbraucht haben, als die Erde im gesamten Jahr reproduzieren kann. Der deutsche Erdüberlastungstag fiel im Jahr 2019 bereits auf den 3. Mai[3] – an diesem Tag hatten wir also bereits alle natürlichen Ressourcen verbraucht, die unserem Land rein rechnerisch für das gesamte Jahr zustehen. Die restliche Zeit des Jahres leben wir auf Pump. Für den weltweiten Overshoot Day vergingen bis zum 29. Juli noch fast drei weitere Monate.[4] Das unterstreicht, dass wir global, aber ganz besonders in Deutschland in einer ressourcenverschwenderischen Gesellschaft leben. Es offenbart aber gleichzeitig auch das enorme Verbesserungspotenzial.

Auch den Anblick von Schildkröten und Basstölpeln, die an billigen Sixpack-Ringen verenden, habe ich satt. Ich will die Luft in meiner Umgebung ohne zu husten einatmen und in einem kristallklaren Meer tauchen können. Ich will, dass es Menschen, Tieren und Pflanzen gut geht. Ich will, dass jedes Lebewesen fair behandelt wird. Ich will einfach ein guter Mensch sein und einen wertvollen Teil zur Lösung der Probleme unserer Zeit beitragen. Jeder meiner Tage ist darauf ausgerichtet, diese Welt als einen besseren Ort zu verlassen, als den ich sie vorgefunden habe. Das ist mein täglicher Motivator und auch der Grund dafür, dass ich jeden Menschen auf dieser Erde für einen nachhaltigen Lebensstil begeistern möchte. Man muss die Probleme nur erst einmal kennenlernen, um sie lösen zu können.

Nutze diesen Moment, um dir dein persönliches WARUM zu beantworten.

_____

_____

_____

_____

_____

_____

_____

_____

_____

_____

_____

_____

_____

PROBLEME UNSERER ZEIT

Auf der Suche nach guten Gründen für einen nachhaltigen Lebensstil werde ich schnell fündig, wenn ich meine Gedanken zu den größten gesellschaftlichen und ökologischen Problemen unserer Zeit schweifen lasse. Zur Ursache jedes dieser Probleme führen identische Fußabdrücke – menschliche. Und je länger man nachhaltig lebt und desto mehr Menschen damit inspiriert, desto geringer sind der eigene ökologische Fußabdruck und der Anteil an Klimawandel, Luftverschmutzung oder der Abholzung der Regenwälder. Je länger man mit Scheuklappen Palmöl konsumiert, durch die Welt jettet, literweise Wasser verschwendet und Tonnen von Lebensmitteln wegschmeißt, desto größer ist der eigene Fußabdruck. Die Rechnung ist eigentlich ganz einfach.

Ökologischer Fußabdruck

Jeder Mensch hinterlässt durch sein persönliches Verhalten einen ökologischen Fußabdruck, der die natürlichen Ressourcen beschreibt, die er persönlich benötigt, um den eigenen Lebensstandard dauerhaft aufrechtzuerhalten. Dabei werden Werte berücksichtigt, die Einfluss auf unsere Umwelt nehmen, zum Beispiel die CO_2-Ausstöße für die Transporte der Onlinebestellungen, der Wasserverbrauch für die Bewässerung der Lebensmittel oder der Anteil des Mülls, der durch Konsum entsteht und recycelt werden kann. Durch den ökologischen Fußabdruck lässt sich das Verhalten von Menschen sehr gut miteinander vergleichen und schlussendlich auch verbessern.

Der britische Polarforscher Robert Swan hat einmal den folgenden Satz gesagt: »Die größte Bedrohung für unseren Planeten ist der Glaube, dass jemand anders ihn retten wird.«

Dieses Zitat beschreibt die fundamentale Ursache für die Umweltprobleme, mit denen wir heute zu kämpfen haben, nämlich die Hoffnung, dass es jemand anders schon richten wird. Ich glaube, dass wir die Wirkung unseres Handelns oft unterschätzen und deshalb tendenziell lieber den Weg des geringsten Widerstandes suchen. Wir belassen dann einfach alles beim Alten und gehen davon aus, dass jemand anders sich schon darum kümmern wird. Hoffnung ist zwar grundsätzlich eine großartige und zielführende Charaktereigenschaft – allerdings meist nur dann, wenn man auch aktiv etwas dafür tut, dass sie sich in der Zukunft bewahrheitet. Für ein langfristig nachhaltiges Leben brauchen wir neben der dauerhaften Hoffnung auf Besserung also auch einen Schuss Eigenleistung.

Die Entstehung der heutigen gesellschaftlichen und ökologischen Probleme haben wir besonders im letzten Jahrhundert bei vollem Bewusstsein verschlafen. Nun wachen wir langsam auf. Ich bin der vollen Überzeugung, dass Profitgier, Gleichgültigkeit und schwindende Hoffnung die folgenschweren gesellschaftlichen und ökologischen Probleme auf unserem Planeten geschaffen haben. Das rasante Wachstum der Weltbevölkerung ist dabei nicht einmal die Wurzel unserer Probleme. Diese liegt vielmehr in unserem Verhalten. Glücklicherweise ist unser Verhalten etwas, das wir jeden Tag ändern können. Das ist mein persönlicher Hoffnungsschimmer und Mutmacher dafür, dass wir unseren Planeten retten werden –, doch Zeit verlieren dürfen wir nicht.

Warum die steigende Weltbevölkerung nicht die Wurzel allen Übels ist

Die überproportionale Zunahme der Weltbevölkerung macht vielen Menschen Angst. Massenmigrationen, gigantische Metropolen mit überfüllten Slums, verpestete Luft, Kampf ums Überleben – so sehen die Erwartungen vieler aus. Dass sich die globale Weltbevölkerung vom Jahr 1970 mit 3,7 Milliarden auf 7,5 Milliarden Menschen im Jahr 2018 mehr als verdoppelt hat, verschärft zwar die Probleme auf unserem Planeten, doch die hohe Geburtenrate und der Weltbevölkerungsboom sind nicht deren Ursache, sondern eine der Phasen des globalen, demografischen Übergangs. Jedes einzelne Land durchläuft eine dieser Phasen. Mancherorts mangelt es heute an Nahrung, Hygiene und medizinischer Versorgung. Aufgrund der daraus resultierenden hohen Sterblichkeitsrate bekommen Frauen mehr Kinder – dementsprechend hoch ist die Geburtenrate. In der darauffolgenden Phase durchlaufen gerade viele Länder ihre eigene industrielle Revolution mit der beginnenden Massenfertigung von Gütern. In dieser Phase verbessern sich sowohl die Kommunikation, die Medizin, die Nahrungsversorgung, die Hygiene als auch die Bedingungen für die ärmere Arbeiterschicht. Die Folge: Die Sterblichkeitsrate sinkt und die Geburtenrate steigt noch weiter an – es kommt zu einer inländischen Bevölkerungsexplosion. Nachdem einer Gesellschaft bewusst wird, dass die Überlebenschancen sich deutlich erhöht haben, nimmt die Geburtenrate in der nächsten Phase wieder ab. Da weniger Menschen sterben und auch weniger geboren werden, bildet sich ein Gleichgewicht, das sich darauffolgend in der letzten Phase weiter stabilisiert. Die meisten Länder haben bereits heute die vierte Phase erreicht. Auch ein Land wie Bangladesch findet sich dort wieder. Während Frauen dort im Jahr 1971 noch durchschnittlich sieben Kinder zur Welt brachten, waren es im Jahr 2015 nur noch etwa zwei.

In Deutschland ist die niedrige Geburtenrate also nichts Besonderes – bei uns fand diese Entwicklung nur früher statt. Je mehr Unterstützung ärmere Länder jetzt von uns bekommen, desto schneller können sie sich auch entwickeln. Jeder Einzelne von uns kann durch finanzielle Spenden die Aufklärungsarbeit vor Ort unterstützen oder durch eine Patenschaft den Menschen dort unmittelbar helfen. Das Wachstum der Weltbevölkerung wird mit fortschreitender Entwicklung aufhören. Die UN sagt sogar voraus, dass die Weltbevölkerung ihren Peak maximal bei etwa 11 Milliarden Menschen haben wird.[5] Dann wird der Anteil von Menschen mit höherer Bildung steigen und dafür sorgen, dass ein weltweites Gleichgewicht einkehrt.[6]

KLIMAWANDEL

Fakten:

- Laut der NASA war das Jahr 2017 um etwa 0,90 °C wärmer als der Mittelwert über den Zeitraum 1951 bis 1980.[7]
- Weltweit hat sich die Zahl der klimabezogenen Katastrophen seit 1980 verdreifacht.[8]
- Das arktische Meereis schrumpft in seiner durchschnittlichen jährlichen Ausdehnung um 2,7 Prozent pro Jahrzehnt.[9]
- Seit 1990 ist der Meeresspiegel im weltweiten Durchschnitt um etwa 20 Zentimeter angestiegen.[10]
- Im Jahr 2017 produzierte jeder Deutsche durchschnittlich neun Tonnen Kohlenstoffdioxid.[11] Der globale Durchschnitt lag bei 4,8 Tonnen.[12]
- Etwa 78 Prozent der gesamten menschengemachten Treibhausgasemissionen im Zeitraum 1970 bis 2010 sind auf die Verbrennung fossiler Energieträger zurückzuführen.[13]
- Grönland verliert 250 bis 300 Milliarden Tonnen Eis pro Jahr.[14]

Warum nachhaltig leben?

Der Klimawandel passiert – jetzt gerade. Auch wenn von Natur aus Treibhausgase wie Kohlendioxid oder Methan in unserer Atmosphäre vorhanden sind, hat unser Verhalten die Konzentration dieser Gase massiv erhöht. Durch die Abholzung von Wäldern entlädt sich zum Beispiel das von den Bäumen gespeicherte CO_2. Um Strom zu erzeugen, wird Kohle verbrannt. Auch hierbei werden Kohlendioxide und Stickoxide in die Atmosphäre geblasen. Die Fleischerzeugung benötigt besonders viel Energie, beispielsweise zur Herstellung von Tierfutter. Bei der Verdauung stoßen Kühe, Schweine und Schafe allerdings jede Menge Methan aus, das ebenfalls zur Erderwärmung beiträgt. Ein Grund mehr dafür, dass sich unser Planet allmählich aufwärmt.

Seit 1880 sind wir Menschen in der Lage, Temperaturen regelmäßig und über längere Zeiträume zu messen. Während die Durchschnittstemperatur auf unserem Planeten zwischen dem Beginn der Aufzeichnung und 1980 nur mit leichten Ausschlägen zwischen -0,40 °C und +0,20 °C hin- und herpendelte, ist die weltweite Durchschnittstemperatur seit den 1980er-Jahren stetig gestiegen und betrug im Jahr 2016 bereits +0,94 °C mehr als das Mittel im 20. Jahrhundert.[15] Dieser Temperaturunterschied wirkt zwar gering, er hat aber bereits zur Folge, dass die Polkappen schmelzen und Überschwemmungen, Stürme, Hitzewellen und Dürreperioden an der Tagesordnung sind. Die Erderwärmung zieht einen massiven Rattenschwanz an Problemen mit sich. Mit jedem Tag, der vergeht, wird das deutlicher. Hitzestress und Infektionskrankheiten mehren sich. Überschwemmungen spülen Häuser hinweg und Millionen von Menschen ringen plötzlich um jeden Tropfen trinkbaren Wassers. Zudem gibt es durch die Wasserknappheit immer mehr Menschen, die hungern.

Wir sind die erste Generation, die den Klimawandel wirklich zu spüren bekommt. Gleichzeitig aber auch die letzte, die ihn stoppen kann. Sollte das Thermometer auf unserem Planeten irgendwann durchschnittlich 4 °C mehr anzeigen als noch in den 1980er-Jahren, dann müssten Millionenstädte wie Hamburg oder Tokio aufgrund des steigenden Meeresspiegels geräumt werden. In vielen Ländern wäre es so heiß, dass ein Leben dort unmöglich wäre. Da das Eis an den Polen schmilzt, verlieren auch Eisbären ihren Lebensraum und drohen, zu verhungern. Ob Mensch oder Tier spielt keine Rolle – alle werden dann ums nackte Überleben kämpfen müssen. Spätestens dann wird uns der Klimawandel ein für alle Mal verdeutlichen, dass man Geld weder atmen noch essen oder trinken kann.

In unserem Alltag können wir dem Klimawandel ganz gezielt entgegenwirken, indem wir möglichst wenig Energie verbrauchen. Das kann zum Beispiel *direkt* durch den Schwung aufs Fahrrad geschehen, wenn dafür das CO_2-ausstoßende Auto in der Garage bleibt. Und *indirekt* leisten wir unseren Beitrag für den Klimaschutz beispielsweise durch eine fleischarme oder fleischlose Ernährung. Denn ein Kilogramm Rindfleisch erzeugt durch die Beweidung, das Tierfutter und die energieaufwendige Verarbeitung in etwa so viel Treibgas wie eine Autofahrt vom Hamburger Hafen nach München zum Marienplatz und wieder zurück.

PLASTIKMÜLL IM MEER

Fakten:

- Jährlich gelangen rund zehn Millionen Tonnen Plastikmüll ins Meer.[16]
- Rund elf Prozent des deutschen Verpackungsmülls wurden im Jahr 2016 ins Ausland exportiert.[17]
- Bis 2015 wurden global mehr als 6,9 Milliarden Tonnen Plastikmüll erzeugt. Davon wurden etwa neun Prozent recycelt, zwölf Prozent verbrannt und 79 Prozent deponiert oder in der Umwelt entsorgt.[18]
- Weltweit werden pro Minute etwa eine Million Getränkeflaschen aus Plastik verkauft.[19]
- Im Jahr 1950 wurden global etwa 1,5 Millionen Tonnen Plastik produziert[20] – heute sind es mehr als 322 Millionen Tonnen.[21]

Wir befinden uns mitten im Zeitalter des Plastiks. Während der Kunststoff etwa ein halbes Jahrhundert lang wie ein Popstar umjubelt wurde, lernen wir heute auch die Schattenseiten unseres Plastikwahns kennen. Denn das Material ist nicht biologisch abbaubar und zersetzt sich nur ganz langsam in der Umwelt. Spätestens bei meiner Reise nach Sri Lanka wurde mir das bewusst, als mir am Strand eine gewöhnliche Plastikflasche mit einem eingravierten Mindesthaltbarkeitsdatum von 1986 entgegenschwappte. Plastik bleibt ewig, denn selbst wenn sich die Flasche nach etwa 450 Jahren[22] durch Wind und Wetter zersetzt hat, lebt der Kunststoff in Form von Mikroplastik weiter. Jedes kleine Fitzelchen Plastik, das jemals produziert wurde, besteht noch irgendwo auf diesem Planeten. Und je mehr wir davon erschaffen, desto mehr landet in den Zellen von Fischen oder Austern und damit schlussendlich

bei uns auf dem Mittagstisch. Plastikmüll im Meer ist also eine weitere massive Gefahr – in Form von Kunststoff in der Nahrungskette. Welche Folgen Plastik in unseren Mahlzeiten für unsere Gesundheit hat, ist noch weitgehend unerforscht.[23] Klar ist nur, dass es bei Meerestieren bereits zu Entzündungen, physiologischen Störungen und höheren Sterberaten geführt hat.[24]

Da wir das einzige Lebewesen auf dem Planeten sind, das in der Lage ist, Kunststoff zu produzieren, ist die Frage zur Ursache dieses Umweltproblems schnell beantwortet. Wir Menschen sind die Verursacher. Wir sind schlau genug, um aus Erdöl Kunststoff herzustellen, aber noch zu dumm, um das Material sinnvoll einzusetzen. Während wir im Jahr 1950 lediglich 1,5 Millionen Tonnen des Plastiks produziert haben, erzeugen wir heute schon mehr als 200-mal so viel[25], vor allem für Verpackungen jeglicher Art, denn das Material ist schön leicht und schützt Produkte. Doch wenn ich bei unseren Aufräumaktionen an den Stränden tonnenweise Plastikstrohhalme, Flip-Flops und Plastiktüten einsammle, bestätigt sich mir jedes Mal aufs Neue, dass wir noch nicht verstanden haben, wie wir sinnvoll mit dem Kunststoff umgehen können. Den Löwenanteil der acht Millionen Tonnen Plastikmüll, die jedes Jahr ins Meer gelangen, leisten mit etwa 82 Prozent südostasiatische Länder wie Indonesien, Thailand und Vietnam, aber auch Indien und China.[26] Die Gründe dafür sind zum Beispiel mangelnde Entsorgungssysteme und die fehlende Bildung. Und ein Pfandsystem wie bei uns in Deutschland gibt es fast nirgendwo sonst auf der Welt. Dennoch produzieren wir Deutschen mit durchschnittlich 37 Kilogramm pro Person nicht weniger Plastikmüll pro Jahr als Menschen in Südostasien. Bei uns wird der Plastikmüll einfach nur besser entsorgt. Wenn möglich, wird er recycelt, und falls das nicht möglich ist, wird er verbrannt oder nach Asien verschifft. Richtig gehört: Wir verkaufen unseren Müll an Länder, die sowieso schon ein massives Problem mit dem Plastikmüll haben. Dort wird er dann mangels Alternativen oft illegal entsorgt. Dieses Umweltproblem geht also uns alle etwas an – egal, ob sich ein Berliner auf dem Sofa eine Tüte Chips hineinschaufelt oder ob ein Balinese eine Flasche sprudelnden Wassers trinkt.

Das Meer produziert mehr als die Hälfte des Sauerstoffs, den wir atmen. Warum also belasten wir es mit Industrieabfällen und mit Kunststoff – der Pest dieses Jahrhunderts?

Die weniger als fünf Millimeter großen Mikroplastik-Teilchen im Meerwasser sind für unser Auge oft nicht erkennbar. Viele Kosmetikprodukte enthalten den Kunststoff, sodass er durch den Abfluss seinen Weg in unsere Gewässer findet. Kläranlagen können die winzigen Teilchen nicht herausfiltern. Denselben Weg gehen kleine Kunststofffasern, die sich in der Wäschetrommel von unserer Kleidung lösen. Auf diese Weise wie auch durch Schiffsreinigungen gelangt Mikroplastik direkt ins Meer. Indirekt löst es sich im Laufe der Jahre von größeren Plastikteilen wie Flaschen, Kanistern, Flip-Flops oder Plastiktüten, die im Meer umhertreiben. Auf welchem Weg auch immer Plastik ins Meer gelangt – am Ende fressen es Lebewesen wie Fische und Krebse. Oh, einen Moment, natürlich nicht ganz am Ende. Denn sobald die Tiere gefangen werden, liegen sie schließlich zeitnah bei uns auf dem Teller.

Dass Plastikmüll grundsätzlich aber ein direkt sichtbares Umweltproblem ist, hilft uns bei der Suche nach sinnvollen Alternativen. Wir sehen die Plastikzahnbürste und können sie ganz gezielt durch eine Holzzahnbürste ersetzen. Wir merken es an unserem Portemonnaie, dass Plastiktüten jedes Mal 15 Cent kosten, wenn wir wieder einmal unseren Jutebeutel zu Hause vergessen haben. Spätestens nach der dritten Plastiktüte wird dieser dann aber unsere langfristige und eben plastikfreie Alternative dazu. Indem wir unser eigenes Konsumverhalten hinterfragen und beispielsweise den Joghurt im Pfandglas statt im Plastikbecher kaufen, reduzieren wir Schritt für Schritt unseren eigenen Plastikmüll. Viel lernt man bei Oma und Opa, denn die kennen die besten Lifehacks, da sie schon früher ohne Plastik gelebt haben.

ABHOLZUNG DER WÄLDER

Fakten:

▶ Mit 29,4 Millionen Hektar wurde allein 2017 weltweit eine Waldfläche in der Größe von Großbritannien und Irland abgeholzt.[27]

▶ Der Anteil der globalen Waldabholzung am Treibhauseffekt liegt bei 17,4 Prozent.[28]

▶ Wälder sind Heimat für 80 Prozent der an Land lebenden Arten.[29]

▶ Für 80 Prozent des Waldverlusts ist die Ausweitung der Landwirtschaft (zum Beispiel für Palmöl, Soja) sowie der Holz- und Zellstoffplantagen verantwortlich.[30]

▶ Brasilien (4,52 Millionen Hektar), die Demokratische Republik Kongo (1,47 Millionen Hektar) und Indonesien (1,3 Millionen Hektar) vernichteten im Jahr 2017 7,29 Millionen Hektar Regenwald.[31]

Ob zerknitterte Zeitungen, kantige Kartons oder die fisseligen Filter deines Kaffees: Gewöhnliche Papierprodukte werden aus Holz hergestellt, wodurch der Holzverbrauch enorm hoch ist. Zudem haben Tropenhölzer wie Teak oder Mahagoni einen hohen Marktwert und treiben deshalb viele Menschen in die illegale Abholzung. Um Holz zu erhalten, müssen Bäume fallen. Mit jedem Baum, der Axt, Motorsäge oder Bagger zum Opfer fällt, wird Kohlendioxid freigesetzt. Auch im ehemaligen Wurzelwerk versteckt sich jede Menge CO_2, und wenn die Böden gerodet und gepflügt werden, gelangt es ebenfalls in die Atmosphäre. Wir erinnern uns: Das Gas trägt maßgeblich zum Klimawandel bei. Kein Wunder also, dass der *Weltklimarat IPCC* davon spricht, dass die Entwaldung einen Anteil von 17,4 Prozent am Treibhauseffekt hat.[32]

27

Jedes Jahr vernichten wir auf der ganzen Welt etwa 30 Millionen Hektar Wald[33] – eine Fläche von der Größe Italiens. Und jedes Jahr fallen die Bäume weiterer Länder der globalen Entwaldung zum Opfer, um daraus Nutzflächen für den Anbau von Soja und die spätere Fleischproduktion zu generieren, aber auch um Palmöl zu gewinnen – ein Öl, das mittlerweile in Tausenden von Produkten in herkömmlichen Supermärkten steckt, ohne dass wir sehen, was es andernorts anrichtet. In den Böden unter den Wäldern verstecken sich zudem mit Gold, Eisen und Aluminium wertvolle Bodenschätze, auf die besonders die Hersteller von Smartphones und Laptops scharf sind. Etwa die Hälfte der weltweiten Abholzung betrifft die tropischen Wälder. Allein in Brasilien werden jedes Jahr 4,52 Millionen Hektar Wald vernichtet.[34] Das Land weicht Umweltgesetze auf, verkleinert geschützte Areale und streicht Fördermittel für den Naturschutz im eigenen Land. Da ist es nicht weiter überraschend, dass der weltweit größte Sojaproduzent – zugleich der dortige Landwirtschaftsminister ist.

Die Entwaldung in Brasilien trifft auch uns in Deutschland, denn sie führt zur Austrocknung der Böden, provoziert Waldbrände und natürlich einen gigantischen CO_2-Ausstoß. Die Folge ist eine Beschleunigung des bekannten Umweltproblems der Erderwärmung, das in unkontrollierbaren Hochwassern und Stürmen auf uns niederschlägt. Und wie können wir in unserem alltäglichen Verhalten der Entwaldung der Erde entgegenwirken? Auf Sojamilch und Sojabohnen zu verzichten, bewirkt kaum etwas, denn nur etwa zwei Prozent der weltweiten Sojaernte werden zur Herstellung dieser Lebensmittel verwendet. Stattdessen hat ein Verzicht auf Fleisch einen immensen Effekt. Denn 61,8 Prozent der weltweit angebauten Sojapflanzen werden zu Tierfutter verarbeitet.[35] Je weniger Tiere gefüttert werden müssen, desto weniger wird der Regenwald abgeholzt. Die Rechnung ist ganz simpel, wenn man diese Zusammenhänge kennt.

Doch nicht immer müssen wir so um die Ecke denken, um das Umweltproblem der Abholzung der Wälder zu reduzieren. Klebe zum Beispiel einfach einen Aufkleber mit der Aufschrift »Bitte keine Werbung einwerfen« auf deinen Briefkasten und schon wird jeden Tag ein Supermarkt-Prospekt aus

Im Kapitel »Ernährung« (S. 107) erfährst du noch einmal ganz ausführlich, inwiefern unsere täglichen Mahlzeiten mit der Abholzung und vielen anderen Umweltproblemen zusammenhängen.

Papier weniger für dich in Plastikfolie eingeschweißt. Bücher, Magazine und Zeitungen lassen sich heutzutage auch digital konsumieren – es gibt in unserem Alltag Tausende Möglichkeiten, Papier einzusparen. Eugen Roth hat einmal gesagt: »Zu fällen einen schönen Baum, braucht's eine halbe Stunde kaum. Zu wachsen, bis man ihn bewundert, braucht er, bedenk es, ein Jahrhundert.« Ein wundervolles Zitat, das verdeutlicht, weshalb wir dem Rohstoff Holz eine noch größere Wertschätzung entgegenbringen sollten.

ARTENSTERBEN

Fakten:

▶ Etwa eine Million Tier- und Pflanzenarten sind vom Aussterben bedroht. Das ist etwa jede achte Art.[36]

▶ 85 Prozent der im Jahr 1700 noch existierenden Feuchtgebiete gibt es im Jahr 2000 bereits nicht mehr.[37]

▶ Etwa 500.000 Arten haben keinen Lebensraum mehr für ein langfristiges Überleben.[38]

▶ 60 Prozent aller Fischbestände gelten als maximal befischt und 33 Prozent als überfischt. Nur bei sieben Prozent aller Fischbestände ließe sich die Fangmenge theoretisch noch steigern.[39]

Die Weltnaturschutzunion veröffentlicht regelmäßig die sogenannte Rote Liste mit allen Tier- und Pflanzenarten. Die aktuelle Statistik führt mehr als 90.000 Arten auf, von denen 25.821 vom Aussterben bedroht sind.[40] Etwa 30 Prozent aller existierenden Arten auf unserem Planeten laufen also Gefahr, in naher Zukunft nicht mehr zu existieren. Das eigentliche Problem liegt aber noch viel tiefer, denn das ökologische Gleichgewicht ist unglaublich sensibel. Die Biene beispielsweise benötigt viele verschiedene Pflanzenpollen aus Mischkulturen, um das Immunsystem des Nachwuchses zu stärken und die Anfälligkeit für Parasiten zu reduzieren. Doch wir versiegeln die Städte und betreiben monokulturelle Landwirtschaft mit Pestiziden. Mit dem Nahrungsangebot schwindet auch der Bestand der Bienen. Dabei sind auch wir von ihnen abhängig. Bienen bestäuben nämlich Pflanzen und sorgen so für deren Fortbestand und schlussendlich für unsere Lebensmittel. Bleibt die Bestäubung aus, ist auch unsere Lebensmittelsicherheit in Gefahr.

Ähnliches gilt auch für die Fischerei. Wir zerstören durch industrielle Fangmethoden nicht nur die Lebensgrundlage der Meerestiere, sondern lassen ungewünschten Beifang wie Delfine oder Haie in den Netzen verenden. Für ein Kilogramm Garnelen werden etwa neun Kilogramm anderer Meerestiere mitgefangen und tot oder schwer verletzt ins Meer zurückgeworfen.[41]

Ob Biene, Fisch, Tiger oder Feldmaus: Die verheerenden Folgen des Artensterbens werden über die gesamte Nahrungskette weitergereicht und bedrohen schlussendlich den Fortbestand aller Lebewesen – einschließlich uns Menschen. Die Ursachen werden durch die intensive Landwirtschaft, die Einschleppung fremder Tier- und Pflanzenarten, den Straßen- und Siedlungsbau, die Umweltverschmutzung, den Klimawandel, die Überfischung und die illegale Wilderei verschärft. Auch die Abholzung der Wälder nimmt Pflanzen und Tieren ihren Lebensraum, während wir Menschen uns immer weiter ausbreiten. Wir sind also die grundlegende Ursache des Artensterbens. Schlussendlich holt uns aber dieses Fehlverhalten wieder ein, da auch wir ein Teil des Ökosystems und auf lebensnotwendige, natürliche Ressourcen wie Nahrung, Wasser und Medizin angewiesen sind.

In unserem Alltag haben wir großartige Möglichkeiten, dem Artensterben entgegenzuwirken. So können wir Produkte im Supermarkt mit einem Blick auf die Zutatenliste auf Palmöl überprüfen und diese gezielt umgehen. Palmöl steckt zum Beispiel in der berühmten und leider beliebten Nuss-Nougat-Creme und ist maßgeblich dafür verantwortlich, dass der Orang-Utan seinen tropischen Lebensraum verliert. Auf Produkten, die der Artenvielfalt nicht oder deutlich weniger zur Last fallen, finden wir außerdem das FSC-Siegel für Holz und Papier sowie das MSC-Siegel für artenschonende Fischerei. Auch unseren Garten können wir ganz gezielt so gestalten, dass sich Bienen und andere Insekten dort wohlfühlen und vermehren können.

BODENEROSION

Fakten:

► Ein Viertel aller landwirtschaftlichen Flächen in Deutschland ist stark durch Erosion gefährdet.[42]

► 24 Milliarden Tonnen fruchtbaren Bodens sind weltweit allein im Jahr 2011 verloren gegangen.[43]

► Die Erosion kostet jeden Menschen umgerechnet 60 Euro pro Jahr. Insgesamt sind das etwa 420 Milliarden Euro weltweit.[44]

► Prognosen zufolge wird sich das für jeden Menschen verfügbare Ackerland bis zum Jahr 2050 halbieren.[45]

Es gibt kein Leben ohne Boden, er ernährt im Grunde alle Lebewesen. Um den höheren Bedarf an Nahrungsmitteln der steigenden Weltbevölkerung zu decken, werden aber nicht nur Wälder abgeholzt, um Platz für landwirtschaftliche Nutzflächen zu schaffen, ein weiteres Problem entsteht nämlich durch die Übernutzung der Felder. Das ist beispielsweise bei der sogenannten Überweidung der Fall: Wenn zu viele Tiere auf einer Weide stehen, kann das Gras nicht schnell genug nachwachsen, und die Bodenqualität sinkt. Damit sich beispielsweise der Boden eines Kartoffelfeldes erholen kann, sind gewisse Brachzeiten einzuhalten. Kartoffeln sind sogenannte Starkzehrer, das heißt, dass sie einen besonders hohen Stickstoffbedarf haben. Das ist auch der Grund dafür, dass sie nur alle vier Jahre auf demselben Acker angepflanzt werden dürfen.

Mit der Bodenerosion ist grundsätzlich der Verlust von fruchtbarem Boden gemeint, also von der obersten Schicht, auf der Pflanzen gedeihen können. Die Hauptursachen dieses schwer zu greifenden – weil auch schwer sichtbaren – Problems sind die intensivere und monotonere landwirtschaftliche Nutzung, gepaart mit zunehmend starken Regenfällen und heftigen Stürmen. Zudem werden immer mehr Pestizide eingesetzt, die unsere Gewässer vergiften und benachbarte Schutzgebiete angreifen. Dazu gehört zum Beispiel das viel diskutierte Unkrautbekämpfungsmittel Glyphosat, das bereits in unseren Lebensmitteln nachgewiesen wurde. Auch wenn sich mit solchen Mitteln kurzfristig der Ertrag erhöhen lassen mag, sinken die Erträge langfristig, da die Bodenqualität drastisch abnimmt. Besonders der monokulturelle Anbau laugt die Böden aus, beispielsweise indem eintönig eine Ölpalme neben die andere gesetzt wird, um auf Plantagen Palmöl zu produzieren. Jedes Jahr werden durch die Bodenerosion zwischen fünf und zwölf Millionen Hektar Ackerland zerstört und unbrauchbar gemacht.[46]

Bauern können die Bodenerosion durch Wind und Wasser vor allem durch Windschutzhecken oder den Lebensmittelanbau mit Kleinterrassen stoppen. Auch wenn du selbst keinen Ackerbau betreibst, kannst du der Bodenerosion im Alltag vor allem durch deinen Einkauf entgegenwirken. Hierzu lohnt sich besonders der Kauf von Erzeugnissen aus bodenschonender, ökologischer Landwirtschaft mit natürlichen Pflanzenresten als Düngemittel. Auch die gezielte Vermeidung von Palmöl-Produkten ist eine von vielen Maßnahmen, die du selbst im Alltag umsetzen kannst.

WELTHUNGER

Fakten:

- Alle zehn Sekunden stirbt ein Kind unter fünf Jahren an den Folgen von Hunger.[47]
- Mehr als 800 Millionen Menschen hungern und zwei Milliarden leiden an Mangelernährung.[48]
- Etwa elf Prozent der Weltbevölkerung litten im Jahr 2016 unter Hunger.[49]
- Vom Jahr 2003 bis zum Jahr 2015 ist der prozentuale Anteil der Hungernden an der Weltbevölkerung schrittweise von 14,9 Prozent auf 10,6 Prozent gesunken.[50]

Die globale Hungersnot ist auf den ersten Blick kein Umweltproblem. Es handelt sich eher um ein globales Gesellschaftsproblem, das jedoch durch Umweltprobleme entsteht und diese wiederum verschärft. Jedes Jahr landen tatsächlich etwa 1,3 Milliarden Tonnen Lebensmittel in den Mülltonnen dieser Welt, obwohl es zugleich 815 Millionen hungernde Menschen auf dieser Erde gibt, die jeden Bissen davon gebrauchen könnten.[51] Die fehlerhafte Verteilung der erzeugten Lebensmittel in unserer globalen Gesellschaft trägt also ganz entscheidend dazu bei, dass Menschen auf unserem Planeten hungern müssen.

Doch selbst bei idealer Verteilung der Nahrungsmittel bliebe die Ernährungssicherheit durch menschliches Verhalten und die daraus resultierenden Umweltprobleme gefährdet. So werden zum Beispiel für die Fleischproduktion sowohl große Mengen Wasser als auch Nahrung an das Nutzvieh verfüttert, letztere in Form von pflanzlichen Nahrungsmitteln, die wir eigentlich selbst verzehren könnten. Auch gesellschaftliche und politische Konflikte sowie die ungleiche Verteilung der Kaufkraft im Welthandel sind eine häufige Ursache für Hungersnöte, denn die reichen Industriestaaten bestimmen die Regeln des Handels. Gleichzeitig ist der Lebensstandard in privilegierten Ländern wie Deutschland sehr hoch. Alle Lebensmittel sind jederzeit verfügbar, sodass wir sie als selbstverständlich wahrnehmen und oft sogar noch genießbares Essen leichtfertig in die Mülltonne werfen. Durch den hohen Fleischkonsum tragen Industriestaaten zudem besonders zum Klimawandel bei, durch den Naturkatastrophen wie Stürme, Dürren oder Überflutungen stetig zunehmen und vermehrt Ernteausfälle provozieren.

Vor allem die Kinder hungernder Eltern geraten in einen Teufelskreis. Die Mangelernährung sorgt bei den Erwachsenen für körperliche Schwäche und erhöht die Anfälligkeit für Krankheiten. Darunter leidet die Arbeitskraft, sodass es sich die wenigsten leisten können, ihre Kinder in die Schule zu schicken. Und falls doch, führt die Mangelernährung in der Schule zur Unkonzentriertheit und schlussendlich zu schwindenden Berufschancen. Die Hungersnot im eigenen Heimatland ist zudem für viele Menschen eine grundlegende Fluchtursache.

Die UN verfolgt das Ziel, den Hunger auf der Erde bis zum Jahr 2030 zu eliminieren.[52] Jeder von uns kann seinen Teil dazu beitragen, zum Beispiel durch die Reduzierung der persönlichen Lebensmittelverschwendung, den Einkauf regionaler und saisonaler Lebensmittel oder auch durch die finanzielle Unterstützung von Organisationen wie der *Welthungerhilfe.*

LUFTVERSCHMUTZUNG

Fakten:

▶ Etwa 80 Prozent der weltweiten Treibhausgase werden in Städten ausgestoßen.[53]

▶ 520.000 Menschen sind in Europa im Jahr 2014 vorzeitig an den Folgen der Luftverschmutzung verstorben. Allein in Deutschland hat das Umweltproblem in diesem Zeitraum 80.000 Menschen viele Jahre ihres Lebens gekostet.[54]

▶ Die Ursachen der Stickoxid-Emissionen in Deutschland wurden im Jahr 2016 zu 39,9 Prozent dem Verkehr, zu 24,2 Prozent der Energiewirtschaft, zu 10,6 Prozent den Haushalten, zu 10,4 Prozent der Landwirtschaft, zu 7,2 Prozent dem verarbeitenden Gewerbe und zu 7,1 Prozent industriellen Prozessen zugeordnet.[55]

▶ Der Grenzwert der Stickstoffdioxid-Belastung liegt für deutsche Städte bei 40 µg/m³. Dennoch waren München (78 µg/m³) und Stuttgart (73 µg/m³) im Jahr 2017 die mit Abstand luftbelastetsten Städte in Deutschland.[56] In Onitsha (Nigeria) herrscht mit 594 µg/m³ (PM) jedoch der höchste Luftverschmutzungsgrad aller Städte dieser Erde.[57]

Ist unsere Luft wirklich so verschmutzt? Eine völlig reine Luft haben wir schon viele Jahrzehnte nicht mehr eingeatmet, auch wenn wir das häufig glauben, etwa wenn wir an der See aufgrund des wohltuenden Windes immer noch gern einen Atemzug mehr inhalieren. Es fühlt sich gut an, weil die Luft andernorts noch viel dreckiger ist. Die Frage, ob die Luft verschmutzt ist, stellt sich aber gar nicht. Sie sollte vielmehr lauten, wie sehr die Luft verschmutzt ist. Reine Luft besteht zu 78,08 Prozent aus Stickstoff und 20,95 Prozent aus Sauerstoff. Den Rest bilden das Edelgas Argon zu 0,93 Prozent und Kohlenstoffdioxid zu 0,04 Prozent.[58] Auch wenn diese reine Luft in ihrer Ursprungsform schon nicht mehr existent ist, hilft sie uns heute dabei, den Begriff der Luftverschmutzung zu definieren. Die Luftverschmutzung bezeichnet nämlich die jeweilige Abweichung von diesen Ursprungswerten.

In München, Stuttgart und Köln herrscht deutschlandweit die höchste Feinstaubbelastung. Wir können aber froh sein, dass dieses Umweltproblem zumindest bei uns in Deutschland rückläufig ist, denn hier hat sich die Luftqualität deutlich verbessert. In großen Städten in Entwicklungsländern wie Nigeria, dem Iran oder auch Saudi-Arabien sieht das anders aus. Die nigerianische Stadt Onitsha ist mit einer Stickstoffdioxid-Belastung von 594 µg/m³ einsamer Weltmeister, was Luftverschmutzung anbelangt. Zum Vergleich: In München herrschen etwa 78 µg/m³ vor.

Wie die Weltgesundheitsorganisation festgestellt hat, sind im Jahr 2012 etwa acht Millionen Menschen an den Folgen der Luftverschmutzung gestorben. Auch wenn sich die dreckige Luft besonders in den Großstädten dieser Erde ballt, kennt das Umweltproblem keine räumlichen Grenzen. Wind und Wetter wirken wie ein Verteilersystem, das die durch Autos, Industrietürme, Traktoren und natürlich auch durch die privaten Haushalte ausgestoßenen Schadstoffe auch in ländliche Gegenden treibt. Spätestens an Silvester, denn dann erreicht um Mitternacht die Feinstaubbelastung auf unserem Planeten jedes Jahr aufs Neue ihren Höhepunkt.

Da die Luftverschmutzung zu 100 Prozent auf uns Menschen zurückzuführen ist, lässt sich das Problem natürlich auch in unserem Alltag sowohl im Verkehr, bei der Arbeit als auch im Haushalt beheben. So können wir zum Beispiel unnötige Autofahrten vermeiden, Sondermüll fachgerecht entsorgen oder am Arbeitsplatz und zuhause bewusst Energie sparen.

WASSERKNAPPHEIT

- ▶ 97 Prozent des Wassers auf der Erde sind salziges Meerwasser. zwei Prozent des Wassers sind zu Eis gefroren. Ein Prozent aus den Flüssen bleibt uns als Trinkwasser, zur Bewässerung von Feldern oder zur Herstellung von Waren.[59]
- ▶ 70 Prozent der chinesischen Flüsse sind zu stark belastet, um als Trinkwasser zu dienen.[60]
- ▶ Pro Jahr benötigt jeder Mensch direkt und indirekt durchschnittlich etwa eine Million Liter Wasser.[61]
- ▶ In Deutschland werden täglich pro Kopf etwa 120 Liter Wasser direkt und etwa 5.200 Liter indirekt verbraucht.[62]
- ▶ 2,1 Milliarden Menschen weltweit haben keinen Zugang zu sauberem Wasser.[63]
- ▶ Forscher untersuchten Flüsse und Seen in Baden-Württemberg, Bayern, Hessen, Nordrhein-Westfalen und Rheinland-Pfalz. Alle bewerteten Wasserproben enthielten Mikroplastik.[64]

Als ich vor einem Jahr für Aufräumaktionen im Kampf gegen den Plastikmüll meine Zeit in Kapstadt verbrachte, bekam ich dieses Umweltproblem hautnah zu spüren. Schon am Flughafen wurde ich gebeten, während meines Aufenthaltes in Südafrika immer nur maximal eine Minute lang zu duschen und grundsätzlich sorgsam mit dem Wasser aus dem Hahn umzugehen – es herrsche akute Wasserknappheit. Aus dem Wasserhahn tropfte es zwar ein wenig, aber für etwa 16 Stunden am Tag kam überhaupt kein Wasser heraus. Ähnliches erlebte ich auch in Mumbai, wo in meiner Unterkunft ein großer, sichtbarer Tank an der

Decke hing, dessen begrenztes Wasser dann aus der Duschbrause und dem Wasserhahn kam. Nur am Morgen zwischen 8:30 Uhr und 9:00 Uhr sowie abends von 20:30 Uhr bis 21:00 Uhr kam städtisches Wasser aus den Leitungen. Trinkbar war es allerdings nur durch einen Wasserfilter.

Da verwundert es nicht, dass die American Association for the Advancement of Science herausfand, dass etwa zwei Drittel aller Menschen auf diesem Planeten für mindestens einen Monat im Jahr unter schwerer Wasserknappheit leiden. Der Aralsee in Zentralasien ist bereits nahezu ausgetrocknet. Das Wasser wurde von den Anrainern Usbekistan und Kasachstan zur Bewässerung der Felder sowie für die Haushalte abgezweigt. Das ehemalige Binnengewässer hat sich größtenteils in eine Wüste verwandelt, in der nun alte Frachtschiffe dahinrosten.

Natürlich ist das auch eine Folge der steigenden Weltbevölkerung. Der WWF vermutet sogar einen Anstieg des Wasserbedarfs bis zum Jahr 2050 auf das Doppelte und schwerwiegende wirtschaftliche, ökologische und vor allem soziale Folgen. Schaut man genauer hin, ist die Wasserknappheit auch ein Problem der Produktion, denn eine Tomate aus Südafrika wird vor Ort unter besonders hohem Wasserverbrauch angebaut und schlussendlich hier in Deutschland verkauft. Dabei wäre es natürlich sinnvoller, sie in Deutschland zu produzieren, einem Land, in dem es weniger warm ist und das nicht so sehr von Wasserknappheit betroffen ist.

Auch wenn wir hier zwar nicht zu den zwei Dritteln zählen, die für einige Zeit im Jahr unter Wasserknappheit leiden, haben wir uns die Kehrseite zum Problem gemacht: die Wasserverschwendung. Der WWF bestätigt, dass jeder Deutsche etwa 120 Liter Wasser am Tag für Körperpflege, Mahlzeiten oder auch das Putzen aufwendet. Wer auf den großen Knopf an der Toilette drückt, spült beispielsweise bei jedem Spülgang fünf Liter Wasser durch den Abfluss. Wird der indirekte Wasserverbrauch für die Herstellung der verspeisten Lebensmittel mit einkalkuliert, sind es jeden Tag sogar sage und schreibe 5.300 Liter Wasser pro Person.

In unserem Alltag verschwenden wir das Blut der Erde also nicht nur direkt, indem wir uns eine lange Dusche gönnen oder minutenlang die Hände waschen. Vielmehr verbrauchen wir auch indirekt Wasser, indem wir Fleisch konsumieren, uns eine neue Jeanshose genehmigen oder Erdbeeren aus Spanien einkaufen. All diese Dinge verbrauchen bei ihrer Herstellung Tausende Liter Wasser. Unser Körper braucht das Lebenselixier einfach viel dringender. Spätestens wenn der eigene Brunnen ausgetrocknet ist, schätzt man den Wert des Wassers. Mein Bauchgefühl sagt mir, dass die Kriege der Zukunft um das Wasser geführt werden.

Keine Sorge. Im Kapitel »Zu Hause« (S. 58) erläutere ich dir genau, wo viele von uns im Haushalt besonders viel Wasser verbrauchen. Wenn du im Laufe dieses Buches dann auf das Thema »Ernährung« (S. 106) stößt, erfährst du außerdem, wie du mit deinen täglichen Mahlzeiten auch indirekt Wasser sparen kannst.

LEBENSSTIL UND GRUNDREGELN

Die menschengemachten Probleme sind also für jedes Lebewesen auf dieser Erde eine Bedrohung. Doch niemand sollte sich unter Druck setzen, um von jetzt auf gleich nachhaltig zu leben. Ein umweltbewusster Lebensstil ist eine hundertprozentige Entscheidung von innen heraus, erst dann passt sich der eigene Alltag dieser Einstellung wie von selbst nach und nach an. Du musst kein schlechtes Gewissen haben, wenn du deinen Alltag nicht perfekt nachhaltig umsetzt. Denn nicht eine einzelne Person, sondern unsere gesamte Gesellschaft hat sich zu einer Umweltbelastung entwickelt. Stattdessen sollte sich jeder noch einmal

genau mit seinen persönlichen Motiven für ein bestmöglich nachhaltiges Leben befassen und nicht sprichwörtlich mit dem SUV zum Einkaufen im Bio-Supermarkt um die Ecke fahren.

Niemand muss alles von Anfang an perfekt machen. Es geht darum, aus eigenem Antrieb heraus jeden Tag etwas Neues zu lernen, sich weiterzuentwickeln und dabei nicht automatisch der Macht der Gewohnheit zu folgen. Ziel ist es, an jedem einzelnen Tag die Welt ein Stückchen besser zu machen. Es ist zwar gar nicht so einfach, eine ideale Richtschnur für den Lebensstil zu schaffen, doch einige Verhaltensweisen haben alle nachhaltig lebenden Menschen gemein.

HINTERFRAGEN

Ich kann von diesem Begriff des Hinterfragens gar nicht genug bekommen, denn er ist eine unglaublich wichtige Grundregel für einen erstrebenswerten nachhaltigen Lebensstil. Hinterfragen heißt, nicht alles, was uns unsere messerscharfen Sinne sehen, hören, riechen, schmecken und ertasten lassen, für selbstverständlich zu halten.

Hast du dich auch schon einmal gewundert, weshalb natürlich gewachsene, regionale Tomaten mit einem Biosiegel versehen werden und warum auf genveränderten importierten Tomaten, die viele Flug- oder Seestunden hinter sich haben, kein Hinweis klebt? Warum sind nicht die natürlichen Bioprodukte die »normalen« Produkte und all das, was nicht aus nachhaltiger Landwirtschaft kommt und mit ungesunden Zusatzstoffen vollgepumpt ist, wird dementsprechend gekennzeichnet? Während die Biotomaten aus Deutschland dann keinen Sticker mehr erhielten, wäre auf dem importierten Pendant plötzlich »chemisch behandelte Tomaten« zu lesen. Nun ja, dann würde unsere Wirtschaft sicher vor einem Kollaps stehen. Und genau deshalb entscheidet man sich lieber für Verbrauchertäuschung und Profit und gegen ein faires und ehrliches Angebot. Dabei würde diese Entscheidung das Einkaufsverhalten unserer Gesellschaft von einer Sekunde auf die nächste nachhaltig verändern.

Aber nicht nur auffällige Gegebenheiten lassen sich hinterfragen. Das Gleiche können wir natürlich auch mit einzelnen Produkten machen.

Denn häufig täuschen prominent platzierte Produkte in verblüffenden Verpackungen mit verwirrenden Fachbegriffen und verkauft durch findige Verkäufer über die Sinnhaftigkeit eines Artikels hinweg. Wenn ich mich zum Beispiel in einem Drogeriemarkt befinde und vor einem Duschgel stehe – also mitten im Kaufmodus stecke – stelle ich mir ganz einfach die folgenden Fragen:

1. Brauche ich dieses Duschgel wirklich? Falls ja:
2. Handelt es sich um ein nachhaltiges Duschgel? Falls nein:
3. Was ist die nachhaltige Alternative?

Diese kleine Fragenkette wird sich in deinem Kopf irgendwann vor jedem potenziellen Kauf wie von selbst abspielen – ob im Supermarkt, im Kaufhaus oder im Internet. Wenn ich mir ein Duschgel anschaue, stelle ich zum Beispiel sicher, dass sich weder Mikroplastik noch Palmöl darin befindet. Im besten Fall hat es nicht einmal eine Plastikverpackung. Und wenn ich keine sinnvoll erscheinende Alternative finde, dann frage ich in unserer *Facebook*-Community andere Nachhaltigkeitsenthusiasten um Rat.

Lasse auch du dich von anderen Mitgliedern in unserer *Facebook*-Community unterstützen und inspirieren. Natürlich kannst du dort auch deine eigenen Ideen für mehr Nachhaltigkeit im Alltag mit anderen Menschen teilen. Hier findest du die Gruppe bei Facebook: https://www.facebook.com/groups/careeliteconnect/

Da immer mehr Unternehmen umweltfreundlich scheinendes Greenwashing bei ihren Produkten betreiben, ist das Hinterfragen umso wichtiger. Nur weil der sympathische und vertrauenswürdige George Clooney so überzeugend für eine Kaffeemarke wirbt und auf den Verpackungen der Alu-Kaffeekapseln »Sustainable Quality« zu lesen ist, ist der Kaffee nicht nachhaltig. Zum einen, weil für die Herstellung Regenwälder abgeholzt und Schadstoffe in der Natur entsorgt werden und zudem ein hoher Energieaufwand notwendig ist. Zum anderen, weil das Produkt auch noch 8.000 Tonnen Aluminium- und Plastikmüll, der nicht selten in der Umwelt landet, hinterlässt.[65]

WIEDERVERWENDEN

Einwegprodukte sind im Grunde dafür da, dass Kunden in kurzen Abständen immer wieder Geld in die Hand nehmen, um die gleichen Produkte eines Unternehmens erneut zu kaufen, damit der Profit dieses Unternehmens maximal ansteigt. An langlebigen Produkten hat in der Industrie niemand Interesse, denn die werden ja nur einmal gekauft. Ein Einwegplastikbecher hingegen wird nach Benutzung weggeworfen und dann zur nächsten Grillparty im 50er-Pack neu besorgt. Das spült Geld in die Unternehmenskasse. Doch für zehn Minuten Einsatzzeit wurde irgendwo auf der Welt Erdöl aus dem Boden gepumpt, der begrenzte Rohstoff zur Raffinerie transportiert, ein Becher daraus geformt, dieser im Set mit 49 seiner Kollegen in Plastik eingewickelt und nach Deutschland transportiert, um ihn dann im nächsten Supermarkt an einen Menschen mit erhobener Grillzange zu verkaufen, damit dieser am Abend etwas Limonade daraus schlürfen kann. Anstatt einfach aus dem Glas zu trinken und es anschließend sauber abzuwaschen.

Um dieses Problem nachhaltig zu lösen, brauchen wir nichts weiter zu tun, als uns in Dinge zu verlieben, die langlebig und wiederverwendbar sind. Ein Strohhalm aus Glas oder Edelstahl ist zum Beispiel abwaschbar und bei guter Pflege ein Leben lang haltbar. Die Industrie stampft wütend auf den Boden und dein Portemonnaie macht lächelnd einen Luftsprung.

Ein großartiges Beispiel stellt auch der klassische Jutebeutel dar. In jedem Supermarkt bekommen wir so einen im Grunde lebenslang nutzbaren Sack für einen Euro. Für die Plastiktüte müssen wir meist 15 Cent bezahlen, um den Einkauf wenige Minuten lang nach Hause schleppen zu können. Schon nach sieben Einkäufen hat sich der Euro bereits rentiert und man besitzt einen ewig wiederverwendbaren Jutebeutel. Auch Second Hand zu bevorzugen, fällt in die Kategorie »Wiederverwendung« – und steht sowohl bei Kleidung als auch bei vielen anderen Dingen in unserem Leben stellvertretend für die steigende Wertschätzung gegenüber bereits bestehenden Waren.

Kurzlebiges durch Langlebiges ersetzen ist also eine von vielen sehr wichtigen Grundregeln für einen möglichst nachhaltigen Lebensstil.

AUSLEIHEN

Kennst du das, dass du dir etwas von deinem hart erarbeiteten Geld gekauft hast, und dieser Gegenstand liegt schon nach einer Woche ungenutzt in deiner Wohnung herum? Der eingestaubte Sandwich-Maker ist ein klassisches Beispiel für solche spontanen Glücksgefühlkäufe: Die Verpackung zeigt glückliche Menschen, die sich ein leckeres Sandwich gemacht haben, hinzu kommt das unschlagbare Preisangebot. Und zack, schon liegt das Teil im Einkaufswagen. Dann wurden die ersten zwei, drei Sandwiches zu Hause gepresst, bis das Gerät schließlich dort endet, wo alle überschwänglich getätigten Käufe landen: in irgendwelchen Schubladen, Schränken und Abstellkammern oder – klarer formuliert – in der Versenkung.

Wir haben uns leider abgewöhnt, uns gegenseitig Dinge wie einen solchen Sandwich-Maker zu leihen. Auf diese Weise hätte man das Produkt nämlich einfach testen und das Geld und den Verpackungsmüll einsparen können. Glücklicherweise bringt die sogenannte Share Economy wieder frischen Wind in die kostengünstige und umweltfreundliche Alternative zum Neukauf. Heute können wir uns nämlich ein Auto für eine Kurzstrecke ausleihen, und wenn wir Lust haben, auf dem Tempelhofer Feld das Longboard-Fahren für uns zu entdecken, dann leihen wir uns das Teil einfach bei einem lieben Berliner aus, der sein Board netterweise auf einem Onlineportal zur Verfügung stellt. Unmittelbar neben seinem Angebot wird auch ein Sandwich-Maker angeboten – wie wunderbar.

Das Ausleihen ermöglicht es uns, Dinge zu testen, bevor wir sie kaufen und unnötig Geld und natürliche Ressourcen verschwenden.

STIMME ERHEBEN

Jeden Freitag, wenn #FridaysForFuture Millionen von Menschen auf die Straße treibt, um ein klares Zeichen im Kampf gegen den Klimawandel zu setzen, zaubert mir dieses Engagement ein Lächeln ins Gesicht. Ganz besonders dann, wenn gestandene Politiker bei ihren Reaktionen darauf ins Stammeln geraten. Sie stammeln, weil es einfach keinen logischen Grund dafür gibt, den Einsatz junger Generationen schlecht zu heißen. Schließlich geht es ihnen darum, in Zukunft saubere Luft zu atmen, klares Wasser zu trinken, natürliche Lebensmittel zu essen und eine unglaubliche Artenvielfalt auf diesem Planeten genießen zu können. Sie wollen einen Planeten, der nicht von der Menschheit zerstört wird. Und dagegen ist ja nun wirklich nichts einzuwenden.

Onlinepetitionen, Aufrufe in den sozialen Medien, Demonstrationen auf der Straße oder einfach nur ein angezettelter Shitstorm als Reaktion auf ein unsinniges neues Produkt oder eine fatale Gesetzesänderung: Wir haben doch heute Tausende Möglichkeiten, Millionen von Menschen in kürzester Zeit zu erreichen und für einen guten Zweck mitzureißen. Die sozialen Medien lassen sich nicht nur für das Teilen lustiger Katzenvideos nutzen, sondern bergen auch die großartige Chance, die Welt positiv zu verändern.

Auch wenn Schweigen manchmal Gold ist, so müssen wir uns doch zu Wort melden, wenn wir auf Dinge stoßen, die unsere Gesundheit oder das Zusammenleben aller Lebewesen auf der Erde gefährden.

ABLEHNEN

»Für mich bitte ohne Strohhalm, falls Sie keinen wiederverwendbaren haben.« Dieser Satz rutscht mir schon ganz automatisch über die Lippen, wenn ich einen Drink bestelle. So wird für mich kein Einwegstrohhalm verschwendet, und im besten Fall bringt es die Gastronomen zum Nachdenken, ob sie die billigen Trinkhalme bald ganz aus dem Sortiment nehmen. Indem wir Dinge ablehnen, vermeiden wir eine unnötige Ressourcenverschwendung. Auch verteilte Flyer in der Fußgängerzone und der Billig-Kugelschreiber auf der Messe sind gute Beispiele dafür. Ein einfaches »Nein, danke!« reicht schon aus. Es ist höflich, aber deutlich.

Doch das Ablehnen bezieht sich nicht nur auf Einwegprodukte. Ablehnen bedeutet auch ganz grundsätzlich, weniger Unnützes zu konsumieren und sich beim Einkaufen auf die Dinge zu konzentrieren, die in diesem Moment oder auch langfristig wirklich sinnvoll sind. Hinterfrage jedes Produkt, sowohl unter dem Gesichtspunkt der Notwendigkeit als auch unter Nachhaltigkeitsaspekten. Dann bist du auf der sicheren Seite und lässt dich nicht zu Spontankäufen verleiten, die Hersteller und Geschäfte beziehungsweise Onlineshops durch eine gezielte Produktpräsentation in Perfektion provozieren können. Die minimalistische Einstellung automatisiert sich im Laufe der Zeit. Durch sie bleibt unser hart erarbeitetes Geld im Portemonnaie erhalten und der unnötige Stress durch übermäßigen Besitz fern.

REPARIEREN

Was hast du als Letztes repariert oder reparieren lassen, anstatt es neu zu kaufen? Es wäre gar nicht so verwunderlich, wenn dieser Moment etwas in Vergessenheit geraten wäre. Denn unsere Gesellschaft und auch unser Markt haben sich gewandelt, wir sind bequemer geworden, vielleicht auch deshalb, weil wir im Grunde alle Produkte 24 Stunden am Tag an sieben Tagen in der Woche bekommen und konsumieren können. Wir haben die Kultur der Reparatur verlernt und tauschen reparaturbedürftige Dinge gegen unter hohem Energie- und Ressourcenaufwand hergestellte Neuware ein. Wenn ein Laptop nicht mehr funktioniert, wird er entsorgt, staubt im Keller ein oder wird an einen Bastler verkauft, der eben durch eine Reparatur etwas Geld damit verdient. Wer ausreichend Geld auf dem Konto hat, neigt heutzutage eher dazu, das Notebook neu zu kaufen. Wer knapper bei Kasse ist, wird den möglichen Reparaturaufwand genauer bewerten und sich dann entscheiden. Wer nachhaltig lebt, sollte die Reparatur grundsätzlich dem Neukauf vorziehen.

Bei uns in Berlin öffnen regelmäßig sogenannte Repair Cafés ihre Pforten. Gäste können dort in Ruhe einen Kaffee trinken, reparaturbedürftige Dinge wie Toaster, Schuhe oder Brillen mitbringen und sie vor Ort gemeinsam mit anderen reparieren. Es ist schön, zu beobachten, dass der nachhaltige Grundsatz des Reparierens wieder etwas mehr in den Fokus rückt – sei es, weil ein modernes Smartphone mittlerweile für vierstellige Beträge über die Ladenkassen wandert, oder sei es, weil wir langsam verstehen, dass unsere Wegwerfmentalität das exakte Gegenteil einer klugen und nachhaltigen Gesellschaft darstellt.

KOMPOSTIEREN

Der Begriff des Kompostierens beschreibt die Umwandlung organischer Abfälle zu fruchtbarer Erde. Laubblätter, die kleinen Zweige der Weintrauben oder Apfel- und Bananenschalen werden dabei noch zu Hause verwertet und müssen nicht abgeholt, transportiert und verbrannt werden. Das funktioniert in mehreren Schichten sehr gut im eigenen Garten, es kann aber genauso gut in der Wohnung oder im Haus stattfinden.

Wir haben nämlich eine Kiste mit lebendigen Würmern, die diese Arbeit übernehmen. Vor drei Jahren hätte ich sicherlich noch den Kopf darüber geschüttelt, doch die kleinen Würmchen zaubern innerhalb kürzester Zeit großartige und wohlduftende Erde aus unserem Biomüll. Während der im typischen Müllsack normalerweise spätestens am zweiten Tag zu stinken beginnt und Fruchtfliegen anlockt, riecht die »Wurmkiste« einfach nur nach frischem Waldboden. So vermeiden wir neben den Fliegen auch Mülltüten und den unnötigen Gestank in der Wohnung. Die Umstellung ist schnell vollzogen, und wir erwischen uns im Alltag immer wieder einmal dabei, amüsiert darüber zu lachen, dass wir jetzt Würmer als Haustiere halten.

Das Kompostieren ist in jedem Fall ein wichtiger Grundsatz, mit dem man zu Hause fruchtbare Erde und natürlichen Dünger erzeugen und die energieintensive Entsorgung des Biomülls vermeiden kann. Eigentlich ganz cool, oder?

ERSETZEN

In unserem Alltag bekommen wir die Chance, umwelt- oder gesund-
heitsbelastende Dinge durch Nachhaltiges zu ersetzen. Das bedeutet
nicht, dass wir jetzt sofort alle Tupperdosen aus Plastik im hohen Bogen in den gelben Sack schmeißen sollten. Wir tauschen sie einfach nur
dann gegen Edelstahldosen, wenn sie ihre Funktion nicht mehr erfüllen.
So gibt es also Produkte, die wir nach und nach ersetzen können, daneben jedoch auch einige, die am besten sofort ausgetauscht werden
sollten. Der letzteren Gruppe ordne ich zum Beispiel Plastikflaschen
und Kunststoff-Kochutensilien wie Kochlöffel und Pfannenwender zu.
Zum einen, weil Mikroplastikbestandteile sich nachgewiesenermaßen
von der Innenseite der Flasche lösen und ins Wasser übergehen[66], und
zum anderen, weil Kochutensilien aus Plastik schnell anbrennen und
dadurch giftige Gase frei werden können.

Das beste Beispiel dafür, dass wir Einwegprodukte nachhaltig ersetzen können, ist und bleibt der Strohhalm. Für kaum ein anderes
Alltagsprodukt gibt es so viele sinnvollere Alternativen wie für den
unscheinbaren Trinkhalm, der vielleicht gerade aufgrund eben dieser
Unscheinbarkeit überall in der Umwelt zu finden ist – elegant aus Edelstahl, grazil aus Glas, baumbasiert aus Bambusholz oder essbar aus
alten Apfelresten. Neben diesen wiederverwendbaren oder genieß-
baren Alternativen gibt es zudem die leider nur einmal benutzbaren
Papierstrohhalme oder Makkaroninudeln. Aber natürlich kommt auch
der einfache Verzicht auf den Trinkhalm infrage. Das ist sogar am nachhaltigsten. Und wir können Cocktails und Säfte durchaus ohne dieses
typische Lifestyle-Produkt zu uns nehmen, wir müssen uns nur kurz
wieder daran gewöhnen.

SCHRITT FÜR SCHRITT WEITERENTWICKELN

Ich weiß, dass Begriffe wie »plastikfrei«, »Zero Waste« oder »fleischlos« besonders für Einsteiger tendenziell zunächst unerreichbar und abschreckend klingen. Fast so, als würde man sich voller Stolz zu einem ersten Probetraining bei einer Football-Mannschaft trauen und dann von einer Horde 100-Kilo-Kerle platt gewalzt werden. Dabei haben sich in unserem Fall einfach nur diese »extremen« Bezeichnungen durchgesetzt, die jedoch eigentlich gar kein Extrem beschreiben. Das Ziel besteht nicht darin, von jetzt auf gleich ein perfekt nachhaltiges Leben zu führen. Wie bei fast allen langfristigen Zielen, die du dir persönlich setzt, entwickelst du dich Tag für Tag dorthin – langsam, aber stetig. Damit das passiert, ist es wichtig, dass du anfängst, dich aus eigenem Antrieb mit deinem Lebensstil zu beschäftigen. Wenn du dir ebenfalls wünschst, auf einem sauberen, natürlichen Planeten zu leben und dass auch deine Kinder und Enkelkinder in solch einer Welt aufwachsen, dann ist deine Einstellung für einen nachhaltigen Lebensstil schon ziemlich gefestigt. Rufen wir uns noch einmal den einfachen Fußabdruck im Sand in Erinnerung. Wann immer es möglich ist, hinterlasse außer ihm keine Spuren deines Verhaltens in unserer Umwelt. Dennoch: Niemand ist perfekt, und zum Glück erwartet das auch niemand von uns. Beobachte einfach bewusst dein eigenes Verhalten und analysiere, lerne, optimiere und teile. Gemeinsam können wir weiter dazulernen und jeden Tag darüber entscheiden, wie die Welt am kommenden Tag aussieht. Und da du diese Zeilen liest, bist du bereits auf dem wünschenswerten Weg, selbst den Unterschied zu machen.

Nachhaltigkeit im Alltag: Wie kann ich ganz einfach anfangen?

Eigene Trinkflasche: Indem du übliches Plastikflaschenwasser durch Wasser aus der Leitung und eine eigene, wiederverwendbare Trinkflasche ersetzt, schonst du deinen Rücken, deinen Geldbeutel und unsere Umwelt. Zudem unterstützt du keine Konzerne, die Wasserquellen in armen und trockenen Regionen privatisieren. Mit der App *Refill* kannst du dir deine Trinkflasche auch bei teilnehmenden Betrieben unterwegs kostenlos auffüllen lassen.

Kurze Wege zu Fuß gehen: Lass dich nicht dazu verleiten, selbst Katzensprünge mit dem Auto zu bewältigen. Wenn du zwei gesunde Beine hast, kannst du den Weg zum Supermarkt oder zum Bäcker auch zu Fuß meistern. Das ist gut für deine Gesundheit und unsere Umwelt.

Müll vermeiden: Versuche, Schritt für Schritt deinen persönlichen Müll zu reduzieren. Du kannst zum Beispiel Plastikstrohhalme durch langlebige Glasstrohhalme ersetzen und defekte Elektrogeräte wie Drucker reparieren, anstatt sie wegzuwerfen. Als ersten Schritt könntest du deinen Müll eine Woche lang sammeln und anschließend bewerten, was davon du zukünftig ganz einfach vermeiden kannst.

Fleisch wertschätzen: So etwas wie den klassischen Sonntagsbraten gibt es heute nicht mehr – zulasten unseres Planeten. Denn für Fleisch werden zum Beispiel Regenwälder abgeholzt und Tiere gequält. Indem bei dir Fleischkonsum wieder zu etwas Besonderem wird und Fleisch eben nicht jeden Tag auf deinem Teller liegt, bewirkst du bereits etwas.

Digital statt Papier: Nutze die Digitalisierung, um Papier und schwere Aktenordner einzusparen. Google Maps statt Autoatlas, Rechnungen immer abrufbar in der Cloud statt im physischen Aktenordner und Tickets auf dem Smartphone statt ausgedruckt auf dem Zettel – mit modernster Technik lässt sich viel Papier einsparen.

»Keine Werbung«-Aufkleber: Bist du den vielen Papier- und Plastikmüll durch ummantelte Werbeprospekte nicht auch leid? Mit einem gern auch selbst gebastelten sichtbaren Aufkleber auf dem Briefkasten kannst du diesem Quatsch ein Ende setzen.

Langlebige Kleidung: Billige Kleidung ist billig, weil sie aus billigem Material besteht, das kurzlebig ist. Wenn du demnächst also durch die Shopping-Meile schlenderst, dann gib lieber ein paar Cent mehr für nachhaltig produzierte Qualitätsware aus. Die hält länger und kostet deshalb langfristig weniger.

Verschenken, verkaufen und tauschen: Trenne dich von Überflüssigem und verschenke, tausche oder verkaufe zum Beispiel ein T-Shirt, das dir nicht mehr gefällt. Da Kleidungsstücke Geschmackssache sind, gefällt es sicherlich jemand anderem.

Replace Plastic App: Nutze die App *Replace Plastic* vom Verein »Küste gegen Plastik«, um den Barcode auf in Plastik verpackten Produkten zu scannen und Hersteller automatisch darauf hinzuweisen, dass du ihr Produkt kaufst, sobald es ohne Plastikverpackung angeboten wird. Die App hat bereits viele Hersteller zum Umdenken bewegt.

Grüne Suchmaschine nutzen: Auch wenn Google viele nachhaltige Projekte fördert, steht das Unternehmen immer wieder in der Kritik. Ähnlich hochwertige Suchergebnisse erhältst mit einer nachhaltigen

Suchmaschine wie Ecosia.org. Das Unternehmen pflanzt jedoch für 45 Anfragen einen Baum und fördert transparent gesellschaftliche und ökologische Projekte.

Stofflappen statt Küchenrolle: Eine klassische Küchenrolle ist zwar praktisch, hinterlässt jedoch einen Haufen Papiermüll. Ein gewöhnliches Stofftuch tut's auch und kann nach der Wäsche einfach wiederverwendet werden. Du kannst dir alternativ auch einen Stofflappen aus einem alten T-Shirt machen.

Wechsel zu Ökostrom: Die Geräte in deinem Haushalt müssen geladen werden, damit sie funktionieren. Der Strom dafür sollte im Idealfall aus nachhaltigen Quellen wie Wind-, Wasser- oder Solarenergie und nicht aus zu CO_2 verbrennender Kohle oder entsorgungsproblematischer Kernkraft stammen. Der Wechsel von konventionellen zu umweltfreundlichen Stromanbietern ist wirklich leicht.

UND WIE REAGIERE ICH ANGEBRACHT AUF DIE TYPISCHEN GEGENARGUMENTE?

»Es macht keinen Unterschied, ob du einen Plastikstrohhalm mehr oder weniger verbrauchst.«

Du verwendest einen Strohhalm grundsätzlich für etwa 15 bis 30 Minuten, danach ist er nichts als Müll. Jetzt stell dir einmal vor, jeder der fast acht Milliarden Menschen auf der Erde würde so denken und weiter regelmäßig durch Plastikstrohhalme schlürfen. Dann hätten wir allein durch Einwegtrinkhalme ein echtes Umweltproblem. Glücklicherweise denken immer mehr Menschen um, verzichten auf einen Trinkhalm oder ersetzen ihn durch wiederverwendbare Bambus-, Glas- oder Edelstahlstrohhalme, denn das ist genauso unkompliziert. Nur schont dieses Verhalten darüber hinaus die Umwelt, da du ein Einwegprodukt durch ein Mehrwegprodukt ersetzt.

»Klimawandel? Ein paar Grad machen keinen Unterschied.«

Im Gegenteil: Es kommt sogar auf jedes Zehntelgrad an. Im Jahr 2016 lag die mittlere globale oberflächennahe Lufttemperatur der Erde um rund 0,94 °C höher als das Mittel des 20. Jahrhunderts.[67] Je wärmer es wird, desto heftiger werden die Folgen. Erwärmt sich die Erde um 1,5 °C, dann sterben zum Beispiel etwa 70 Prozent aller Korallenriffe der Erde. Erwärmt sie sich um 2 °C, verschwinden 99 Prozent aller Korallenriffe.[68] Umweltprobleme wie Hochwasser, Wetterextreme, Mangelernährung, Wasserknappheit und Eisschmelze haben im Zuge des Klimawandels schon heute spürbar zugenommen. Das sind nur einige der

Folgen eines »leichten« Temperaturanstiegs.[69] Auch in Deutschland. Die Stadt Kiel hat nach den Schäden durch den steigenden Meeresspiegel zum Beispiel bereits den Klimanotstand ausgerufen, da sie nur 1,50 Meter über Normalnull liegt. Deshalb ist es so wichtig, dass Städte sowie unser persönlicher Lebensstil möglichst klimaneutral werden.[70]

Bitte verwechsle das Klima nicht mit dem Wetter, denn das Klima bezeichnet die Statistik des Wetters über einen langen Zeitraum, während das Wetter den Zustand der Atmosphäre zu einem exakten Zeitpunkt beschreibt.

»Du allein änderst sowieso nichts.«

Wenn jeder so denken würde, bliebe alles auf unserer Erde gleich. Und wie Albert Einstein einst sagte: »Die reinste Form des Wahnsinns ist es, alles beim Alten zu belassen und zu hoffen, dass sich etwas ändert.« Daher sollte jeder Mensch davon ausgehen, dass er etwas ändern kann. Die Menschen, die daran glauben, werden erfolgreich sein und andere mitreißen. Ein »allein« gibt es also gar nicht.

»Die ganzen Umweltprobleme haben doch nur andere Länder. Die müssen etwas ändern.«

Bist du dir da sicher? Luftverschmutzung, Klimawandel oder Plastikmüll in den Ozeanen machen leider keinen Halt an Ländergrenzen. Auch in Deutschland sind die Dürreperioden so lang wie noch nie. Auch in Deutschland liegt Fisch auf unseren Tellern, dessen Zellen Mikroplastik beinhalten. Zudem exportieren wir einen großen Teil unseres Plastikmülls in Länder wie Indien, Pakistan oder früher auch China oder kaufen Lebensmittel aus Übersee, die dort mit hohem Wasserverbrauch produziert werden und Dürrekatastrophen provozieren. Auf den ersten Blick mag das alles weit entfernt erscheinen, doch tatsächlich sind wir eine verwöhnte Teilursache der Umweltprobleme unserer Zeit.

»Ein nachhaltiges Leben ist viel zu teuer.«

Ist es das wirklich? Oder glaubst du das nur, weil eine Biogurke üblicherweise teurer ist als eine industriell produzierte Gurke? Natürliche Lebensmittel schmecken besser und werden ökologisch und für alle fair erzeugt. Dafür sollten ihre Erzeuger belohnt werden. Grundsätzlich sparst du durch einen nachhaltigen Lebensstil aber richtig viel Geld, und das sogar ohne großen Aufwand. Denn du kaufst nur noch das, was du wirklich brauchst. Du reduzierst deine Wasser-, Energie- und Spritkosten, wann immer es geht. Du tauschst günstiges Leitungswasser gegen teures Mineralwasser aus Plastikflaschen. Du achtest auf Langlebigkeit und ersparst dir so bei Konsumgütern unnötige Ausgaben. Du bevorzugst Mehrweg statt Einweg, produzierst so weniger Müll und sparst. Du tauschst, reparierst und leihst, anstatt dir etwas für viel Geld neu zu kaufen. Vielleicht mag ein nachhaltiger Lebensstil auf den ersten Blick teurer sein, aber langfristig betrachtet, sparst du dadurch jeden Tag wieder etwas mehr Geld ein.

ZU HAUSE

»Heimat ist da,
wo man sich nicht
erklären muss.«

JOHANN GOTTFRIED HERDER

- Im Jahr 2018 wurden 40,4 Prozent des Stroms in Deutschland aus erneuerbaren Energien erzeugt.[71]
- 1,4 Milliarden neue Smartphones wurden weltweit im Jahr 2018 verkauft,[72] wodurch Hersteller einen Umsatz von etwa 467 Milliarden Euro erzielten.[73]
- Der tägliche direkte Wasserverbrauch pro Kopf liegt in Deutschland bei durchschnittlich 127 Litern.[74]
- Durchschnittlich produzierte jeder Deutsche im Jahr 2017 ganze 462 Kilogramm Haushaltsabfall.[75]
- Mit Wasch-, Putz- und Reinigungsmitteln erzielten Unternehmen in Deutschland im Jahr 2017 rund 4,8 Milliarden Euro.[76]
- Durchschnittlich 6.000 Wegwerfwindeln benötigt ein Kleinkind, bis es trocken ist.[77]
- Fast 40 Prozent des Energieverbrauchs in Deutschland entstehen durch Gebäude.[78]

Mir fällt kein anderer Ort ein, an dem man selbst so viel für den Erhalt unserer Natur tun kann wie zu Hause. Und das im Grunde sogar kostensparend und nebenbei. Von der Einrichtung bis zu deinem persönlichen Verhalten kannst du hier alles selbst bestimmen und Träume verwirklichen. Niemand pfuscht dir rein. Graue Steinwüste oder Blumenwiese und Gemüsebeet? Solaranlage auf dem Dach oder Gastank hinter der Hausecke? Esstisch aus Eichenholz oder Mahagoni? Dein Zuhause spiegelt all deine persönlichen Einstellungen und Werte wider, nach denen du lebst.

Ich wohne mit meiner Freundin zwar noch in einer Wohnung in Berlin, doch weiß ich schon ganz genau, an welchen Stellschrauben wir drehen werden, um unser zukünftiges Zuhause mit eigenem Grundstück maximal nachhaltig zu gestalten:

- ▶ Der Strom, mit dem wir unsere Technik nutzen
- ▶ Die Wärme, die wir in der Wohnung benötigen
- ▶ Das Wasser, das wir zum Duschen, Putzen oder Bewässern brauchen
- ▶ Der Müll, den wir produzieren
- ▶ Der grüne Garten, in dem wir entspannen
- ▶ Die Möbel, die wir aufeinander abstimmen
- ▶ Und auch das Kind, das wir großziehen

Da ist sicher noch vieles mehr! Aber bei wirklich allem, was wir zu Hause tun, haben wir auch die Chance, einen echten Unterschied zu machen. Das ist in Stein gemeißelt.

ENERGIE UND ELEKTRONIK

In nahezu jedem Bereich unseres Lebens spielen Elektrogeräte eine große Rolle, und sie benötigen eine physikalische Kraft, um zu laufen. Ohne Energie würde auf der Erde nahezu nichts mehr funktionieren: Lebensmittel würden verderben, es gäbe keinen Zugverkehr und kein Internet, Smartphones würden nicht mehr laufen, und Bankautomaten würden kein Geld mehr ausspucken. Wir würden also ganz schön dumm aus der Wäsche gucken, sollte uns auf unbestimmte Zeit der Strom ausgehen.

Glücklicherweise ist solch ein Szenario recht unwahrscheinlich. Stattdessen haben wir aktuell bei unserem Strom die Qual der Wahl. Da der Dschungel der Stromanbieter dicht und undurchsichtig ist, zahlt es sich auch hier für deinen Geldbeutel und unsere Umwelt aus, etwas genauer hinzusehen.

Wir müssen einfach stärker hinterfragen, welche technischen Geräte wir zu welchen Zeitpunkten wirklich brauchen, woher die Energie kommt, mit der wir sie betreiben, und wie wir möglichst wenig davon verbrauchen.

STROM

Sobald das Kabel den Weg in die Steckdose gefunden hat und sich der Ladebalken unseres Smartphones endlich wieder füllt, sind wir glücklich. Strom ist Strom, könnte man fast meinen. Doch ein Blick auf die Herkunft der zu Hause genutzten Elektrizität offenbart, dass die Art des Stroms in unseren vier Wänden verheerende Auswirkungen auf unsere Natur haben kann.

Der Saft, der dafür sorgt, dass all unsere technischen Geräte täglich wie gewünscht funktionieren, stammte nämlich bei uns in Deutschland selbst im Jahr 2018 noch zu mehr als 35 Prozent[79] aus den über 100 Stein- und Braunkohlegroßkraftwerken[80], die aus guten Gründen und gesetzlich festgeschrieben bis spätestens 2035 abgeschaltet werden müssen.

Es gibt keine klimaschädlichere Art, Strom zu erzeugen, als mit einem Kohlekraftwerk. Noch für mehr als eineinhalb Jahrzehnte wird die Verbrennung der endlichen Kohle − vertraglich vereinbart − unvorstellbare Mengen an Treibhausgasen in die Atmosphäre blasen. In Deutschland sind es jedes Jahr rund 300 Millionen Tonnen.[81] Für den Tagebau müssen zudem Natur- und Siedlungsflächen zerstört werden. Das bekannteste Beispiel dafür ist sicherlich der Kampf um den Hambacher Forst in Nordrhein-Westfalen. Umweltprobleme wie der Klimawandel, das Artensterben und natürlich auch die extreme Luftverschmutzung sind die Folgen dieser fast steinzeitlichen Form der Stromerzeugung.

Wir belasten damit nämlich nicht nur den Planeten, auf dem wir leben, sondern unmittelbar auch unsere eigene Gesundheit. Und damit meine ich nicht nur die Kumpel, die unter Tage ihr Leben riskieren müssen. Die Giftküche der Kraftwerke stößt beispielsweise Kohlenmonoxid, Stickoxide, Schwefeldioxid oder Quecksilber aus. Lungenkrebs, Asthma und Herzinfarkte sind die Folge und der Grund dafür, dass jährlich nur durch den Ausstoß von Kohlekraftwerken etwa 3.000 Menschen sterben.[82] Allein mit der Menge des jährlich ausgestoßenen Quecksilbers könnten wir stattdessen in Deutschland 3,5 Milliarden Energiesparlampen füllen.[83]

Gute Gründe also, um möglichst schnell zu handeln. Und die problemlösenden Alternativen stehen ja auch längst bereit.

Warum Atomenergie nicht per se schlecht ist

Während Kohle sehr porös ist und es viel davon braucht, um wenig Energie erzeugen zu können, gehört die Atomkraft zu meiner eigenen Überraschung zu den besten Übergangslösungen im Rahmen der Energiewende. Umweltkatastrophen wie in Tschernobyl oder Fukushima verankern auf langfristige Weise den größten Nachteil der Atomenergie in unseren Köpfen und lassen die Vorteile unbedeutend wirken. Atommüll ist zwar unfassbar giftig, aber grundsätzlich wird er sorgfältig eingelagert. Da keine fossilen Brennstoffe genutzt werden, wird die Luft, die wir einatmen, nicht verschmutzt. Stattdessen reduzieren neue Technologien wie der Thorium-Reaktor den dafür produzierten Müll auf ein Hundertstel. Dabei kann eine Tonne Thorium etwa so viel Energie produzieren wie 3,5 Millionen Tonnen Kohle.[84] In Deutschland wurden im Jahr 2018 etwa 11,8 Prozent des Stroms aus Kernenergie gewonnen – ein verschwindend geringer Anteil, wenn man ihn dem des Kohlestroms mit mehr als 35 Prozent gegenüberstellt. Kurz- und mittelfristig ist Atomkraft also eine Lösung, langfristig laden dennoch andere Energielieferanten unsere elektronischen Geräte auf.

Mit den erneuerbaren Energien wie Wind-, Solar- und Wasserkraft, aber auch Bioenergie und Geothermie sind die zukünftigen Stromquellen schon auf dem Vormarsch. Im Jahr 2018 wurden in Deutschland bereits mehr als 40 Prozent des genutzten Stroms aus Wind-, Solar- und Wasserkraft gewonnen.[85] Auch wenn sich der Ladebalken deines Smartphones dadurch nicht schneller lädt, versorgst du deine elektronischen Geräte natürlich deutlich nachhaltiger mit der notwendigen Energie, als würde diese aus fossilen Rohstoffen gewonnen. Erneuerbare Energien sind unbegrenzt verfügbar, zerstören nicht die Umwelt und stoßen keine Treibhausgase in die Erdatmosphäre aus. Auch erneuerbare Energien sind natürlich noch nicht nebenwirkungsfrei. In den Rotorblättern eines Windrades kommen zum Beispiel Vögel ums Leben und die Luftdruckschwankungen, die durch ihre Drehungen entstehen, schädigen die inneren Organe von Fledermäusen. Doch auch dort wird bereits diszipliniert an Lösungen gearbeitet. Zum Beispiel wurden die genauen Betriebszeiten der Windkraftanlagen an die aktiven Phasen der Tiere angepasst, um solche Probleme einzuschränken.

Sowohl kurz- als auch langfristig lohnt sich also der Wechsel zu einem Ökostromanbieter. Pro Jahr kann man – ohne das eigene Verhalten ändern zu müssen – etwa eine ganze Tonne CO_2 pro Person im Haushalt einsparen.[86] Die gleiche Menge würdest du mit vier Autofahrten von Flensburg nach München ausstoßen – mit einem Benziner niedrigen Verbrauchs.[87]

Damit das auch ganz sicher klappt, musst du nur bei der Wahl des Stromerzeugers deinen Blick fürs Detail unter Beweis stellen, denn auch konventionelle Anbieter haben meist einen Ökostromtarif. Da diese ihren Strom grundsätzlich aber zulasten der Umwelt aus Kohle- und Atomkraftwerken gewinnen, würde sich die Energiewende in Deutschland nur folgenschwer in die Länge ziehen. Der von dir gewählte Anbieter sollte also im Gegenteil dazu seinen Strom zu 100 Prozent aus erneuerbaren Energien erzeugen und einen Großteil seiner Gewinne wiederum in deren Förderung und Weiterentwicklung investieren. In Kombination mit einem der grünen Stromsiegel wie »Grüner Strom«, »TÜV Nord/Süd« oder »OK Power« bist du dann auf der sicheren Seite. Auch der Wechsel läuft völlig unkompliziert ab: Antrag stellen, Adress-, Zähler- und Bankdaten eingeben, der Rest passiert dann völlig automatisch. Ob Ökostrom oder konventioneller Strom: Die Preise sind zwar sehr ähnlich, doch leider oft auch recht hoch. Deshalb werden auf dem Dach unseres zukünftigen Hauses auch staatlich geförderte Solar- und Photovoltaikpanels installiert, um die unendliche und kostenlose Sonnenenergie zur Stromerzeugung dauerhaft zu Hause zu nutzen. Wer sich ebenfalls dafür interessiert, sollte auf Süd- beziehungsweise Südwestausrichtung, 30 bis 45° Dachneigung und keine Beschattung durch Bäume oder benachbarte Häuser achten. Wer das Glück hat, an einem Fluss zu wohnen, kann sogar eigene Energie aus Wasserkraft erzeugen. Es gibt definitiv einiges zu beachten, doch am Ende ist der Strom, mit dem du dein Smartphone oder deinen Laptop auflädst, maximal nachhaltig.

Hast du vielleicht auch eine Webseite im Internet, so wie ich? Damit Besucher deinen Internetauftritt 24 Stunden am Tag erreichen können, benötigen natürlich auch die Server, die deine Seite bereitstellen, Strom. Deshalb lohnt sich dann auch ein genauer Blick auf die Philosophie des jeweiligen Webhosters. Mein Nachhaltigkeitsblog CareElite.de läuft zum Beispiel mit Strom aus Wasserkraft.

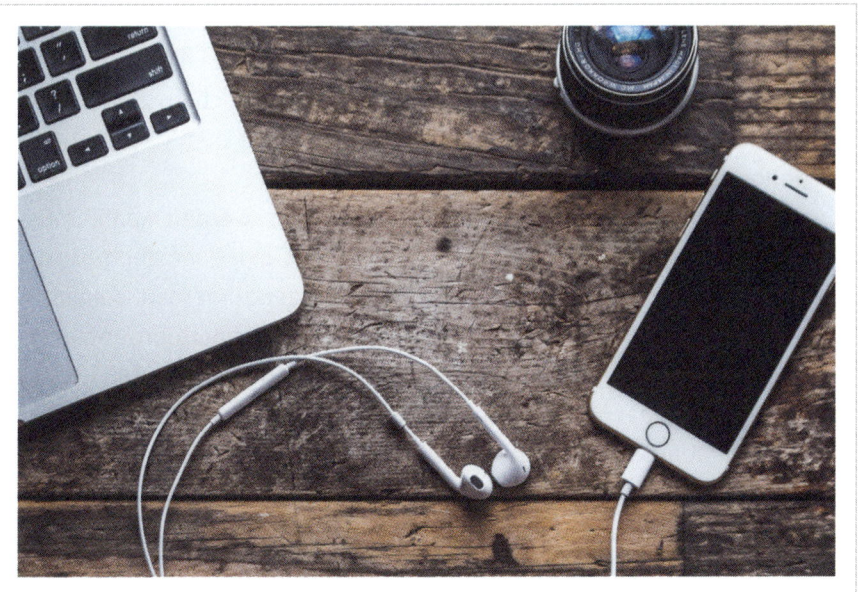

ELEKTROGERÄTE

Heutzutage liegen Smartphones schwer im Trend. Wer noch mit einem alten »Nokia-Knochen« herumläuft, fällt auf. Ein Smartphone zu bekommen, ist auch nicht schwer – ob gebraucht oder zum Neupreis –, und mindestens alle zwei Jahre treiben die großen Hersteller Scharen von Fans vor die bald öffnenden Türen der Elektroläden, weil ein neues Handymodell auf den Markt kommt. Wir navigieren uns damit durch die Städte, lernen neue Sprachen, bestellen die neuesten Kleidungsstücke online oder schicken Fotos von unserem Essen an unsere Freunde. Ob die Nutzung sinnvoll ist oder nicht: Das Smartphone ist so selbstverständlich geworden, dass wir gar nicht mehr hinterfragen, woher die Rohstoffe dafür stammen, wer es zusammengebaut hat oder was damit passiert, sobald es irgendwann das Zeitliche gesegnet haben wird. Aus diesem Grund eignet es sich ideal als Beispiel dafür, um dir zum einen ein Bild davon zu malen, welche Probleme Elektrogeräte auf unserer Welt verursachen, aber dir zum anderen auch zu zeigen, wie du deine technischen Helfer möglichst effektiv mit dem nachhaltigen Grundgedanken in Einklang bringst.

Bevor ein Smartphone zum Leben erweckt werden kann, müssen Rohstoffe wie Kobalt, Tantal, Aluminium, Gold, aber auch Kunststoff und Glas gewonnen beziehungsweise erzeugt werden. Allein im Kongo arbeiten 100.000 Kongolesen für einen Hungerlohn unter katastrophalen Bedingungen in Kobaltminen.[88] Und der Tantal Export ist schon Ende der 1990er-Jahre in Verruf geraten, weil er der Nährboden für den Bürgerkrieg war. Auch heute noch sind die Förderung und der Export von Rohstoffen eine der Einnahmequellen, mit denen Bürgerkriege finanziert werden.[89] Um die Metalle für ein Smartphone zu gewinnen, muss Tagebau betrieben werden. Damit geht eine großflächige Zerstörung der Natur einher. Um die finalen Rohstoffe aus den Erzen zu gewinnen, wird zu Chemikalien gegriffen, die Böden, Flüsse und Seen vergiften. Sobald das Material bereitsteht, werden die Smartphones der großen Marken in China, Indien oder anderen asiatischen Billiglohnländern in langen Arbeitsschichten, in extrem staubigen Hallen, ohne Sozialleistungen und Mitbestimmungsrechte, aber mit erheblichen gesundheitlichen Schäden – eben möglichst billig – zusammengeschraubt.[90] Nachdem ein glänzendes Smartphone ausreichend beworben und schlussendlich verkauft wurde, geht es in die Nutzung über. Sobald, wie zu erwarten, die ersten störenden Schäden auftreten, fällt auf, dass man die Reparatur oft nicht wie früher einfach selbst durchführen kann. Stattdessen darf das nur der autorisierte Partner des Herstellers – zu einem teuren Preis. Das motiviert viele dazu, sich einfach ein neues Smartphone zu kaufen, anstatt das alte zu retten. Auch durch diesen kurzen Lebenszyklus von Elektrogeräten produziert jeder Deutsche jährlich etwa 22,8 Kilogramm Elektroschrott.[91]

Eine sinnvolle Lösung des Problems bietet zum Beispiel das *Fair-phone*. Es wurde von einer niederländischen Firma mit dem Ziel eines umwelt- und sozialverträglichen Mobiltelefons entwickelt. Die Rohstoffe stammen beispielsweise aus Minen, die nicht in die Finanzierung von Bürgerkriegen verwickelt sind. Die Arbeiter in der Produktion erhalten pro Smartphone fünf zusätzliche Euro, über deren Verwendung sie selbst entscheiden können – zum Beispiel für die persönliche Weiterbildung oder die Verbesserung der eigenen Arbeitsbedingungen. Das *fairphone* selbst läuft mit einem gewöhnlichen Betriebssystem und kann ganz einfach zu Hause selbst repariert werden. Doch auch aus einem herkömmlichen Smartphone kannst du durch dein eigenes Verhalten das Maximum an Nachhaltigkeit herauskitzeln. Zum Beispiel, indem du es durch eine Hülle schützt, sorgsam behandelst und möglichst lange verwendest. Selbst wenn dein Smartphone schon zu den älteren Semestern gehört: Zum Telefonieren und SMS-Schreiben reicht's sicher noch. Für mich persönlich sind zudem ein paar wenige Apps extrem nützlich, um zum Beispiel schnell ein Produkt auf Inhaltsstoffe zu scannen oder um meine sportlichen Laufleistungen zu messen. Sollte dem Smartphone irgendwann die Puste ausgehen, dann werde ich es an den NABU senden, wo es recycelt und mit etwa 60.000 anderen ausrangierten Handys pro Jahr etwa 100.000 Euro für die Renaturierung der Havel einbringen wird.[92]

Das Beispiel des Smartphones zeigt wunderbar, dass hinter Handy, Computer, Laptop und E-Reader mehr steckt als das, wofür man es in diesem Moment braucht. Wenn du also das nächste Mal eines dieser Geräte in den Händen hältst, dann mache dir einfach bewusst, dass dies etwas Besonderes und alles andere als eine Selbstverständlichkeit ist.

STROM SPAREN

Nur weil unser Strom aus umweltfreundlichen Quellen stammt und wir nur noch die Geräte nutzen, die uns echten Mehrwert bieten, sind dies keine Gründe dafür, die Energie einfach zu verplempern. Mit ganz einfachen Tipps und Tricks kannst du deinen persönlichen Stromverbrauch bei der Unterhaltungselektronik, aber auch in Küche und Badezimmer gewaltig reduzieren und damit gleichzeitig die jeweiligen Geräte schonen. Bereits beim Kauf solltest du zum Beispiel ein Auge auf die jeweilige Energieeffizienzklasse werfen. Du findest sie auf dem bunten Aufkleber am Elektrogerät, der den Strom- und gegebenenfalls auch den Wasserverbrauch angibt. Je besser die Energieeffizienz, desto mehr Energie sparst du schlussendlich über die Nutzungsdauer. Unterhaltungselektronik wie HiFi-Anlagen oder Fernseher solltest du am besten mit einer ansonsten leuchtenden Steckerleiste vollständig ausschalten, anstatt sie im Stand-by-Modus verweilen zu lassen, in dem der Energieverbrauch zwar minimal, aber dennoch existent ist. Zudem gibt es bei vielen Geräten einen Energiesparmodus. Der reduziert die verbrauchte Energie auf ein Minimum und kann damit im Falle der Fälle zu einem Akku-Lebensretter werden. Dazu kommen mir gerade zig Situationen in den Sinn.

Anders als bei Smartphones oder auch Laptops verursacht bei Haushaltsgeräten wie dem Kühlschrank nicht die Herstellung, sondern die Nutzung die größere Umweltbelastung. Achte daher möglichst schon beim Kauf darauf, dass du die ideale Größe für deinen Haushalt erwischst, denn ein Kühlschrank mit zu vielen Leerflächen nimmt in geöffnetem Zustand mehr Wärme auf, die er ausgleichen muss. Das Kühlgerät sollte auch nicht direkt neben einer Wärmequelle wie Herd oder Heizung stehen, denn dann benötigt es mehr Energie, um die Wärme zu kompensieren. Da könntest du auch gleich in deinen Kühlschrank hineinfönen. Apropos Wärme: Auch warme Mahlzeiten solltest du erst einmal abkühlen lassen, bevor du sie in den Kühlschrank stellst, damit dieser nicht so viel Energie zum Herunterkühlen aufwenden muss. Nutze auch seine unterschiedlichen Temperaturzonen aus, damit Lebensmittel schneller ihren idealen Kältegrad erreichen und länger frisch bleiben.

Falls du, wie wir auch, ein Eisfach besitzt, dann solltest du es außerdem regelmäßig abtauen, da dicke Eisschichten isolierend wirken und einen höheren Stromverbrauch provozieren.

Ein weiteres Stromsparpotenzial verbirgt sich bei deiner Beleuchtung. Auch Lichter und Lampen haben eine Energieeffizienzklasse. Energiesparlampen benötigen beispielsweise nur etwa 20 Prozent der Energie einer gewöhnlichen Glühlampe – und sie halten bis zu 15-mal länger.[93] In Kombination mit weißen Wänden reflektiert das Licht sogar besser, wodurch es bei geringerer Beleuchtung trotzdem sehr hell werden kann. Auch LED-Lampen sind sehr sparsam

> Wie du deinen Kühlschrank richtig einräumst, damit sich deine Lebensmittel länger halten, erfährst du noch genauer im Kapitel »Ernährung« (S. 106).

und können zudem meistens gedimmt werden, um bei gemütlicher Atmosphäre automatisch noch weniger Energie zu verschwenden.

WÄRME

Sitzt du im Winter auch gern mit einer heißen Tasse Tee im warmen Wohnzimmer? Da es draußen recht kalt ist, muss natürlich Energie aufgewendet werden, damit in deiner Wohnung keine Eiszapfen hängen und dein Tee nicht schmeckt wie aus dem Gefrierfach. Da in deutschen Privathaushalten tatsächlich 85 Prozent der Energie für Heizung und Warmwasser draufgehen[94] und unsere Gebäude direkt oder indirekt für 30 Prozent der CO_2-Emissionen verantwortlich sind[95], ist das Energiesparen in diesem Bereich der einfachste und schnellste Weg, um dem Klimawandel entgegenzuwirken und dabei auch noch bares Geld zu sparen. Und das Schöne dabei: Es funktioniert im großen Stil genauso wie im kleinen.

Zunächst muss die Wärme möglichst nachhaltig erzeugt werden. Da der deutsche Gebäudebestand bis zum Jahr 2050 klimaneutral sein soll[96], kannst du bei einer möglichen Umstellung von unterschiedlichen Förderungen der BAFA oder der KfW-Bank profitieren.

Als nachhaltige Heiztechnik gilt zum Beispiel eine Wärmepumpe, die CO_2-frei mit Ökostrom betrieben wird. Sie nutzt die thermische Energie aus der Luft, dem Erdreich oder dem Grundwasser, um deine Wohnung zu heizen. Auch die Investition in Solarthermie mit Kollektoren auf dem Dach und einem Heizsystem im Haus zahlt sich für deinen Geldbeutel und unsere Umwelt aus. Die kostenlose Sonnenenergie wird dabei gespeichert und in dein Heizsystem geführt, um sie anschließend für Heizung und Warmwasser zur Verfügung zu stellen. Auch das Heizen

mit Biomasse wie Holz, Pellets und Hackschnitzel ist umweltfreundlich, solange sie CO_2-neutral und flächenschonend angebaut werden konnte. In Kombination mit perfekt gedämmten Heizungsrohren und Außenwänden sowie Fenstern mit verdichteter Doppelverglasung geht dann auch noch weniger der umweltfreundlich erzeugten Wärme verloren.

Als Eigentümer stehen dir hierzu natürlich sehr viele Möglichkeiten offen. Doch auch als Mieter kannst du einen nachhaltigen Haushalt führen, ohne ungefragt eine neue Heizungsanlage in deiner Mietwohnung zu installieren. Zum einen kannst du versuchen, deinen Vermieter davon zu überzeugen, in ein smartes Heizsystem zu investieren. Zum anderen kannst du mit deinem Verhalten dazu beitragen, indem du die Energie in den Räumen hältst und sie einfach grundsätzlich sparst. Bevorzuge zum Beispiel geschlossene Türen und vor allem das Stoßlüften, anstatt das Fenster dauerhaft offen zu lassen. Alternativ könntest du ansonsten nämlich auch gleich ein paar Geldscheine nach draußen werfen. Zudem hast du die Möglichkeit, die Raumtemperatur etwas zu senken und dafür einen flauschigen Pullover anstatt eines dünnen T-Shirts zu tragen. Auch das spart Energie. Beachte zudem, dass nicht alle Räume die gleiche Temperatur haben müssen. Die Heizung auf der Gästetoilette muss zum Beispiel nur dann eingeschaltet werden, wenn tatsächlich Gäste da sind.

Warmwasser verbrauchen wir in unseren Haushalten vor allem im Badezimmer. Gerade in der Winterzeit tut so ein warmes Bad in der Wanne ja auch richtig gut. Grundsätzlich verbrauchst du jedoch mit einer Dusche deutlich weniger Warmwasser – vor allem, wenn du den Hahn zudrehst, während du dich einseifst. Neben einer möglichst kurzen Duschzeit hilft dir auch die sprichwörtliche »kalte Dusche«, um zu Hause Wärmeenergie für Warmwasser einzusparen. Ich habe mir das angewöhnt, weil ich mit dem kalten Wasser schon früh am Morgen die erste Herausforderung des Tages gemeistert habe, hellwach und deutlich konzentrierter bin und gleichzeitig Energiekosten einspare.

73

WASSER

Es ist nicht nur umweltfreundlich, warmes Wasser zu sparen, es ist grundsätzlich löblich, bei allem, was du tust, weniger Wasser zu verbrauchen. Denn obwohl die Erde aufgrund ihrer Wassermassen auch als »Blauer Planet« bezeichnet wird, können wir eben nur ein Prozent davon als Trinkwasser oder zur Bewässerung von Pflanzen einsetzen. Millionen von Menschen haben zudem keinen direkten Zugang zu Trinkwasser, sodass nur tägliche Fußmärsche, gepaart mit einer ausreichenden Portion Hoffnung, sie mit dem lebensnotwendigen Nass versorgen. Für uns in Deutschland gilt es also, dem Privileg, ununterbrochen trinkbares Wasser aus dem Hahn zu bekommen, eine deutlich höhere Wertschätzung zukommen zu lassen und pfleglich mit dem kostbaren Gut umzugehen.

Jeder Deutsche soll pro Tag direkt etwa 125 Liter Wasser verbrauchen.[97] Doch wo genau fließt denn bei uns zu Hause so viel Wasser?

Im Kapitel »Körperpflege« (S. 144) erhältst du weitere Tipps zum Wassersparen und darüber hinaus zur Müllvermeidung im Badezimmer.

Hauptsächlich verbrauchen wir das Wasser tatsächlich für unsere Körperpflege und die Toilettenspülung. Für die Toilettenspülung lässt sich zum Beispiel eine Spartaste nachrüsten, mit der ein Druck auf den Knopf deutlich weniger Wasser verbraucht. Nach dem kleinen Geschäft reicht der kleine Spülknopf völlig aus, und du sparst damit

mindestens zwei Liter Wasser ein. Ein weiterer Tipp zum Wassersparen ist, kurzes Duschen der vollen Badewanne vorzuziehen. Einen nicht unbeträchtlichen Anteil hat das Waschen deiner Kleidung am täglichen Wasserverbrauch. Achte deshalb schon beim Kauf deiner Waschmaschine darauf, dass sie energie- und wassersparsam funktioniert[98].

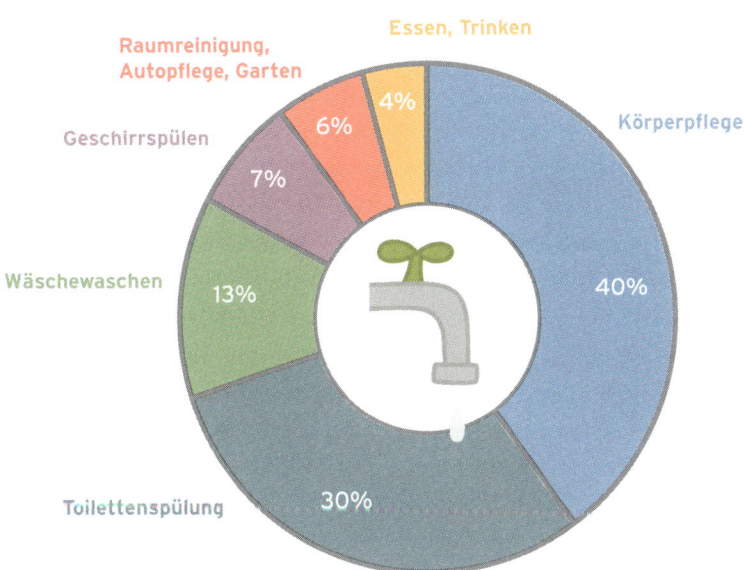

Essen, Trinken 4%

Raumreinigung, Autopflege, Garten 6%

Geschirrspülen 7%

Körperpflege 40%

Wäschewaschen 13%

Toilettenspülung 30%

Das Gleiche gilt auch für den Geschirrspüler. Moderne Haushaltsgeräte verbrauchen deutlich weniger Wasser, als für das Abspülen per Hand notwendig wäre. Wer keinen Geschirrspüler hat, sollte natürlich das Wasser auffangen und es in Ruhe zum Spülen nutzen, anstatt unter dem laufenden Hahn hektisch abzuwaschen. Das Putzen und die Bewässerung von Pflanzen scheinen einen kleinen Teil des üblichen Wasserverbrauchs eines Haushalts abzudecken, doch der hängt natürlich

letztendlich von der Größe des Gartens und der derzeitigen Regenhäufigkeit ab. Bewässere am besten immer nur am Abend, um eine starke Verdunstung des Wassers zu vermeiden, und bevorzuge einen sparsamen Tropfschlauch, anstatt dein Grün mit einem klassischen Rasensprenger zu versorgen. Indem du deinen Rasen nicht jede Woche mähst, trocknet er übrigens nicht so schnell aus

Moderne Waschmaschinen verbrauchen deutlich weniger Wasser als noch in den 1990er-Jahren.[99] Im Kapitel »Kleidung« (S. 160) erfährst du passend dazu, wie du eine Waschmaschine möglichst nachhaltig einsetzt.

und braucht folglich weniger Wasser. Und zum Putzen nutzt du einfach einen Eimer mit ein bisschen Wasser, anstatt immer wieder Wasser laufen zu lassen – das reicht in der Regel aus. Vorausgesetzt, dass du keinen Pool hast, fließt der verschwindend geringe Rest des durchschnittlich verbrauchten Wassers in Form von Getränken in deinen Rachen oder als Überbleibsel nach dem Nudelkochen in den Abfluss. Sobald es abgekühlt ist, kannst du das nährstoffreiche Nudelwasser aber zum Beispiel zum Blumengießen nutzen. Aufgrund des Stärkegehalts lohnt sich damit alternativ auch das Abwaschen von verschmutzten Töpfen

Im Kapitel über eine möglichst nachhaltige »Ernährung« (S. 106) lernst du, warum du indirekt noch mehr Wasser verbrauchst und was genau du dagegen tun kannst.

und Pfannen. Häufig gibt es einen Weg, das verbrauchte Wasser noch ein zweites Mal zu verwenden.

Gehe einfach grundsätzlich bewusster und sparsamer mit der limitierten Ressource Wasser um. Dann schonst du deinen Geldbeutel und ganz besonders unsere Umwelt.

MÜLL

So mancher hinterlässt täglich einen Berg aus dünnen Plastiktüten, gestapelten To-go-Bechern und Wurstverpackungen. Doch sobald der Deckel geschmeidig auf die Mülltonne fällt und der ganze Krempel zeitnah abgeholt wurde, schwindet das eigene Verantwortungsgefühl oft schon wieder. Wenn man dann noch vom Mythos des Recycling-Weltmeisters Deutschland Wind bekommt, verfliegt auch die allerletzte Spur des schlechten Gewissens. Leider feiern wir uns zu Unrecht, denn etwa elf Prozent des von uns produzierten Plastikmülls wird in afrikanische und asiatische Länder exportiert.[100] Trotzdem hübschen wir damit unsere Recyclingquoten auf, verschärfen aber gleichzeitig die Probleme in den Zielländern, die in der Regel weder über ausreichende Recyclingmöglichkeiten noch ausgereifte Kontrollsysteme verfügen. Ein großer Teil unseres Mülls landet deshalb dort auf Deponien oder wird illegal in der Umwelt entsorgt.

Gehen wir der Sache doch einmal auf den Grund: Was versteht man eigentlich unter dem Begriff »Müll«? Für mich ist er der scheinbar wertlose Rest, der als Resultat unserer persönlichen Lebensweise übrig bleibt. Doch frei von Wert ist er natürlich nicht. Denn unabhängig davon, ob er aus Plastik besteht oder nicht, handelt es sich um natürliche Ressourcen, die wiederverwertet werden können – ob als Sekundärrohstoff zur Herstellung neuer Produkte oder letzten Endes in der Verbrennung zur Gewinnung von Energie. Wo Müll definitiv nicht hingehört, ist in die Umwelt, doch leider landen dort jedes Jahr allein

32 Millionen Tonnen Plastikmüll aus den unterschiedlichsten Gründen.[101] Diese reichen von Bequemlichkeit über Ahnungslosigkeit bis hin zu mangelhaften Entsorgungssystemen. Bis Wissenschaftler einen Rohstoff entdecken oder erfinden, der Plastik aus begrenzt verfügbarem Erdöl ein für allemal ersetzen wird, bleibt uns keine andere Wahl, als zu lernen, richtig mit dem Kunststoff umzugehen und Plastikmüll ebenso wie auch jede andere Form von Müll möglichst zu vermeiden.

MÜLLVERMEIDUNG

Jeden Tag räumen Tausende Menschen mit einem unglaublichen leidenschaftlichen Engagement den ausschließlich von Menschen gemachten Müll aus unserer Natur. Wenn der Müll im Meer die Hauptursache für diese heutzutage mehr als notwendigen Aufräumaktionen und zudem für den Tod von einer Million Seevögel und über 135.000 Meeressäugern ist[102]: Was gibt es dann Nachhaltigeres, als den Müll erst gar nicht zu produzieren?

»Man erkläre den Menschen, wie praktisch Wegwerfprodukte wie Plastikteller, Coffee-to-go-Becher und Einmal-Wattepads doch sind. Kein Abspülen und kein Waschen mehr, dazu die Zeitersparnis. Ach, wie herrlich. Gewürzt wird das Ganze mit aufgehübschten Recycling-Quoten. Und fertig ist die Wegwerfgesellschaft.« So oder so ähnlich könnte sich ein Verantwortlicher der Plastikindustrie die ideale Zutatenliste für möglichst ertragreiche Einmalprodukte vorgestellt haben. Am Ende ist er ein kleines Rädchen in einer mächtigen Lobby, die jahrzehntelang als einzige von dem ausartenden Wegwerfwahn unserer Gesellschaft profitiert hat. Doch mit dem Zero-Waste-Lebensstil ist ein Gegenwind aufgekommen, der schnell an Kraft gewinnt. Dass plötzlich Millionen von Menschen ihre Lebensweise ändern und bewusst Müll vermeiden, wird den Einwegmoguln täglich neue Falten auf die Stirn zaubern. Müllvermeidung – unabhängig davon, ob es sich um Plastiklöffel, Elektroschrott oder matschige Bananen handelt – hat sich von einem Trend zu einer echten Bewegung entwickelt. Indem ich bewusst konsumiere und meinen Müllsack nur noch im Schneckentempo fülle, reduziert sich auch automatisch mein persönlicher ökologischer Fußabdruck. Für mich werden nämlich deutlich weniger natürliche Ressourcen für Verpackungen, den Abtransport und auch das Recycling des Mülls benötigt. Das ist doch ein wunderbares Gefühl. Da man von der Abholung nur zufällig und von der Gewinnung und dem Recycling der Ressourcen überhaupt nichts mitbekommt, ist das leider für viele schwer greifbar.

Doch tatsächlich hast du sowohl zu Hause als auch unterwegs Tausende Möglichkeiten, deinen persönlichen Müll schnell und einfach zu reduzieren. Ich habe Menschen kennengelernt, die ihren Plastikmüll eines Jahres in ein kleines Einmachglas quetschen konnten. So großartig das auch ist, selbst für mich ist diese geringe Menge ein wenig übertrieben. Es muss nicht jeder Einzelne Müll im Alltag so perfekt vermeiden. Es reicht schon, wenn Millionen Menschen gewissenhaft damit umgehen. Im Badezimmer kannst du zum Beispiel Einmal-Wattepads durch waschbare Pads aus Stoff oder Plastik-Wattestäbchen durch leicht abwaschbare und wieder verwendbare Q Tipps ersetzen. In der Küche tauschst du die Zitruspresse aus Plastik einfach gegen eine aus Holz – sobald die alte kaputt ist, versteht sich. Bei Hauspartys gibt es zukünftig kein Wegwerfbesteck mehr und zum Einkaufen wird der gute alte Jutebeutel mitgenommen. Das sind alles wirklich simple Ansätze für einen nachhaltigeren Alltag. Alles, was es dafür braucht, ist ein kleiner Ausbruch aus alten Gewohnheiten.

> Nutze auch die Verhaltensgrundlagen aus dem ersten Kapitel, um deinen Müll effektiv und langfristig Stück für Stück zu reduzieren.

MÜLLTRENNUNG

Der Zero-Waste-Lebensstil ist insofern utopisch, als natürlich trotz aller Bemühungen hier und da Müll entstehen wird. Das ist ganz normal, da Zero Waste auch nur das langfristige Ziel, irgendwann ohne Müll zu leben, beschreibt – und nicht das sofortige. Der Müll, der im eigenen Haushalt entsteht, sollte dann aber so getrennt werden, dass sich der Aufwand und Energieverbrauch für Abholung, Transport und Verarbeitung auf dem Wertstoffhof möglichst in Grenzen hält.

Damit das klappt, gibt es in Deutschland in der Regel fünf Kategorien, denen unterschiedliche Farben zugeordnet sind. So sollten Leichtverpackungen aus Kunststoff, Alu, Weißblech oder Verbundmaterial immer in der gelben Tonne oder mancherorts auch im Müllbeutel auf den dafür vorgesehenen Wertstoffinseln landen – Tetrapaks, Joghurtbecher oder Konservendosen zum Beispiel. Leere Batterien gehören zum Beispiel nicht dazu, da sie Schwermetalle enthalten. Sie gelten als Sondermüll und müssen dort abgegeben werden, wo man sie kaufen kann. Ziemlich unkompliziert erklärt ist tatsächlich die meist blaue Tonne für Papier: Pappe und Kartons, Eierschachteln sowie geschred-

Von Region zu Region weicht die Abfallpolitik etwas voneinander ab. Das liegt an den unterschiedlichen Verwertungsmöglichkeiten und Behandlungsanlagen. Zudem unterscheidet sich das Farbsystem für die einzelnen Müllkategorien. Damit du deinen Müll ideal trennst, kannst du bei deinem heimischen Entsorgungsunternehmen nachfragen oder auch online nachlesen, wie der Müll dort am besten getrennt werden sollte.

derte Bürodokumente gehören dort hinein. Da die meisten Kassenbons heute noch mit dem kritisierten Stoff Bisphenol A beschichtet werden, darfst du sie nicht im Altpapier, sondern nur in der schwarzen Restmülltonne entsorgen. Die sammelt all das, was weder wiederverwertet noch recycelt werden kann – neben Thermopapier sind das zum Beispiel Wegwerfwindeln, Feuerzeuge, Kugelschreiber, aber auch Geschirr und Keramik. Letztere werden genau wie Glühbirnen leider gern im Glascontainer entsorgt, weil es uns niemand richtig erklärt hat. Stattdessen gehören pfandfreie Getränkeflaschen oder aussortierte Einmachgläser in den jeweiligen Farben in die braunen, grünen und weißen Behälter für Altglas. Auf diese Weise sorgst du dafür, dass möglichst viel davon für die Produktion neuer Glasbehälter eingesetzt werden kann. Blaue Prosecco-Flaschen sollten sich übrigens zu den grünen Gläsern gesellen, da diese bei der Wiederverwertung noch am ehesten andere Farben vertragen können. Grün ist häufig auch die Biotonne – in manchen Regionen ist sie jedoch braun. Darin kannst du pflanzliche und tierische Abfälle wie zum Beispiel Eierschalen, Balkonpflanzen oder Abfälle von Obst und Gemüse entsorgen. Verzichte dabei aber bitte auf die lästigen Plastikbeutel, denn selbst wenn sie biologisch abbaubar sind, haben sie in der Biotonne nichts zu suchen. Stattdessen kannst du dir einen Komposthaufen anlegen oder wie wir als »Gartenlose« eine neumodische und zugegebenermaßen kurzzeitig auch gewöhnungsbedürftige Wurmkiste verwenden. Dort wird der Biomüll innerhalb kurzer Zeit zu fruchtbarer Erde zersetzt und es entsteht zudem ein nahezu perfekter, natürlicher Dünger für deine Pflanzen. Alternativ tut es auch ein Papierbeutel oder ein einfaches Blatt Zeitungspapier unten am Boden.

Keine Tonne gibt es jedoch für Elektroschrott wie ausrangierte Taschenrechner, blinkende Weihnachtsmützen oder einen alten Föhn. Umweltfreundlich, kostenlos und nach Vorschrift entsorgst du die Teile in den jeweiligen Behältern auf dem nächsten Wertstoffhof. In manchen Regionen gibt es auch ein sogenanntes Elektromobil, das zu ausgewie-

senen Terminen mal in einem Stadtteil, mal in einem anderen steht und Elektrogeräte kostenlos entgegennimmt. Zudem müssen große Elektrogeschäfte Elektroschrott zurücknehmen, auch wenn du das jeweilige Gerät nicht einmal dort gekauft hast. Indem du diesen kleinen Aufwand auf dich nimmst, schonst du sowohl natürliche Ressourcen als auch deinen Geldbeutel. Denn im Kaufpreis ist bereits deine Entsorgungsgebühr enthalten. Wenn du dein langsam zerfallendes Radio dennoch im Plastikmüll entsorgst, zahlst du also doppelt. Wie Elektrogeräte gehören auch CDs nicht einfach in den gelben Sack. Sie bestehen nämlich aus Polycarbonat, einem ziemlich teuren Kunststoff, und lassen sich relativ simpel zu neuen Datenträgern oder Produkten für den medizinischen Bereich oder die Automobil- und Computerindustrie recyceln. Deshalb solltest du auch sie einfach bei einem nahe gelegenen Wertstoffhof oder einem Elektrofachgeschäft abgeben.

Es ist kein Beinbruch, wenn in deinem Haushalt Müll entsteht. Es geht nicht völlig ohne, und das muss es auch nicht. Doch ein Großteil des üblicherweise anfallenden Mülls lässt sich gezielt und durch Schritt für Schritt gelernte Tricks zur Müllvermeidung sparen.

PUTZEN

Ist es überhaupt möglich, auf nachhaltige Weise die Badewanne von Kalk, das Waschbecken von Haaren, den Backofen von Angebranntem oder den Küchenfußboden von Staub und Krümeln zu befreien? Denn herkömmliche Putzmittel gibt es nicht nur für jeden noch so kleinen unterschiedlichen Zweck in ausartenden Plastikflaschen, viele von ihnen enthalten zudem scharfe, erdölbasierte Tenside sowie chemische Duft-, Farb- und Konservierungsstoffe, die alle ins Abwasser gelangen. Bei den meisten industriellen Putzmitteln stimmen zum aktuellen Zeitpunkt also weder innere noch äußere Werte – ziemlich unsexy, oder?

Doch es gibt nachhaltige Alternativen zu teils aggressiven Chemiekeulen, die im Laufe der Jahre einfach nur etwas außer Mode gekommen sind. Die Allzweckwaffe Natron bekommst du zum Beispiel in einer Pappverpackung in gewöhnlichen Drogerien. Sie lässt sich beispielsweise als Backofenreiniger verwenden. Du kannst das Pulver einfach mit etwas Wasser vermengen, auf den hartnäckigen Stellen einwirken lassen, dann noch etwas nachspülen – und schon ist der herkömmliche Backofenreiniger samt der Plastikverpackung überflüssig. Wenn du zwei Esslöffel davon in den Abfluss füllst und eine halbe Tasse Essig hinterhergießt, fungiert das Wundermittel Natron sogar als effektiver Rohrreiniger. Essig und die noch kräftigere Essigessenz sind zwar nichts für jedermanns Nase, doch sie eignen sich hervorragend für den Putzeinsatz im Badezimmer. Sie lösen Kalk, lassen Armaturen wieder glänzen und sind für gewöhnlich auch in klassischen Supermärkten in

Glasflaschen erhältlich. Der Geruch ist etwas gewöhnungsbedürftig. Die etwas wohliger duftende Alternative ist da sicherlich reine Zitronensäure.

In der Küche wiederum haben wir es häufig mit Fettspritzern oder hartnäckigen Verkrustungen zu tun. Hier schafft das Hausmittel Soda Abhilfe. Es wirkt fettlösend und ist eine von wenigen notwendigen Allzweckwaffen. Eine ganz ähnliche Wirkung erzielt übrigens Backpulver, das mit Sicherheit schon in deinem Küchenschrank auf dich wartet. Solche Tricks, die keinen großen Aufwand erfordern, können durch einige sinnvolle Do-it-yourself-Anleitungen für nachhaltige Varianten von Putzmitteln ergänzt werden.

Efeuspülmittel

Da in Efeublättern sogenannte Saponine enthalten sind,
lässt sich daraus auf einfache
Weise ein schäumendes, ef-
fektives Spülmittel zaubern.
Du findest die Blätter sicherlich
auch an Bäumen oder Hauswänden in deiner Nähe – übrigens
auch im Winter.

Du brauchst:

- ▶ 6 bis 10 Blätter Efeu
- ▶ 500 ml Wasser
- ▶ Herd, Kochtopf und Sieb
- ▶ Ein Behältnis zur Aufbewahrung

So geht's:

- ▶ Blätter abwaschen und recht klein schneiden
- ▶ 500 ml Wasser zum Kochen bringen (Deckel drauf, das spart Energie!)
- ▶ Die geschnittenen Efeublätter hineinlegen
- ▶ 3 bis 4 Minuten bei niedriger Temperatur köcheln lassen
- ▶ Herd ausstellen und Flüssigkeit abkühlen lassen
- ▶ Abgekühltes Spülmittel durch ein Sieb in sauberen Behälter gießen
- ▶ Geschlossenen Behälter schütteln, bis es schäumt –
fertig!

Zitronenschalen-Glasreiniger

Auch eine ausgepresste Zitrone kann noch weiterverwendet werden – in Kombination mit Essig zum Beispiel als Do-it-your-self-Glasreiniger. Die Herstellung benötigt etwa zwei Wochen Geduld. Als Belohnung erhält man eine maximal nachhaltige Alternative zum üblichen Glasreiniger.

Du brauchst:

- ▶ Zitronenschale (alternativ auch Orangenschale)
- ▶ 200 ml Essig
- ▶ 200 ml Wasser
- ▶ Alte Sprühflasche
- ▶ Sieb und Behälter

So geht's:

- ▶ Zitronenschale mit feiner Küchenreibe raspeln
- ▶ Die Schalen zusammen mit 200 ml Essig in einen Behälter geben und dunkel abdecken
- ▶ Nach zwei Wochen Lagerung durch ein Sieb in die Sprühflasche geben
- ▶ Sprühflasche verschließen, schütteln und anwenden – fertig!

Zitronensäure-Badreiniger

Herkömmliche Zitronensäure aus der Papierverpackung dient der Vermeidung von Kalkablagerungen und unterstützt die Wasserenthärtung im Badezimmer. Die kalklösenden und kalkverhindernden Eigenschaften kannst du dir mit der folgenden Anleitung für einen einfach selbst gemachten Badreiniger zunutze machen.

Du brauchst:

- ► 40 g Zitronensäure
- ► 4 bis 8 Tropfen ätherisches Öl (nach Wunschduft)
- ► 400 ml Wasser (lauwarm)
- ► Alte Sprühflasche

So geht's:

- ► Lauwarmes Wasser in eine alte, ausgespülte Sprühflasche geben
- ► Die Zitronensäure hinzufügen, verschließen und schütteln
- ► Wenn sich die Zitronensäure zersetzt hat, können die Öltropfen dazugegeben werden – fertig!

Ob selbst zusammengemixt oder einfach angewendet: Schon weni-ge Hausmittel reichen also aus, um deine Wohnung effektiv und doch deutlich nachhaltiger zu säubern. Probier sie einfach nach und nach aus. Einen wertvollen Schritt in eine umweltfreundliche Richtung gehst du übrigens auch mit ökologischen Putzmitteln. Sie gefährden nicht deine Gesundheit und werden immer häufiger in Flaschen aus recycel-tem Kunststoff angeboten.

Der positive Rummel um traditionelle Hausmittel oder Bioputzmittel ist natürlich völlig berechtigt, doch mit welchen Gegenständen putzt man denn möglichst nachhaltig? Grundsätzlich reichen gewöhnliche, waschbare Baumwolltücher für die meisten Dinge aus. Für Einweg-schwämme, Kunststoff-Spülbürsten und die klassischen bunten Weg-werflappen ist einfach kein Platz in einer umweltfreundlichen Küche. Sofern du ihn überhaupt benötigst, gehört aber ein Putzschwamm aus biologisch abbaubarer Cellulose, der Agaven-Faserpflanze Sisal und einem etwas geringeren Anteil an recyceltem Kunststoff dazu. Wenn wir zum Beispiel unser Geschirr mit der Hand abspülen, reicht meistens jedoch eine Spülbürste aus Buchenholz mit dünnen Pflanzenfasern völ-lig aus. Die gibt es mittlerweile in jedem gut bestückten Bioladen. Zum Reinigen von Trinkflaschen nutzen wir eine Flaschenbürste, die aus dem gleichen Material besteht.

MÖBEL

Muss es denn immer ein nagelneuer, jungfräulicher Esstisch sein? Wer schon einmal selbst neue Möbelstücke gekauft hat – ob online oder in einem der vielen großen Möbelhäuser –, der weiß, dass dadurch jede Menge Verpackungsmüll entsteht. Doch damit nicht genug: In der Regel beeinflusst das Material der Möbel unsere Umwelt sogar noch stärker. Das gilt zum Beispiel für das elegant daherkommende Echtledersofa sowie für den Esstisch aus Tropenholz.

Der Lederbezug einer Couch stammt üblicherweise von der Haut toter Tiere. Früher war es nur ein Nebenprodukt der Fleischproduktion, daher wurde das Material damals noch verhältnismäßig nachhaltig verwertet. Heute ist Leder aufgrund der gestiegenen Nachfrage und der billigen Preise leider ein Hauptprodukt, für das sowohl Tiere als auch die an der Produktion beteiligten Menschen leiden müssen – durch giftige Chemikalien und niedrige bis nicht existente Arbeitsschutzstandards.

Wer dennoch nicht auf Leder verzichten möchte, sollte bei der Wahl seines Ledersofas auf die IVN-Zertifizierung achten. Sie garantiert, dass das Leder ausschließlich als Nebenprodukt der Fleischgewinnung und unter höchsten hygienischen und umwelttechnischen Standards hergestellt wird. Grundsätzlich gibt es aber auch nachhaltige Alternativen zu herkömmlichem Leder, zum Beispiel das Material Tyvek oder veganes Leder aus Eukalyptusfasern und Kork.

Und der Esstisch aus Tropenholz? Muss man denn wirklich Ressourcen verwenden, deren Entnahme aus dem natürlichen Kreislauf an einem anderen Ort für ein massives Artensterben sorgt, nur um seinen Teller darauf abstellen zu können? Tatsächlich bestehen viele Tische in den Einrichtungshäusern aus Tropenhölzern wie Akazie, Palisander, Mahagoni, Teak oder Wenge. Wer die Regenwälder vor der Abholzung schützen möchte, lässt lieber die Finger davon. Es gibt genügend nachhaltige Ausweichmöglichkeiten, beispielsweise deutsche Hölzer wie Buche, Eiche oder Fichte. Auch der Gebrauchtkauf über Portale wie eBay-Kleinanzeigen ist eine nachhaltige und günstige Möglichkeit.

Daneben existiert eine weitere Alternative, die dir mit Sicherheit regelmäßig ein Lächeln ins Gesicht zaubern wird: selbst gebaute Tische aus upgecycelten Hölzern. Als ich mit meiner Freundin zusammengezogen bin, habe ich die Gunst der Stunde genutzt und neben dem Esstisch auch gleich noch einen Schreibtisch, einen Couchtisch und zwei Nachttische aus dicken alten Eichenbohlen gebaut. Die lagen bei einem Freund seit 35 Jahren unbeachtet auf dem Hof herum. Ein bisschen säubern, hobeln, schleifen und streichen und fertig ist die selbst gebaute Oberfläche. Beim Anstrich kann man nach Belieben typische Farben von Tropenhölzern verwenden, wenn man unbedingt will. Das ist deutlich nachhaltiger, als den Regenwald zu zerstören, und die Optik ist vergleichbar. Zur Oberfläche habe ich jeweils noch Metallkufen anfertigen lassen, sodass jeder Tisch nur etwa 100 Euro gekostet hat. In so manchem Möbelhaus zahlt man für so einen Esstisch das Zehnfache und hat überdies mit dem ganzen Verpackungsmüll zu kämpfen. Probier es einfach aus, es lohnt sich, und ein solcher Tisch aus Holz macht dich zudem ein Stück weit stolz.

GARTEN

Der erste eigene Garten – mir leuchten schon die Augen, wenn ich daran denke. Nicht nur, weil es für mich persönlich eine Wohlfühloase der Entspannung ist, sondern weil ich ihn zu einem Mekka der Artenvielfalt machen und zum selbstversorgenden Anbau von Lebensmitteln nutzen werde. Nirgendwo sonst haben wir in unserem Alltag die Möglichkeit, so vielen Lebewesen Unterschlupf und Nahrung zu bieten, uns selbst zu versorgen und gleichzeitig dem Klimawandel entgegenzuwirken. Die Pflanzen, die dort wachsen, binden nämlich klimaschädliches CO_2 und reinigen die Luft.

Bäume wirken an heißen Sommertagen zudem wie eine natürliche Klimaanlage, indem sie große Mengen Wasser verdunsten und damit Feuchtigkeit an die Luft abgeben. Ein Baum erzeugt damit die Leistung von zehn Klimaanlagen.[103] Es ist also deutlich nachhaltiger, unter einem kühlen Baum zu rasten als in einem Raum, der künstlich gekühlt wird.

Je vielfältiger die Pflanzen, die in deinem Garten wachsen, desto größer ist das Nahrungsangebot für Tiere. Bienen, Hornissen, Schmetterlinge, Maikäfer, Spinnen, Spitzmäuse und zahlreiche Vogelarten werden sich dort pudelwohl fühlen. Die Artenvielfalt bringt auch Nützlinge gegen Schädlinge mit sich, sodass der Einsatz giftiger, zerstörerischer und energieaufwendig produzierter Pflanzenschutzmittel überflüssig wird. Der Garten kann also ohne allzu großen Aufwand zu einem kleinen »Naturschutzgebiet in a nutshell« werden. Man muss es natürlich wollen. Leider ist der Trend in Richtung pflegeleichter grauer Steinwürsten gekippt, die ein weiteres Sinnbild für den Hang zur Bequemlichkeit in unserer Gesellschaft sind. Sie werden auch als »Gärten des Grauens« bezeichnet, denn dort fehlt von Leben jede Spur. Kein Vogelgezwitscher, keine bunten Pflanzen, kein Naturgefühl. Jeden Tag das gleiche Bild vor Augen, nichts verändert sich. Das Gegenstück ist ein lebhafter, wilder Garten, in dem man sich selbst wohl- und der Natur verbunden fühlt.

Grundsätzlich fährst du gut damit, der Natur in deinem Garten freien Lauf zu lassen. Natürlich hat auch ein von vielen Tieren bewohnter Garten ein paar Felssteine, unter denen es sich zum Beispiel Mäuse bequem machen können, darüber hinaus etwas Kies oder einige nicht direkt aneinanderliegende Betonplatten, die Tieren wie Ameisen Unterschlupf bieten. Auf solche Weise können Steine die Artenvielfalt fördern. Nur leider sind Unkraut und Insekten vielen Menschen lästig, weshalb sie einfach alles zupflastern und zudem mit Pflanzenschutzmitteln besprühen. Ob im privaten Haushalt oder in der industriellen Landwirtschaft: Im Grunde liegen hierin die Ursachen für Umweltprobleme wie das Bienensterben. In China klettern deshalb übrigens schon Menschen auf Bäume, um deren Blüten zu bestäuben.[104] Ganz schön alarmierend, oder?

Zu Hause kannst du es besser machen und Bienen wie Hunderten weiterer Lebewesen mit geringem Pflegeaufwand einen artgerechten Lebensraum bieten und dich darüber hinaus an einem Gartenbild erfreuen, das sich mit den Jahreszeiten und über die Jahre hinweg wandelt. Je nach Größe deines Grüns eignet sich dazu zum Beispiel eine pflegeleichte Wildblumenwiese oder ein kleineres Wildblumenbeet mit heimischen Pflanzenarten. Hier glänzt du am besten durch Nichtstun und lässt sie, nachdem sie größer geworden sind, einfach wild wachsen. Der ideale Zeitpunkt für die Saat von Blumen ist bei uns in Deutschland zwischen März und Mai oder zwischen September und Oktober. Baldrian, Schlafmohn, Kornblume, Wiesensalbei oder Narzissen sind zudem Pflanzen, die Tieren Nahrung und Nistmaterial bieten – ob durch Nektar, Pollen, Stängel oder Blätter. Wie wäre es zudem noch mit Bärlauch, Schwarzem Holunder oder Him- und Brombeeren? Damit erhöhst du sogar dein persönliches Nahrungsangebot. Übrigens kannst du auch auf einem Balkon in der Stadt die Artenvielfalt fördern. Bienen freuen sich zum Beispiel über Thymian und Lavendel in den Balkontöpfen.

Für bessere Nistmöglichkeiten bieten sich darüber hinaus ruhig wirkende, aber belebte Totholzstapel und schnell selbst zusammengeschraubte Bienenhotels an. Letztere sollten möglichst sonnig und vor allem windstill platziert werden – oder würdest du gern in ein Haus einziehen, das wackelt? Unabhängig von seiner Größe lockt zudem ein Naturteich weitere Tiere wie Frösche an und ist eine willkommene Wasserquelle für Pflanzen und Tiere in deinem Garten.

Bitte nimm bei der Pflege deines Gartens Abstand von künstlichem Dünger, da die meisten Böden sowieso überdüngt sind und damit eine Gefahr für unser Grundwasser darstellen. Fördere das Wachstum deiner Pflanzenvielfalt deshalb lieber mit natürlicher, fruchtbarer Mutter-erde von deinem eigenen Komposthaufen. Bei dessen Anlage solltest du beachten, dass eine gute Mischung aus feinem Material wie Gras-

schnitt und grobem Material wie Ästen und Zweigen schon die halbe Miete ist. Denn so bekommt der Komposthaufen ausreichend Sauerstoff und ist weder zu feucht noch zu trocken. Wenn du den Haufen regelmäßig durchmischst, hast du neben vielen neuen Tieren im Garten einen vollkommen natürlichen Dünger und weniger Biomüll, der auf-wendig abtransportiert und verwertet werden müsste.

Falls du dich darüber wun-derst, dass ich hier so wenig über die Selbstversorgung erzähle, dann blättere ein-fach etwas vor zum Kapitel »Ernährung« (S. 106).

KINDER

Nun weiß ich selbst noch nicht, wie es sich anfühlt, Vater zu sein. Doch selbstverständlich freue ich mich, wenn ich mir vorstelle, wie es wohl sein wird. Denn die Entscheidung für ein Kind ist bei uns schon gefallen – wohlwissend, dass es aufgrund der überproportional wachsenden Weltbevölkerung sicherlich auf den ersten Blick nachhaltiger wäre, gar kein Kind in die Welt zu setzen. Schließlich kommt durch unsere Entscheidung ein weiterer Mensch auf diese Erde, der Nahrung und Trinkwasser benötigt, der an andere Orte dieser Welt reisen möchte und theoretisch auch ungebremst konsumieren könnte. Diese Gedankengänge sind aus ökologischer Sicht zunächst löblich. Doch natürlich sollten für eine bessere Zukunft gerade die Menschen Kinder bekommen, die über die Missstände auf unserer Welt aufgeklärt sind und die bereits nachhaltig leben. Indem sie ihr Wissen und ihre Verhaltensweisen an den Nachwuchs weitergeben, sorgt man langfristig dafür, dass ein weiterer Mensch auf die Erde kommt, der das Verhalten unserer globalen Gesellschaft positiv beeinflusst.

Es ist und bleibt also einzelfallabhängig, ob es aus gesellschaftlicher und ökologischer Sicht nachhaltig ist, ein Kind zu bekommen. Bei den meisten von uns wird aber der Tag kommen, ab dem Windeln wechseln, Spielzeug suchen und gellendes Geschrei zur regelmäßigen Reifeprüfung werden. Das Schöne dabei: Sobald dein Kind auf die Welt kommt, hast du alle Optionen, selbst die Grundlage für die Entwicklung eines Menschen zu legen, der das Zusammenleben aller Lebewesen auf dieser Erde im Laufe seines Lebens fördert. Das betrifft sowohl die persönlichen Werte und Einstellungen als auch die Windeln, das Spielzeug, die Schulsachen und natürlich auch die Ernährung.

Bei Letzterer unterscheidet sich der Nachhaltigkeitsaspekt bei der Babyernährung nicht großartig von dem bei deiner eigenen Ernährung: Es gilt, schon beim möglichst regionalen und saisonalen Einkauf Verpackungsmüll zu vermeiden und einen Bogen um ungesunde Produkte zu machen.

Nach Möglichkeit solltest du also unverpackte Produkte einkaufen und auf Müllwahnsinn wie die neumodernen »Quetschies« aus der Einweg-Plastiktube verzichten. Das ist alles nicht so kompliziert, wie es vielleicht erscheinen mag. Also keine Sorge. Sorge bereitet mir persönlich der Fakt, dass ein Kind etwa 6.000 Windeln benötigt, bis es nach durchschnittlich etwa 2,5 Jahren trocken ist.[105] 6.000 stinkende Einwegwindeln, die im Restmüll entsorgt und anschließend verbrannt werden müssen. Durch waschbare und wiederverwendbare Stoffwindeln geht das zwar nicht ohne Gestank, dafür aber ohne Müll. Es ist also eine deutlich nachhaltigere Alternative. Es gibt sogar Eltern, die ihr Kind windelfrei erzogen haben. Das soll die Bindung zum Sprößling erhöhen, ist allerdings zugegebenermaßen eher eine Alternative für Hardcore-Ökos und nicht unbedingt für Einsteiger.

Einfacher ist dagegen der genaue Blick bei der Auswahl des Spielzeuges, denn hinter einer unschuldig dreinblickenden Puppe könnten sich gefährliche Schadstoffe wie Bisphenol A, Umweltzerstörung, die Verwendung billigsten Materials sowie ausbeuterische Produktionspraktiken verbergen. So etwas sollte man weder verschenken noch seinen eigenen

> Im Kapitel »Ernährung« (S. 106) erfährst du genau, weshalb die Dinge, die du isst, in Umweltproblemen wie dem Klimawandel, der Abholzung der Wälder oder der Wasserknappheit resultieren können, und wie du das optimieren und gleichzeitig weiterhin lecker essen kannst.

Kindern zur Beschäftigung in die Hände geben. Achte deshalb genau auf BPA-freies Spielzeug und ersetze beispielsweise Plastikbausteine durch Holzbausteine mit unbedenklichen Wasserfarben.

Dann vergehen die Jahre, und irgendwann ist es so weit: Der erste Schultag steht an. Schon bei der Schultüte bietet sich eine Chance für mehr Nachhaltigkeit. Viele Eltern besorgen sich heutzutage einen Schultütenrohling und basteln gemeinsam mit ihren Kindern eine möglichst müllfreie Schultüte aus biologisch abbaubarem Material. Und um Müll zu vermeiden, geben sie ihren Kindern eine Lunchbox mit einer Mahlzeit vom Vortag mit. Klarsichthüllen und Plastikumschläge werden durch Papiermappen ersetzt und notwendige Schulbücher aus zweiter Hand gekauft. Auf alle Eltern warten wirklich Tausende Möglichkeiten für eine möglichst nachhaltige Erziehung darauf, genutzt zu werden. Das ist kein Grund, sich überfordert zu fühlen, sondern eine großartige Chance dafür, ein gutes Vorbild zu sein.

Wie bringe ich mehr Nachhaltigkeit in mein Zuhause?

Im Wasserkocher vorkochen: Das Aufkochen im Kochtopf geht zwar mit einem Deckel auf dem Topf recht schnell, dennoch ist es bis zu 50 Prozent energieaufwendiger, als das Wasser im Wasserkocher zu erhitzen, was sogar doppelt so schnell funktioniert. Danach musst du es nur noch in den Kochtopf kippen und den Herd anstellen.

Abspülen mit Spülbürste: Braucht es wirklich einen Kunststoff-Spülschwamm, der regelmäßig in der Mülltonne landet? Eine Spülbürste aus Holz ist die nachhaltigere und langlebigere Alternative, mit der du im Grunde auch alles sauber bekommst.

Wasserhahn reparieren: Sollte einer deiner Wasserhähne in der Wohnung tropfen, musst du schleunigst etwas unternehmen. Denn mit jedem Tag, an dem du es nicht tust, verschwendest du mehrere Liter Wasser. Besorge dir einfach eine neue Dichtung oder einen Fachmann, der das Problem für dich löst.

Antikalk: Um Kalkflecken grundsätzlich zu vermeiden, solltest du anfällige Stellen abtrocknen. Ist der Kalk schon entstanden, nimmst du einfach einen Eimer mit warmem Wasser und gibst etwas Essigessenz und Zitronensäure dazu. Diese Mischung wirkt Kalkablagerungen effektiv entgegen.

Wasser für Tiere: Vögel, Bienen, Igel, Eichhörnchen und viele andere Lebewesen leiden unter der Hitze und den längeren Dürrezeiten im Sommer. Indem du regelmäßig eine Schale mit Wasser im Garten bereitstellst, leistest du einen enormen Beitrag zum Schutz der Tiere.

Gärtnern mit Kindern: Kinder sollten früh lernen, dass Obst und Gemüse nicht im Supermarkt wachsen. Dort bekommst du aber häufig kleine Holzkisten, die du mit etwas Plane auslegen und mit Erde und Pflanzen füllen kannst. Mit mehreren übereinandergestapelten Kisten schaffst du so ein kleines Hochbeet für die Kids.

Kaffeesatz nutzen: Mit dem zurückbleibenden Abfallprodukt nach dem Kaffeekochen kannst du zum Beispiel Ablagerungen in Flaschen oder Vasen loswerden. Einfach zwei bis drei Esslöffel Kaffeesatz und heißes Wasser hineingeben und eine Stunde abwarten. Dann löst sich der Schmutz von selbst. Der nährstoffreiche Kaffeesatz eignet sich auch als Dünger oder als selbst gemachte Stückseife.

DIY-Teppichreiniger: Natron und Speisestärke binden in Kombination Schmutz und wirken Gerüchen entgegen. Einfach jeweils 250 Gramm davon mit einem Streuer gleichmäßig auf dem Teppich verteilen, mit Wasser besprühen und kreisförmig mit einer Bürste einmassieren. Am nächsten Tag saugst du den Teppich einfach ab.

Natron im Mülleimer: Wenn es aus deinem Mülleimer unangenehm riecht, kannst du seinen Boden einfach mit drei Teelöffeln Natron bedecken. Sollte der Geruch sich dann irgendwann wieder durchsetzen, spülst du die geruchsneutralisierende Allzweckwaffe Natron einfach als natürlichen Rohrreiniger den Abfluss hinunter und streust neues Pulver auf den Boden des Mülleimers.

Korken richtig entsorgen: Flaschenkorken aus Voll- und Presskork haben eine gute Klimabilanz und lassen sich einfach recyceln. Doch nur etwa ein Zehntel der Korken wird dem Stoffkreislauf zugeführt. Sammle deine Korken lieber und reiche sie im Rahmen der NABU-KOR-Kampagne bei einer Sammelstelle des Naturschutzbundes ein, damit daraus Dämmgranulat für den Hausbau hergestellt werden kann. Plastikkorken hingegen gehören in der Regel in den gelben Sack oder sollten je nach Region wie vorgeschrieben entsorgt werden.

Farben und Lacke richtig entsorgen: Da sie Schadstoffe enthalten, gelten lösemittelhaltige Farben und Lacke als Sondermüll. Sie müssen bei Schadstoff-Sammelstellen oder Wertstoffhöfen entsorgt werden, um noch möglichst viel davon recyceln zu können. Eingetrocknete, wasserbasierte Farben kannst du in der Regel jedoch in der Restmülltonne entsorgen.

Wurmkomposter verwenden: Da wir keinen eigenen Garten zum Kompostieren unserer Bioabfälle besitzen, ist der Wurmkomposter die ideale Alternative, um trotzdem natürlichen Dünger und fruchtbare Erde daraus zu gewinnen. Deshalb zerlegen jetzt Regenwürmer unsere Apfel-, Birnen- und Erdbeerreste in einem dafür hergestellten unscheinbaren Hocker. Keine Fruchtfliegen und keine unangenehmen Gerüche mehr. Das Teil ist cool.

Solar-Sonnenglas: Mit ein, zwei Solar-Einmachgläsern sparst du dir die energieintensive Gartenbeleuchtung. Das Glas lädt sich durch die Sonnenenergie automatisch auf und kann mit Deko gefüllt, hingestellt und aufgehängt werden. Der deutsche Gründer produziert es zu fairen Konditionen in Südafrika und kurbelt damit die dortige Wirtschaft an.

Feuchttücher für Babys: Um jede Menge Müll durch gesundheitsgefährdende Feuchttücher einzusparen, kannst du sie aus einem Glas Kokosöl und einem alten T-Shirt-Fetzen einfach selbst herstellen. Da sie waschbar sind, sind sie ewig wiederverwendbar.

FLUSTIX Plastikfrei-Siegel: Auf vielen Produkten findest du beim Einkaufen mittlerweile ein Siegel namens FLUSTIX. Es garantiert dir, dass ein Produkt wirklich plastikfrei ist, denn manchmal trügt der erste Eindruck.

Rücksendungen vermeiden: Rücksendungen von Onlinebestellungen müssen verpackt und vom LKW transportiert werden. Oft sind die Gegenstände danach sogar unbrauchbar. Um dieses Problem zu reduzieren, überlege dir vor der Bestellung genau, ob du das Produkt wirklich brauchst und ob es deinen Ansprüchen genügt.

UND WIE REAGIERE ICH ANGEBRACHT AUF DIE TYPISCHEN GEGENARGUMENTE?

»Spülmittel aus Efeu ist doch giftig.«

Vor allem ältere Efeusträucher sind giftig, das stimmt. Du sollst aber auch weder die Blätter und Beeren essen noch das fertige Spülmittel trinken – dann bleibt es ungefährlich. Das Gleiche gilt übrigens für herkömmliches, chemisches Spülmittel aus der Drogerie, mit all seinen Phosphaten und Tensiden. Die sind nämlich auch giftig, und die nutzt du ja schon eine ganze Weile, oder?

»Strom ist Strom, egal, ob der durch Windräder oder Kohlekraft erzeugt wird.«

Ob Strom aus erneuerbaren Energien oder Kohlekraft stammt, dein Smartphone lädt sich unabhängig davon mit der gleichen Geschwindigkeit auf. Auf den ersten Blick ist Strom also tatsächlich gleich Strom. Auf den zweiten Blick hinterlässt Kohlestrom leider im Rahmen des Tagebaus metertiefe Krater und vernichtet darüber hinaus landwirtschaftliche Nutzflächen und ganze Ortschaften. Noch entscheidender tragen die Kraftwerke zum Klimawandel bei, indem neben Schwermetallen, Quecksilber und Dioxinen auch große Mengen Kohlendioxid freigesetzt werden. Wir gefährden also unsere Gesundheit und zerstören unseren Planeten, obwohl mit Wind-, Solar- und Wasserkraft bereits Alternativen zur Stromproduktion funktionieren, die zudem endlos sind und dauerhaft genutzt werden können. Indem du Strom aus erneuerbaren Energien beziehst – und damit die Nachfrage erhöhst –, wird sich das Angebot anpassen.

»Ein reiner Steingarten ist viel pflegeleichter als ein Blumengarten mit Gemüsebeet.«

Ich sehe auch den großen Vorteil, dass du deinen Rasen nicht mehr mähen musst, doch weitere Vorzüge fallen mir nicht ein. Im Gegenteil: Die Vielzahl von Steinen sorgt im Gegensatz zu Bäumen und anderen Pflanzen zum Beispiel nicht für Abkühlung an heißen Sommertagen. Zudem hast du einen vollkommen leblosen Garten, ohne Insekten und damit auch ohne Vögel. Mit einem grünen farbenfrohen Garten schaffst du eine Wohlfühloase für dich selbst ebenso wie für Tiere und du brauchst den Rasen nicht einmal zu mähen, denn du wirst feststellen, dass das die Tierwelt noch mehr in deinen Garten ziehen wird. Lasse der Natur einfach etwas freien Lauf.

»Man kann nicht plastikfrei leben, das geht heute gar nicht mehr.«

Absolut richtig, weil vieles in unserem Alltag aus Plastik besteht. Nutze das aber bitte nicht als Ausrede dafür, überhaupt nicht auf Müllvermeidung zu achten. Der Begriff »plastikfrei« klingt, zugegebenermaßen, als ob du von jetzt auf gleich nichts mehr mit Plastik zu tun haben wirst. Doch tatsächlich handelt es sich dabei um ein langfristiges Ziel, zu dem du dich Schritt für Schritt hinarbeiten kannst. Erst ersetzt du zum Beispiel Plastikstrohhalme durch Glasstrohhalme und einige Zeit später die regelmäßig neu gekaufte Plastiktüte durch einen wiederverwendbaren Jutebeutel. So entwickelst du dich langsam, aber gezielt weiter und reduzierst den Kunststoff in deinem Alltag nach und nach.

»Wir Deutschen sind doch Recycling-Weltmeister, deshalb müssen wir auch keinen Müll vermeiden.«

Wir sind weder Welt- noch Europameister im Recyceln. Sieh dir einfach etwas genauer an, wie und vor allem wann diese Recycling-Quote erhoben wird – nämlich direkt nach der Abfallsortierung. So können unkontrollierte Müllexporte und Verluste während des Recycling-Prozesses gar nicht berücksichtigt werden. Hinzu kommt, dass der Plastikmüll, den wir ins Ausland exportieren, ebenfalls als recycelt gilt. Im Jahr 2015 wurden zum Beispiel 13,65 Prozent[106] in Länder wie Malaysia, China oder Indien verschifft. Ob der Müll dort wirklich recycelt wird, ist schwer zu kontrollieren. Klar ist nur, dass diese Länder selbst ein großes Müllproblem haben und wir unseren eigenen Müll lieber selbst entsorgen sollten. Oder bringst du deinen Müll zum Nachbarn hinüber?

ERNÄHRUNG

0% plastic – 100% fantastic

»Nichts wird die Gesundheit der Menschen und die Chance auf ein Überleben auf der Erde so steigern wie der Schritt zur vegetarischen Ernährung.«

ALBERT EINSTEIN

- Etwa 61,8 Prozent der Ackerfläche in Deutschland werden zum Anbau von Viehfutter und nur 21 Prozent zur direkten Nahrungsmittelerzeugung verwendet.[107]
- Die Viehzucht verursacht laut Ernährungs- und Landwirtschaftsorganisation der Vereinten Nationen (FAO) fast 15 Prozent der weltweiten Treibhausgasemissionen.[108]
- Fischereien ziehen für unsere Mahlzeiten jedes Jahr etwa 90 Millionen Tonnen Fisch aus den Meeren.[109]
- Weltweit werden jedes Jahr etwa 1,3 Milliarden Tonnen der produzierten Lebensmittel weggeworfen.[110] Gleichzeitig hungern fast elf Prozent aller Menschen auf der Erde.[111]
- Weltweit werden jedes Jahr 2,6 Millionen Hektar Land bewirtschaftet und fast 48 Millionen Tonnen Treibhausgase ausgestoßen, um die Lebensmittel anschließend wegzuwerfen.[112]
- Immer mehr Menschen ziehen pflanzliche Milch der Kuhmilch vor. Der globale Umsatz stieg von umgerechnet 6,6 Milliarden Euro im Jahr 2010 auf etwa 14,6 Milliarden Euro im Jahr 2018.[113]
- 40 Prozent der weltweit gefangenen Fische werden an Nutztiere verfüttert.[114]

»Was soll das, was ich esse und trinke, mit der Umwelt zu tun haben?«, höre ich mich, in Erinnerungen schwelgend, auf einem saftigen Stück Rind kauend nuscheln. Bis vor einigen Jahren habe ich mir diese Frage nie wirklich grundlegend beantwortet, weil ich auf den ersten Blick keinen Zusammenhang zwischen meinem Rinderfilet und dem Klimawandel, der Abholzung der Wälder oder dem Artensterben herstellen konnte.

Ob Rind, Schwein, Huhn oder Fisch: Heute weiß ich, dass meine Ernährung darüber entscheidet, ob die Erde meinetwegen noch ein bisschen wärmer wird, ob für mich fußballfeldgroße Teile des Regenwaldes abgeholzt werden, ob für mein Stück Fleisch Tausende Liter Wasser verschwendet werden und ob Tiere für mich leiden müssen. Allein die Viehwirtschaft ist tatsächlich für mehr Treibhausgase verantwortlich als alle Autos, Lkw, Schiffe und Flugzeuge dieser Welt zusammen. Und viele wissen das noch nicht.

Auch die Vorstellung, dass all diese Dinge hinter meinem Rücken passiert sind, ohne dass ich es wusste, hat mir ein bisschen Angst gemacht. Ich habe natürlich nicht erwartet, dass Hersteller ihre Verpackungen mit den Grausamkeiten verzieren, aber ich bin naiv davon ausgegangen, dass schon alles seine Richtigkeit haben werde, ohne es zu hinterfragen. So ist das eben, wenn man auf die Fehler seiner Vergangenheit zurückblickt. Wichtig ist, dass man daraus lernt und im Alltag seinen Teil dazu beiträgt, sie zukünftig zu vermeiden – und das gilt ganz besonders für mehr Nachhaltigkeit bei unserer Ernährung.

Mein persönliches Aha-Erlebnis hatte ich übrigens mit der Doku *Cowspiracy*, die von Schauspieler Leonardo DiCaprio mit produziert wurde. In 90 Minuten hat sie mir den Zusammenhang zwischen unseren Essgewohnheiten und den Umweltproblemen unserer Zeit bewusst gemacht und klargestellt, was jeder besser machen kann. Auch die Dokumentation *What The Health* kann ich dir empfehlen, weil sie aufdeckt, inwiefern unsere Ernährungsgewohnheiten gesteuert werden und schlussendlich in klassischen Zivilisationskrankheiten wie Bluthochdruck, Übergewicht, Diabetes oder Krebs resultieren.

VEGAN UND VEGETARISCH

Früher habe ich Schinken, Rindfleisch und Schweineschnitzel abgöttisch geliebt und im Grunde täglich Fleisch gegessen. Zwar hat mich zunächst das Plastikmüllproblem in den Umweltschutz getrieben, doch heute setze ich mich zusätzlich verstärkt für einen bewussteren und unregelmäßigeren Fleischverzehr und im besten Fall für einen vollständigen Verzicht auf Lebensmittel tierischen Ursprungs ein. Denn diese sind nicht nur aus ethischer Sicht bedenklich, ihre Herstellung hat auch einen ganz entscheidenden Einfluss auf unsere Umwelt.

Wenn Rinder etwa zweimal in der Minute rülpsen und furzen, stoßen Sie Methan aus. Das Gas ist etwa 25-mal so schädlich wie das von unseren Fahrzeugen ausgestoßene CO_2.[115] Die schlechten Manieren der Kuh sind dabei selbstverständlich nicht das Problem. Das liegt in der Gesamtzahl der Tiere. Weltweit grasen heutzutage nämlich etwa eine Milliarde Kühe auf den grünen Wiesen dieser Erde, um später von uns verzehrt zu werden.[116]

Zudem müssen die Tiere ebenso wie wir essen und trinken, um zu wachsen und bis zu einem von uns bestimmten Zeitpunkt zu überleben. Um ein einziges Kilogramm Rindfleisch zu produzieren, werden für die Tränken und die Reinigung der Ställe mehr als 15.000 Liter Wasser[117] und Massen an Energie für Transporte, Beleuchtung und Futtermittelanbau verbraucht. Die tierischen Exkremente der Viehzucht werden in Form von düngender Gülle auf die Felder gesprüht – viel mehr, als benötigt wird, sodass der tierische Dünger ins Grundwasser wandert.

Darüber hinaus importieren wir Sojaschrot aus Südamerika, um unsere Tiere damit zu füttern. Für den Anbau dieses Futtermittels wird dort Regenwald vernichtet. Auch dass mindestens 61,8 Prozent der Ackerfläche in Deutschland für Viehfutter[118] anstatt für Lebensmittel bewirtschaftet werden, sollte uns ein Wink mit dem Weidezaunpfahl sein.

Wie wir uns ernähren, entscheidet darüber, wie nachhaltig unser Alltag tatsächlich ist. Unsere Ernährungsgewohnheiten beeinflussen auf drastische Weise den Klimawandel, die Abholzung der Regenwälder, den Rückgang der Artenvielfalt sowie Wasserverschwendung, Luftverschmutzung, Bodenerosion und ganz besonders den Welthunger. Wir hätten ausreichend Ackerfläche zur Verfügung, um alle Menschen auf dieser Welt pflanzlich zu ernähren, doch da wir auf Steaks, Haxe und Bratwürstchen stehen, muss leider auch Tierfutter in großen Mengen produziert werden – eine immense Nachfrage, die die Ackerflächen nicht in der geforderten Geschwindigkeit decken können. Daher werden munter Regenwälder abgeholzt, Kohlenstoffdioxide freigesetzt, Arten ausgerottet und giftige Pestizide auf den Feldern aufgebracht, wodurch wiederum Insekten sterben, die zum Beispiel für die Bestäubung von Pflanzen entscheidend sind. Alles nur, damit das Tierfutter schneller wachsen kann und wir mit unserer Gabel im Rindfleisch-Geschnetzelten stochern können. Auch seine Kalorienbilanz macht das Fleischessen leider nicht nachhaltiger. Für die Herstellung einer tierischen Kalorie werden durchschnittlich etwa sieben pflanzliche Kalorien benötigt.[119] Durch den Fokus auf pflanzliche Nahrungsmittel könnten wir also deutlich mehr Menschen ernähren.

Springen wir vom Land ins kalte Wasser. Denn was für die Situation an Land gilt, trifft auch auf die Meere zu. Dort kann sie einem wie die Jagd auf den letzten Fisch vorkommen. 60 Prozent der Meere sind maximal befischt und 33 Prozent längst überfischt.[120] Überfischt heißt, dass mehr Fische gefangen werden, als auf natürliche Weise nachwachsen

oder zuwandern könnten. Deshalb ist eine pflanzliche Ernährungsweise ein so mächtiges Werkzeug. Mit ihr lassen sich gleich mehrere Herausforderungen auf einen Streich lösen.

Ich glaube, dass die Beantwortung einer einzigen Frage dafür sorgen kann, den Umweltproblemen entgegenzuwirken, die aus unseren derzeitigen Ernährungsgewohnheiten resultieren. Du solltest dich fragen, ob deine Gewohnheiten und der kurze, wohltuende Geschmack eines Rinderfilets dir wirklich wichtiger sind als das Leben eines Tieres. Es klingt hart, doch letztendlich wird ein Lebewesen in der Massentierhaltung nur deshalb unnötigerweise mit Antibiotika vollgestopft, verstümmelt, seiner Kinder beraubt und getötet, damit du eines seiner Körperteile für ein paar Minuten genießen und danach wieder vergessen kannst. Diese Qual hat für mich nichts mit der natürlichen Nahrungskette zu tun. Ich könnte Kühe, Schweine oder Hühner niemals selbst töten, deshalb esse ich sie nicht. Immer mehr Menschen denken so, doch bis die meisten es tun, wird noch etwas Zeit vergehen. Solange wir Menschen denken, dass Tiere nicht fühlen, müssen also Tiere fühlen, dass wir Menschen nicht denken.

Ich würde mich zum aktuellen Zeitpunkt noch eher als Vegetarier bezeichnen, der in der Ausbildungs- und Lernphase zum Veganer steckt. Einfach, weil auch mich ab und zu doch einmal alte Gewohnheiten einholen oder ich schlichtweg nicht genau auf die Zutaten einer Mahlzeit geachtet habe. Doch während ich all diese Dinge noch einmal niederschreibe, festigt sich meine persönliche Tendenz in Richtung der veganen Ernährung – auch, weil es ebenso leckere und deutlich spannendere pflanzliche Alternativen gibt. Und man kann heute immer noch Käse, Spaghetti Bolognese, Süßigkeiten, Burger oder das geliebte Schnitzel essen, nur eben ohne Tierleid, ohne Antibiotika und ohne Trinkwasser zu verschmutzen. Statt Kuhmilch stehen bei uns zum Beispiel Hafermilch, Cashewmilch, Haselnussmilch oder Sojamilch im Kühlschrank.

Und der Rindfleisch-Burger und das Schnitzel vom Schwein werden ganz einfach durch Buchweizen-Bratlinge und Gemüseschnitzel ersetzt. All das kann ich also glücklicherweise immer noch essen. Es ist eben nur aus Pflanzen gemacht und dabei leckerer und vielfältiger verfügbar, als du es dir vorstellen kannst.

Für einen weichen Übergang kannst du mit einem fleischfreien Tag in der Woche anfangen und dich Schritt für Schritt steigern. Es ist aber auch nicht entscheidend, ob du dich langsam und über eine vegetarische Ernährung hin zu einem veganen Lebensstil bewegst oder ob du direkt vegan lebst, nachdem du deine letzten Lebensmittel aus dem Kühlschrank aufgebraucht hast. Schlussendlich gibt es kaum eine politisch wirksamere Tat, die so viele Umweltprobleme auf einen Streich löst wie eine vegane Ernährungsweise. Dabei handelt es sich noch nicht einmal um eine Tat, denn hierbei verzichtest du ja nur auf deine Gewohnheiten und bereicherst dein Essverhalten gleichzeitig um viele neue, natürliche Lebensmittel und Gerichte, die deine Gesundheit fördern und unsere Umwelt weniger belasten.

Wenn du dich noch nicht dazu durchringen kannst, auf tierische Produkte zu verzichten, dann kann ich dir einen Vortrag des YouTubers Earthling Ed empfehlen, der den Nagel auf den Kopf trifft, indem er Gewohnheiten unserer Gesellschaft kritisch hinterfragt, ohne dabei jemandem Vorwürfe zu machen. Das Video kannst du dir hier bei YouTube ansehen und nach Wunsch auch einen deutschen Untertitel einstellen: http://y2u.be/Z3u7h-XpOm58

Gefüllte Champignons
à la Nonna pugliese

Nach fleischlosen Gerichten musst du heute nicht mehr lange suchen. Wie wäre es zum Beispiel mit leckeren, gefüllten Champignons, die du mit einem knackigen Salat ergänzen kannst?

Zutaten:

- ▶ 4 Riesenchampignons
- ▶ ½ Bund Petersilie
- ▶ 2 EL Semmelmehl
- ▶ Etwas Olivenöl

Den Strunk schneidest du einfach genauso klein wie die Petersilie und den Knoblauch. Dann vermischst du all deine Zutaten mit dem Semmelmehl und ergänzt die Füllung nach eigenem Wunsch. Anschließend träufelst du etwas Olivenöl auf die gefüllten Pilze und lässt sie anschließend eine gute Viertelstunde im Ofen bräunen.

Pasta mit Tomaten und Gemüsebällchen

Nichts geht über leckere Pasta, oder? In Kombination mit ein paar Gemüsebällchen kannst du dabei auch wunderbar auf Fleisch verzichten. Dazu ein paar Tomaten – herrlich!

Zutaten:

- ► 220 g Vollkornnudeln
- ► 200 g Mini-Romatomaten, stückig püriert
- ► 5 sonnengetrocknete Tomaten, klein geschnitten
- ► 1 mittlerer Zweig Rosmarin
- ► ½ rote Zwiebel, klein gehackt
- ► Mediterrane Kräutermischung
- ► Salz und Pfeffer
- ► Olivenöl
- ► Frisches Basilikum
- ► Gemüse-Trockenmischung

Die Gemüse-Trockenmischung lässt du nach Packungsanweisung kurz in etwas lauwarmem Wasser aufgehen, bevor du die kleinen Bällchen formst. Anschließend brätst du ein paar klein geschnittene Zwiebeln mit Olivenöl bei mittlerer Temperatur an und gibst die Kräutermischung dazu. Nach einer Minute erhöhst du die Temperatur etwas und fügst den Rosmarinzweig sowie die frischen und getrockneten Tomaten hinzu. Parallel dazu lässt du deine Lieblingsnudeln kochen und legst die Gemüsebällchen bei mittlerer Temperatur in eine Bratpfanne. Wende sie stetig, bis sie von allen Seiten goldbraun sind. Nachdem du abgeschmeckt und gewürzt hast, kannst du deine Pasta noch mit etwas Basilikum garnieren und alles gemeinsam genießen.

Mittlerweile haben sich leckere Erbsenproteinburger in die deutschen Supermärkte geschlichen, die nicht nur wie übliches Rindfleisch aussehen, sondern auch sehr ähnlich schmecken. In Zukunft dürfen wir sogar mit echtem Fleisch aus Gewebezüchtungen rechnen, das ganz ohne Tierleid im Labor hergestellt wird – sogenanntes In-vitro-Fleisch. Wenn du noch nicht direkt auf Fleisch verzichten magst, ist das vielleicht bald dein vorläufiger, nachhaltiger Ersatz für Fleisch aus Massentierhaltung.

117

LEBENSMITTEL

Es ist wundervoll, wenn du deinen Fleischkonsum reduzierst oder dich gänzlich für eine vegane Ernährung entscheidest. Doch auch ohne den Verzicht auf tierische Produkte schlummert ein großes Potenzial für mehr Nachhaltigkeit in deinen Lebensmitteln. Beste Chancen dazu stellen dir eine möglichst lange Haltbarkeit sowie ein müllfreier und bewusster Einkauf in Aussicht. Bevor ich dir mehr darüber erzähle, sollten wir allerdings noch auf die Lebensmittelverschwendung zu sprechen kommen, denn wenn weiterhin mehr als ein Drittel unserer Lebensmittel im Müll landen, beschleunigen wir den Klimawandel eher, als dass wir ihm entgegenwirken. Ackerland, Wasser, Dünger, Energie – das alles ist für Produktion, Verpackung, Transport und Verarbeitung notwendig. Laut des internationalen Forschungsprogramms CCFAS macht diese Prozesskette der Lebensmittelproduktion bis zu 30 Prozent der weltweiten CO_2-Emissionen aus.[121]

Aus meiner Sicht ist es unklug und respektlos, den ganzen Aufwand, bis Lebensmittel endlich auf unserem Teller liegen, nicht wertzuschätzen. Doch tatsächlich werden nach Schätzungen der Welternährungsorganisation jedes Jahr 1,3 Milliarden Tonnen der weltweit produzierten Lebensmittel weggeworfen. Purer Wahnsinn, wenn man bedenkt, dass es gleichzeitig 800 Millionen hungernde Menschen auf der Erde gibt, die jeden Bissen davon wertschätzen und genießen würden.[122] Die Grundursache für den Hunger in der Welt liegt in der Verteilung von Lebensmitteln.

Laut der WWF landen allein in Deutschland jährlich etwa 18 Millionen Tonnen Lebensmittel in der Tonne, obwohl zehn Millionen Tonnen davon vermeidbar wären.[123] Um der Lebensmittelverschwendung Herr zu werden, sollten wir zunächst einmal lernen, welche menschlichen Gründe dafür verantwortlich sind. In der Produktion sind es vor allem mangelhafte Hygiene, begrenzte Kühlmöglichkeiten und die unreife Ernte. Im Handel ist es vor allem die Aussortierung unförmiger oder unverkaufter Produkte, die intakte

> Am Ende des Buches habe ich dir noch einen kleinen Saisonkalender (S. 285) zusammengestellt. Dort erkennst du genau, welche Lebensmittel in welchen Monaten als klimafreundliche Freilandprodukte in Deutschland produziert werden oder als Lagerware erhältlich sind.

Lebensmittel in die Tonne wandern lassen. An beiden Stellen können hauptsächlich Politik und Wirtschaft eingreifen, daher interessiert uns als Verbraucher besonders, wodurch in den Haushalten Lebensmittel verschwendet werden. Neben einer mangelhaften oder fehlenden Vorrats- und Einkaufsplanung sind vor allem die falsche Lagerung und das zu ernst genommene Mindesthaltbarkeitsdatum die Wurzel des Lebensmittelverschwendungsübels in den eigenen vier Wänden. Diese Erkenntnisse führen uns zu Lösungen im Kampf gegen die persönliche Lebensmittelverschwendung im Alltag. Nimm das Mindesthaltbarkeitsdatum nicht zu ernst und vertraue auf dein Bauchgefühl. Plane deine Einkäufe kurz vor und überleg dir, was du in den nächsten Tagen kochen möchtest und von welchen Lebensmitteln du noch ausreichend zu Hause hast – und sei es auf der höchsten Regalebene. Versuche, dich nicht von den Marketingtricks im Supermarkt beeinflussen zu lassen, und kaufe nur das, was auf deinem Einkaufszettel steht. Teile mit Freunden oder Nachbarn, wenn du doch einmal mehr gekauft hast, als du selbst essen kannst. Nutze Apps wie *TooGoodToGo* und Angebote

wie *FoodSharing*, um noch genießbare Lebensmittel von Bäckereien, Cafés und Restaurants zu retten, die unmittelbar davorstehen, in der Abfalltonne zu landen. Informiere dich außerdem über die ideale Lagerung deiner Lebensmittel. Bananen mögen beispielsweise kühle 12 °C in einer lichtgeschützten Vorratsdose ohne Kontakt zu anderem Obst. Und selbst wenn die Banane einmal braun und matschig wird, kann man immer noch einen leckeren Smoothie daraus mixen.

Das Start-up Etepetete verkauft ganz bewusst die Kartoffeln, Mohrrüben, Zwiebeln oder Gurken, die ungewöhnlich aussehen. Unförmige Lebensmittel finden nämlich meistens nicht den eigentlich gewünschten Weg in den Supermarkt, weil die Mehrzahl der Kunden nur aufs Äußere achtet – ganz schön oberflächlich, oder? Denn die nicht der vermeintlichen Norm entsprechenden Lebensmittel sind ja nicht weniger lecker als die perfekt geformten. Indem du solche Projekte unterstützt oder einfach grundsätzlich unförmiges Obst und Gemüse kaufst, wird dein Lebensmitteleinkauf noch nachhaltiger.

LEBENSMITTEL LÄNGER HALTBAR MACHEN

Eine wohlüberlegte und doch nicht aufwendige Einkaufsplanung kann dich davor bewahren, jedes Jahr Hunderte von Lebensmitteln in die Mülltonne werfen zu müssen. Damit sparst du nicht nur bares Geld und respektierst den gesamten Produktionsprozess, sondern schonst auch noch unsere Umwelt. Sobald du dann mit deinem Einkauf zu Hause angekommen bist, kannst du schon die nächste Chance auf einen nachhaltigeren Lebensstil ergreifen, indem du deine Lebensmittel möglichst lange haltbar machst. Das Mindesthaltbarkeitsdatum ist zwar ein netter und absichernder Hinweis des Herstellers, doch letztendlich bedeuten die aufgedruckten Zahlen lediglich »mindestens haltbar bis« und nicht »sofort tödlich ab«. Das Datum dient dir zur besseren Einordnung der Haltbarkeit, doch in der Regel sind Lebensmittel natürlich deutlich länger genießbar. Vertraue deshalb mehr auf deine Sinne, rieche, taste und sieh dir die Lebensmittel genau an. Wenn alles in Ordnung ist, dann genießt du einfach auch mal Lebensmittel, die laut dem kleinen Sticker bereits abgelaufen sind. Grundsätzlich empfiehlt es sich, Lebensmittel in klassischen Tupperdosen oder in Lunchboxen aus Edelstahl aufzubewahren. Auch wiederverwendbare Bienenwachstücher als Alternative zur Einweg-Frischhaltefolie halten geschmierte Stullen oder Obst und Gemüse möglichst lange frisch.

Es gibt aber tatsächlich auch einige Methoden, um die Haltbarkeit deiner Lebensmittel um einige Tage, Wochen, Monate oder sogar Jahre zu verlängern. Das ist natürlich abhängig von der jeweiligen Lebensmittelart. Beispielsweise bietet dir das Einkochen von Obst und Gemüse die Chance, saisonale Früchte auch außerhalb der Saison genießen zu können. Paprika, Möhren, Radieschen und viele weitere Lebensmittel lassen sich zudem wunderbar einfach in Öl oder Essig einlegen, sodass sie noch für eine halbe Ewigkeit genießbar sind. Während meiner Recherche für dieses Buch bin ich zudem auf das Fermentieren gesto-

ßen, von dem ich zuvor zugegebenermaßen noch nichts gewusst hatte. Ich habe es dann gleich nach einer kurzen YouTube-Anleitung ausprobiert. Beispielsweise kann man damit Sauerkraut selbst machen, indem man es wäscht, hobelt, salzt, in ein Gefäß füllt und stampft. Milchsäurebakterien auf der Pflanze verstoffwechseln dann Pflanzenteile und Ballaststoffe und das Salz hält schädliche Mikroorganismen von ihrer Arbeit ab. Fermentieren funktioniert zum Beispiel wunderbar einfach bei Weißkohl, Tomaten oder Roter Beete. Die Lebensmittel halten sich anschließend in Einmachgläsern deutlich länger. Auch mit einem Dörrgerät kannst du die Haltbarkeit von Obst und Gemüse in die Länge ziehen, indem du die Lebensmittel trocknest. Aus Kartoffeln, Erdbeeren oder Grünkohl lassen sich damit zum Beispiel richtig leckere Chips als Snack für zwischendurch selbst herstellen.

Die einfachste Methode, Lebensmittel länger haltbar zu machen, ist aber sicherlich das Einfrieren. Auf unnötigen Plastikmüll durch klassische Gefrierbeutel kannst du verzichten, indem du Brot einfach in einen Stoffbeutel einwickelst und Saucen, Früchte oder Gurken in ein Einmachglas oder ein altes Honigglas gibst, bevor du es in dein Gefrierfach legst. Sobald du flüssige oder wasserhaltige Lebensmittel einfrierst, solltest du beachten, dass du die Gläser nur zu ¾ füllst, denn Wasser dehnt sich ja im gefrorenen Zustand bekanntlich aus. Setze den Deckel also sicherheitshalber erst auf, wenn dein Lebensmittel eingefroren ist, um eine Explosion im Gefrierfach zu vermeiden.

Bevor ich es vergesse: Wusstest du, dass jedes Lebensmittel sich an einem bestimmten Platz im Kühlschrank am längsten hält, weil dort die ideale Temperatur herrscht? Es lohnt sich also, die Lebensmittel an den für sie perfekten Ort einzuräumen. Eier, Butter, Marmeladen, Säfte oder Ketchup mögen es zum Beispiel in den Fächern an der »warmen« Kühlschranktür, wo meist mehr als zehn Grad herrschen. Bei knapp über null Grad auf der untersten Ablage und der Rückwand des Kühlschranks halten sich Fisch, Fleisch, Obst und Wintergemüse wie Steckrüben oder Radieschen am längsten. Milchprodukte lagern gerne in der Mitte des Kühlschranks bei knapp fünf Grad und Konserven mit Mais, Gurkengläser oder Südfrüchte wie die Ananas stehen auf das obere Fach mit knapp acht Grad. Tatsächlich können die Temperaturen innerhalb des Kühlschranks um bis zu 15 Grad abweichen. Das bietet dir die Chance, Lebensmittel noch länger haltbar zu machen und weniger zu verschwenden. Stelle dir doch einmal vor, dass eine Ananas ein bis zwei Jahre bei tropischen Temperaturen in Brasilien wachsen muss, um dann geerntet, weiterverarbeitet, gekühlt und eventuell sogar noch vorgeschnitten und in Plastik verpackt nach Deutschland exportiert zu werden und anschließend in irgendeiner Wohnung zu verrotten, weil der Bewohner am Ende doch keinen so großen Appetit auf Ananas hatte. Das wäre ökologisch, ökonomisch und auch ethisch untragbar, weil gleichzeitig fast eine Milliarde Menschen auf der Erde hungern. Schätze deine Lebensmittel deshalb umso mehr. Rette sie vor der Mülltonne und schone gleichzeitig deinen Geldbeutel.

LEBENSMITTEL EINKAUFEN

Beim Einkauf musst du nicht alles perfekt machen, doch du kannst schon mit einfachen Mitteln vieles richtig machen. Ob weniger Fleisch und Verpackungen, ob regional und saisonal: Mit deinem Einkauf zeigst du, was dir als Verbraucher am Herzen liegt. Und wenn dein Herz vorrangig für unsere Umwelt und deine Gesundheit schlägt, dann kannst du auch mit deinem Warenkorb viel Nachhaltiges bewirken.

Plastiktüten, die nur für 15 Minuten ihren Zweck erfüllten, haufenweise Verpackungsmüll und Schweißtropfen auf der Stirn – bei vielen Deutschen ist das der Normalzustand, nachdem sie ihre Supermarkteinkäufe inklusive der schweren Wasserflaschen in ihre Wohnung gewuchtet haben. Widmen wir uns also zunächst den Chancen zur Müllreduzierung bei einem gewöhnlichen Lebensmitteleinkauf. Die Plastiktüten sparen wir uns einfach, indem wir unseren Jutebeutel für kleinere und unseren Rucksack oder unseren Korb für größere Einkäu-

fe mitnehmen. Im Supermarkt schnappen wir uns einen Wagen oder einen Korb. Dann sieht das nicht ständig so aus, als würden wir Nudeln, Joghurt und Co. klauen wollen, wenn sie noch im Geschäft im eigenen Rucksack verschwinden. Dem Problem von jährlich etwa zwei Milliarden verbrauchten Plastiktüten in Deutschland wirken wir also schon einmal entgegen.[124]

Als Nächstes knöpfen wir uns das Mineralwasser aus der Plastikflasche vor. Es ist nämlich nicht nur unglaublich schwer, zu tragen, sondern enthält sogar Mikroplastik.[125] Zudem ist es ethisch verwerflich, denn Großkonzerne tragen durch die Privatisierung von Wasserquellen dazu bei, dass Armen das Wasser genommen wird und sogar ganze Regionen austrocknen.[126] Die bis zu 250-mal[127] günstigere, faire und rückenschonende Alternative befindet sich bereits in deiner Wohnung: das Wasser aus dem Hahn. In Deutschland profitieren wir von genießbarem, sauberem Leitungswasser. Solltest du das bezweifeln, dann nutze einfach einen Wasserfilter oder lass von deinen örtlichen Wasserbetrieben eine Wasserprobe untersuchen. Das Leitungswasser kannst du jedenfalls zu Hause jederzeit genießen. Für unterwegs schnappst du dir einfach eine aufgefüllte Trinkflasche. Wenn dir dann irgendwann das Wasser ausgeht, füllst du sie einfach mit der *Refill* App bei teilnehmenden Betrieben kostenlos wieder auf. Cool, was heute alles so funktioniert, oder?

Nun bleibt noch die Problematik des Verpackungsmülls. Käse, Wurst, Joghurt und vor allem Obst und Gemüse: Je größer die Lawine an Plastikmüll ist, desto größer ist auch das Potenzial, daran etwas ändern zu können. Käse und Wurst kannst du dir zum Beispiel an vielen Käsetheken im Supermarkt sowie auf dem Wochenmarkt in eine mitgebrachte Lunchbox füllen lassen. Das mag einem zunächst ein bisschen oldschool und gewöhnungsbedürftig vorkommen, ist aber deutlich nachhaltiger. Das meiste Obst und Gemüse gibt es sowohl verpackt als auch unverpackt. Indem du lose Lebensmittel wie Tomaten, Pilze oder Kartoffeln in ewig wiederverwendbaren Obst- und Gemüsenetzen aus Baumwolle kaufst, trägst du dazu bei, dass die kostenlosen, dünnen Plastiktüten und mittlerweile auch Papiertüten, die in den meisten Gemüseabteilungen ihr wenig nachhaltiges Unwesen treiben, überflüssig werden. Manche Maßnahmen sind sogar noch einfacher. Kaufe zum Beispiel Joghurt im Pfandglas und Nudeln in der Pappverpackung. Auch Butter gibt es bereits in Papier eingewickelt. Mit etwas Glück gibt es in deiner Nähe sogar einen Unverpacktladen. Dort kannst du dir deine Lebensmittel ganz einfach in mitgebrachte Behälter füllen.

Ich empfehle dir für deine Lebensmitteleinkäufe den regelmäßigen Besuch des örtlichen Wochenmarkts. Meine Freundin und ich radeln jedes Wochenende dorthin, schlendern an den Ständen vorbei und besorgen uns – nach einer kurzen Vorplanung – alles, was wir in der kommenden Woche brauchen. Das ist besonders nachhaltig, weil hier die meisten Produkte sowohl regional als auch saisonal sind.

Grundsätzlich solltest du aber wissen, dass in Deutschland verkauftes Obst und Gemüse oft aus dem Ausland kommt. Das heißt oft, dass es in beheizten und energieintensiven Gewächshäusern unter dem Einsatz von Chemikalien und mit hohem Wasserverbrauch herangezogen wurde. Anschließend werden die Tomaten, Orangen und Co. zum Beispiel aus Spanien nach Deutschland chauffiert, wobei sie frisch gehalten werden müssen. Das ist alles andere als klimafreundlich, doch im Supermarktregal sind die spanischen und deutschen Tomaten lediglich am beschreibenden Schild zu unterscheiden. Hier lohnt es sich also, genauer auf das Herkunftsland und entsprechende Bio- und Fairtrade-Siegel zu achten. Konzentriere dich einfach auf fair gehandelte, regionale und saisonale Biolebensmittel, denn damit unterstützt du in der Regel die Bauern, die ihre Lebensmittel ökologisch anbauen. Ein schönes Beispiel dafür sind Demeter-Lebensmittel, die in einem geschlossenen, natürlichen Kreislauf erzeugt werden.

Demeter ist die nachhaltigste Anbauweise von Lebensmitteln, die langfristig die Bodenfruchtbarkeit sichert und die natürlichsten und wertvollsten Lebensmittel für uns Menschen hervorbringt. Ganz ohne Turbo-Mast in einem fairen, geschlossenen Kreislauf: Das Futter von der Wiese kommt in den Stall und gelangt in Form des entstehenden Mistes schlussendlich wieder als Dünger auf den Acker. Das Demetersiegel unterliegt noch strengeren Richtlinien als das übliche Biosiegel.

Das Start-up GotBag hat den gleichnamigen Rucksack erschaffen, dessen Fasern zu 100 Prozent aus Plastikmüll aus dem Meer bestehen. Die beiden Gründer haben ein Netzwerk aus Fischern aufgebaut, in deren Netzen sich an einem gewöhnlichen Tag nicht nur Fisch, sondern auch jede Menge Müll anhäuft. Der daraus entstandene Rucksack ist super stabil und hält eine Ewigkeit. Ich nutze ihn selbst für meine Einkäufe, sodass ich auf der einen Seite Müll aus dem Meer hole und auf der anderen Seite zum Beispiel überflüssigen Müll durch Plastiktüten vermeide.

SELBSTVERSORGUNG

Da die Lebensmittel aus ökologischer Landwirtschaft zugegebenermaßen aufgrund der natürlichen Produktionsweise meist etwas teurer sind, steht dir mit dem Anpflanzen eigener Lebensmittel eine weitere nachhaltige Alternative zur Verfügung.

Hast du schon einmal darüber nachgedacht, wie cool es wäre, die wichtigsten Lebensmittel einfach aus dem eigenen Garten oder vom Balkon ernten zu können? Bei mir hat diese Vorstellung dazu geführt, dass ein eigener Gemüsegarten ein wichtiger Teil meines zukünftigen Grundstücks wird, von dessen Aufbau ich schon regelmäßig träume. Denn die Vorteile liegen auf der Hand: natürliche Lebensmittel ohne Giftstoffe, ohne lange und CO_2 produzierende Transportwege und ohne schlechtes Gewissen. Und der Anbau einiger Gemüsesorten ist sogar ohne Garten möglich. Zwar bringt die Selbstversorgung etwas Arbeits-, Platz- und auch Lernaufwand mit sich, doch auch hier gilt das Prinzip Learning by doing, wodurch man die Erträge aus dem eigenen Garten langfristig in ungeahnte Höhen treiben und den Zeit- sowie Platzaufwand optimieren kann.

Wer sich seine Lebensmittel zur Selbstversorgung im Garten oder auf dem Balkon anpflanzt, ernährt sich zudem automatisch gesünder, weil regelmäßig frisches Obst und Gemüse parat stehen: glänzende Tomaten, knackiger Salat und leckere Radieschen. Die Lebensmittel Marke Eigenproduktion schaffen zudem das großartige, stolze Gefühl, etwas geschafft und etwas Neues gelernt zu haben.

Selbst ohne Garten und Balkon kann man sich in kleinem Rahmen selbst versorgen. Zum Beispiel mit Kräutern auf dem Fensterbrett oder einer Wand mit essbarem Grün in einer hellen Wohnung. Zudem erfreuen sich auch Gemeinschaftsgärten immer größerer Beliebtheit, weil man sich auf diese Weise frische, natürliche Lebensmittel anpflanzen und zudem voneinander lernen kann. Eine weitere Alternative für Garten- und Balkonlose stellt die sogenannte solidarische Landwirtschaft dar. Dabei legen private Haushalte etwas Geld zusammen, um die Kosten eines landwirtschaftlichen Betriebes zu decken. Als Gegenleistung erhalten Sie den ökologisch produzierten Ernteertrag.

Übrigens kann auch das Retten der Früchte öffentlicher Obstbäume ein nachhaltiger Teil der Selbstversorgung sein. Die Organisation Mundraub stellt uns dafür eine wunderbare digitale Landkarte zur Verfügung, auf der deutschlandweit öffentliche Obst- und Nussbäume sowie Kräuter eingetragen sind.

In den Niederlanden gibt es eines der ersten Dörfer, das bald vollkommen autark sein wird – von der Lebensmittelversorgung bis hin zur Stromproduktion. Das Projekt namens ReGen Village baut zum Beispiel auf vertikale Gewächshäuser und Aquaponik, die Fischaufzucht und Kultivierung von Nutzpflanzen nachhaltig miteinander verbindet. Bioabfälle werden dort zur Ernährung von Vieh und zur Energiegewinnung genutzt.

BEWUSST ERNÄHREN

Wusstest du, dass etwa 745 Millionen Tiere jedes Jahr allein in Deutschland in Massentierhaltung leben und sterben? Massentierhaltung bedeutet, dass Schnäbel, Hörner und Ringelschwänzchen gekürzt werden, die Tiere dicht gedrängt untergebracht sind und jede Menge Antibiotika verabreicht bekommen. Das ist fernab von »Wir sind am Ende der Nahrungskette.«, sondern lässt sich eher unter »Wir vergessen unsere Werte und zerstören alles, was uns in die Quere kommt.« einordnen. Wer die Hintergründe der Massentierhaltung kennt, dürfte eigentlich kein Fan der daraus entstehenden Lebensmittel sein. Denn da die Erzeugnisse weder gesund noch ethisch sauber sind, profitiert am Ende nur einer davon: die Industrie. Dennoch streichen die großen internationalen Fastfood-Ketten Milliardengewinne ein, indem sie ihre Lebensmittel so billig produzieren.

Tierleid entsteht durch den Kauf von Lebensmitteln aber auch indirekt. Die Kaffee-Kette Starbucks verwendet bei den angebotenen Lebensmitteln beispielsweise Palmöl, für dessen Anbau Regenwälder weichen müssen. Wie du weißt, bedroht der schwindende Lebensraum die Existenz von Arten wie dem Orang-Utan und dem Sumatra-Tiger. Die nachhaltigere Alternative ist hier ökologischer Fairtrade-Kaffee. Immer mehr Anbieter lassen diesen per Segelschiff aus Lateinamerika nach Europa bringen. Aus Sicht des Anbieters ist dafür natürlich etwas Geduld gefragt. Als Kunde profitierst du nur von nachhaltigem Kaffee, der vollkommen emissionsfrei nach Deutschland transportiert wurde.

Neben dem Kaffee ist vor allem das Geschäft mit der Privatisierung von Trinkwasserquellen lukrativ. Wie bereits beschrieben, kaufen Konzerne wie ein bekannter Lebensmittelriese Wasserquellen für wenige hundert Euro auf und verdienen anschließend Milliarden daran. Im kleinen französischen Ort Vittel, dessen Name auch die Plastikflaschen eines Mineralwassers ziert, gehen die Menschen bereits auf die Barrikaden, da das massive Wasserabpumpen für eine akute Wasserknappheit sorgt.

Für eine nachhaltige Ernährungsweise solltest du also grundsätzlich auf Fastfood und ebenso schnell und billig produzierte, aber teuer verkaufte Getränke verzichten. Damit tust du der Umwelt, unserer Gesellschaft und deiner eigenen Gesundheit etwas Gutes. Anstatt Fastfood- und Fertiggerichte zu konsumieren, kann ich dir ans Herz legen, wieder mehr selbst zu kochen. Die Lebensmittel kaufst du dir möglichst unverpackt, achtest dabei auf saisonale und regionale Produkte, schnappst dir dazu ein paar vielversprechende Rezepte und zauberst dann einfach ein paar leckere Mahlzeiten, von denen du am besten etwas mehr kochst, als du bei einer Mahlzeit essen kannst, um am nächsten Tag in der Mittagspause eine Alternative zum Fastfood-Burger oder dem Döner von nebenan zu haben. Gehe zudem achtsam mit den Lebensmitteln um und schätze wert, in welch luxuriöser Situation du dich befindest. Wer schon einmal selbst auf dem Feld Spargel, Erdbeeren oder andere Lebensmittel geerntet hat, weiß, dass diese Arbeit hart und dreckig ist und deshalb eine umso größere Wertschätzung verdient.

Wie kann ich die nachhaltige Ernährung möglichst einfach in meinen Alltag aufnehmen?

Unkraut verwerten: Unkraut ist nichts Schlechtes. Aus Löwenzahn und Brennnesseln kannst du zum Beispiel einen leckeren und gesunden Tee aufkochen. Gänseblümchen geben einem Salat einen nussähnlichen Geschmack und vitaminreiche Gierschblätter sind ein großartiges Suppengewürz. Sichere dich vorher aber immer ab, denn es gibt auch giftige Unkräuter.

Pflanzliche Burger statt Beef-Burger: Eine Gemüsefrikadelle mit Erbsen, Bohnen und Möhren und ein veganer Chicken- und Beef-Style-Burger mit einem Soja-Weizen-Mix-Patty im veganen Gourmetbrötchen? Klingt ganz gut, oder? Und es gibt noch viele weitere Varianten. Probier's aus, guten Appetit!

Brotchips aus altem Baguette: Hart gewordenes Brot wegzuwerfen, ist genauso wenig nachhaltig wie Enten damit zu füttern. Die können nämlich an den aufgequollenen Stückchen ersticken. Stattdessen kannst du das Brot in dünne Scheiben schneiden, mit Olivenöl und Kräutern bestreichen und für zehn Minuten goldbraun backen.

Herkunft des Gemüses: Auf dem Wochenmarkt sind viele Lebensmittel lose erhältlich, doch leider sind Obst und Gemüse nicht immer regional und saisonal. Deshalb lohnt es sich im Sinne der Nachhaltigkeit, kurz bei den Verkäufern nachzufragen. So kannst du sicher sein, dass deine Markteinkäufe wirklich nachhaltig sind.

Pesto aus Radieschenblättern: Blattgrün landet oft in der Tonne. Dabei schmecken Radieschenblätter schön würzig und lassen sich ganz einfach zu einem Pesto verarbeiten: Blätter säubern, dazu Olivenöl in gleicher Menge, ein paar Sonnenblumenkerne, Mandeln und Haselnüsse, Pfeffer und Salz – fertig!

Beim Biobauern bestellen: Bei vielen Biobauern kannst du deine Lebensmittel direkt bestellen, sogar auf hofeigenen Webseiten. Bei *bioland.de* gibt es eine schöne Übersicht mit den entsprechenden Anbietern. Du kannst auch mit anderen eine kleine Gemeinschaft gründen und regelmäßig Sammelbestellungen aufgeben. Das ist besonders dann eine schöne Alternative, wenn kein Wochenmarkt in deiner Nähe ist.

Etikettenschwindel beachten: Kennzeichnungen wie »bio«, »biologisch«, »öko«, »ökologisch« und »kontrolliert biologisch« sind vertrauensvolle Begriffe nach der EU-Öko-Verordnung. Eine grüne Verpackung mit der Aufschrift »nachhaltig produziert« ist hingegen kein klares Indiz für ein wirklich umweltfreundliches Produkt, sondern vielleicht eher für klassisches Greenwashing. Auch »aus der Region« ist noch keine verlässliche Zertifizierung.

Refill-App: Mit der *Refill* App siehst du, bei welchen teilnehmenden Betrieben du dir in deiner Nähe kostenlos die Trinkflasche mit Leitungswasser auffüllen lassen kannst. So vermeidest du unterwegs ganz einfach Plastikflaschen und anderen Müll.

Sprossen ziehen: Die Sprossen von Radieschen, Linsen und vielen anderen Pflanzen sind wahre Vitamin- und Mineralstoffbomben. Sie enthalten zudem pflanzliches Eiweiß, beispielsweise als Proteinersatz für deinen reduzierten Rindfleischkonsum. Alles, was du zum Sprossenziehen brauchst, ist ein Keimglas, eine Sprossenmischung und ein paar Tage Geduld.

Wiederverwendbare Kaffeefilter: Zum Kochen deines ökologischen Kaffees solltest du langlebige Filter aus Edelstahl oder Hanf benutzen. Diese sind abwaschbar und ewig wiederverwendbar. Auf diese Weise kommst du müllfrei an deinen morgendlichen Wachmacher.

Bananenschalen-Chips braten: Normalerweise landen die Schalen von Biobananen unmittelbar im Biomüll. Doch tatsächlich kann man die Schale einfach schneiden, abspülen, mit etwas Olivenöl knusprig braun braten und genießen. Da die Bananenschalen-Chips tatsächlich ganz passabel schmecken, wollte ich dir diesen Tipp nicht vorenthalten.

Lebensmitteleinkauf mit dem Fahrrad: Supermärkte sind heutzutage meist nicht allzu weit von der eigenen Wohnung entfernt. Wenn es also nicht völlig abwegig ist, dann fahre doch zu deinem nächsten Einkauf mit dem Fahrrad und einem Rucksack oder einem Fahrradanhänger.

Weniger Fisch und Meeresfrüchte: Die globale Überfischung der Meere führt zur Erschöpfung der Wildfischbestände. Indem du Meerestiere seltener isst und als etwas Besonderes wertschätzt, wirkst du dem Umweltproblem entgegen. Achte dabei auch auf das MSC-Siegel für nachhaltige Fischerei.

Eis aus der Waffel: Ein Eis an heißen Sommertagen – mhmm, herrlich! Aus der essbaren Waffel anstatt aus dem Plastikbecher mit Plastiklöffel sind die abkühlenden Kugeln zwar nicht immer vegan, aber dafür 100 Prozent müllfrei genießbar.

Teefilter und loser Tee: Manche Teebeutel enthalten Plastik und dürfen nicht auf dem Kompost entsorgt werden. Leider ist das oft schwer erkennbar. Alternativ kannst du dir deshalb einen Edelstahl-Teefilter und losen Tee im Papierbeutel oder abgefüllt in einem Behälter besorgen.

Einzelne Bananen kaufen: Da sich die einzelnen Bananen aus dem Supermarktregal nicht so gut verkaufen, werden diese meist zuerst entsorgt. Um den langen Transportweg zu rechtfertigen, solltest du also bevorzugt nach den Bananen greifen, die sich von ihrem Strang gelöst haben.

Nur vom Einkaufszettel einkaufen: Da meine Freundin und ich eine gemeinsame, digitale Einkaufsliste haben, gibt es den klassischen Zettel bei uns nicht mehr. Die Funktion bleibt aber gleich: Indem du im Supermarkt ausschließlich die Dinge kaufst, die du dir notiert hast, vermeidest du Spontankäufe von Dingen, die eigentlich überflüssig sind und unnötigerweise schlecht werden könnten.

Lebensmittel vermehren: Nicht alle Lebensmittel musst du immer wieder neu kaufen. Ingwer, Knoblauch, Zwiebeln, Salat, Karottengrün, Lauch und auch viele verschiedene Kräuter lassen sich sehr gut zu Hause vermehren. Und das sogar ohne eigenen Garten – einfach auf der Fensterbank.

Fast abgelaufene Lebensmittel kaufen: Wenn du ein bestimmtes Lebensmittel sowieso am gleichen Tag oder an den Folgetagen essen wirst, kannst du auch ganz bewusst Produkte in deinen Einkaufskorb legen, deren Mindesthaltbarkeitsdatum demnächst überschritten wird. So rettest du sie unter Umständen vor der Tonne.

Nur so viel essen wie nötig: Meistens wird doch etwas mehr gegessen, als notwendig wäre. Indem du nur das konsumierst, was du wirklich brauchst, werden weniger Lebensmittel überproduziert und weggeschmissen. Passe zum Beispiel die Portionsgrößen deiner Mahlzeiten dementsprechend an. Auch gesundheitlich profitierst du davon.

Frische Lebensmittel hinten lagern: Sobald du zum Beispiel einen neuen Joghurt im Pfandglas kaufst, solltest du ihn nach hinten in das Kühlschrankfach stellen. So verhinderst du, dass ältere Joghurts »vergessen« und folglich ungenießbar werden. Das sollte grundsätzlich eine klare Regel für das Einräumen deines Kühlschranks werden.

Pflanzen- statt Kuhmilch: Da der Wasserverbrauch bei der Mandelproduktion etwas höher ist, solltest du sogar eher auf Soja- und Hafermilch statt Mandelmilch umsteigen. Doch allesamt sind sie in jedem Fall deutlich nachhaltiger, tierfreundlicher und gesünder als Kuhmilch. Die ist nämlich eigentlich für ein kleines Kälbchen gedacht.

Eier aus Biohaltung: Zu den ersten Schritten für mehr Nachhaltigkeit sollte der Verzicht auf Eier aus Käfig- und Bodenhaltung zählen. Tierfreundlicher und nachhaltiger sind Eier aus fairer Freilandhaltung. Doch auch dort und in Ausnahmen sogar auf Biohöfen werden Hühnern noch die Schnäbel gekürzt. Wenn du auf Nummer sicher gehen und nicht auf Eier verzichten willst, dann kannst du das Schnäbelkürzen mit dem Kauf von Eiern mit Naturland-, Bioland- und Demetersiegel ausschließen.

UND WIE REAGIERE ICH ANGEBRACHT AUF DIE TYPISCHEN GEGENARGUMENTE?

»Als Veganer kann man fast nichts mehr essen, das geht doch alles gar nicht.«

Na klar, wie jede Veränderung bedarf auch die Umstellung auf eine vegane beziehungsweise vegetarische Ernährung am Anfang etwas Geduld. Aber mache dir keine Sorgen darüber, dass du ab sofort nur noch Körner und Salat essen darfst. Es gibt eine Fülle an fleischlosen Mahlzeiten, die dich begeistern werden, und ständig kommen neue hinzu. Ob Burger mit Amaranth-Patties oder ein leckeres Gemüseschnitzel. Es kommt schlussendlich nicht weniger auf den Teller, sondern nur etwas anderes. In den Supermärkten wachsen zudem die Vegan-Abteilungen weiter, sodass die Auswahl stetig größer wird. Nach einer kurzen Eingewöhnungszeit ist die Umstellung auf einen veganen Lebensstil also unkompliziert, und du tust sowohl dir, aber ganz besonders unserer Umwelt etwas Gutes.

»Auf Rind- und Schweinefleisch zu verzichten, okay, aber warum isst du keinen Fisch mehr?«

Ein Fisch ist ein fühlendes Lebewesen, wie Rinder und Schweine auch. Sie versuchen, Schmerzen zu vermeiden. Beim Fisch erkennt man das daran, dass er zurück ins Wasser springen oder vor Haien ausweichen will. Es gibt also wichtige ethische Gründe, auf Fisch zu verzichten. Außerdem ist es medizinisch nicht notwendig, Fisch zu essen. Viele Fische besitzen gesunde Omega-3-Fettsäuren, weil sie sich von Algen ernähren, die diese Fettsäuren enthalten. Der Umstieg auf ein algenbasiertes Öl ist hier die deutlich tierfreundlichere und nachhaltigere Alternative, da sie der Überfischung der Meere entgegenwirkt.

»Ohne tierische Produkte fehlt es dir aber an Proteinen. Das ist nicht gesund.«

Stimmt, Rind- und Schweinefleisch sind reich an Proteinen. Doch das ist nur so, weil die Tiere sich von ebenfalls proteinhaltigen Pflanzen ernähren. Tatsächlich stecken in vielen pflanzlichen Nahrungsmitteln noch mehr Proteine als in tierischem Fleisch, zum Beispiel in Hülsenfrüchten, insbesondere Sojabohnen, außerdem in Seitan, in Nüssen, in Samen und in Vollkornprodukten. Aber auch Brokkoli oder Champignons haben einen relativ hohen Proteinanteil, gemessen an den Kalorien. Auch Kürbiskerne, Erdnüsse und Hafer sind alternative Proteinquellen. Ein Proteinmangel aufgrund einer fleischlosen Ernährungsweise ist also nicht zu befürchten.

»Für Soja werden die Wälder abgeholzt? Soja essen doch fast nur die Veganer!«

Soja ist tatsächlich eine der Pflanzen, die von Veganern bevorzugt wird, vor allem, weil sie viele Proteine liefert. Doch von der Ernte des weltweiten Sojaanbaus enden fast drei Viertel als geschrotetes Tierfutter in der industriellen Tierfutterproduktion[128], da Kühe, Schweine oder Hühner dadurch schneller wachsen. Etwa 18 Prozent der Ernte werden verarbeitet[129], sodass das Erzeugnis beispielsweise als Biodiesel oder als Bratöl verwendet werden kann. Nur aus etwa zwei Prozent der Ernte werden Sojabratlinge oder andere Köstlichkeiten der fleischlosen Ernährung hergestellt.[130] Und dabei handelt es sich vermehrt um europäisches Biosoja aus nachhaltiger und gentechnikfreier Landwirtschaft. Genverändertes Soja ist in Deutschland nicht einmal als Lebensmittel für Endverbraucher zugelassen, als Tierfutter allerdings schon. Von Soja könnten sich also schlussendlich noch viel mehr Menschen ernähren, indem man den Umweg über das Tierfutter meidet und die ökologisch produzierten Sojabohnen stattdessen mehr in die menschliche Ernährungsweise integriert.

»Sich biologisch und pflanzenbasiert zu ernähren, ist doch viel zu teuer.«

Hochwertige Lebensmittel haben natürlich ihren Preis, das stimmt. Doch auch unter pflanzlichen Erzeugnissen gibt es sowohl günstige, als auch verhältnismäßig teure Lebensmittel. Die Grundnahrungsmittel wie Haferflocken, Hülsenfrüchte, Pasta, Obst und Gemüse bekommst du aber schon zu erschwinglichen Preisen. Die Qualität entscheidet aber am Ende über den Preis. Und deshalb ist Ernährung – ob vegan, vegetarisch oder omnivor – immer eine Frage danach, was du dir leisten willst oder kannst.

»Schätze die Erde
wie deinen eigenen Körper
und die Gewässer
wie dein eigenes Blut.

ALEVITISCHES SPRICHWORT

Gespritzte Lebensmittel, unsichtbare Luftschadstoffe, Wasser in Plastikflaschen, das anderen gestohlen wird, Fleisch mit Antibiotika oder kleinteiliges Mikroplastik in unserem Duschgel, das wir auf unsere Haut schmieren, bevor es sich dann auf den Weg ins Meer begibt. Wenn wir unsere Umwelt krank machen, wäre es fatal, zu glauben, dass wir als einzige Lebewesen darin gesund blieben. Ohne es zu bemerken, vergiften wir uns nämlich bereits schleichend mit Stoffen, die auf natürliche Weise nicht in unseren Körper gelangen würden.

Zum Glück haben wir selbst die Möglichkeit, etwas daran zu ändern, und das ist gar nicht so kompliziert. Wir essen regionale Lebensmittel aus ökologischer Landwirtschaft, wir gehen mehr zu Fuß und fahren mit dem Fahrrad, wir füllen uns Leitungswasser in unsere Trinkflaschen, wir reduzieren unseren Fleischkonsum. Das sind schon unglaublich große Schritte in Richtung einer besseren und gesünderen Welt. Und Mikroplastik im Duschgel? Tja, eigentlich verrückt, dass so etwas überhaupt erlaubt ist. Da wird uns in einer Plastikverpackung etwas als 250 Milliliter eines Körperpflegemittels verkauft, das eigentlich zu 125 Millilitern aus Kunststoff und nur zu 125 Millilitern aus Duschgel besteht, aber immerhin hat es ja einen Peeling-Effekt. Ja, alles lässt sich irgendwie schönreden, um es an den Mann oder die Frau zu bringen, doch meistens zahlen wir am Ende einen höheren Preis dafür – auf Kosten unserer Gesundheit. Damit es Körper, Geist und Seele gut geht, müssen wir gar nicht so viele Dinge kaufen. Letztendlich zählt, dass sie im Einklang miteinander stehen. Das schützt unsere Umwelt und unser Wohlbefinden.

KÖRPERPFLEGE

Mir fällt kaum ein anderer Bereich des alltäglichen Lebens ein, in dem wir die Umwelt durch ein bewusstes Verhalten so entlasten können wie im Badezimmer – ohne viel Aufwand und es spart sogar Geld. Dafür sollten wir kurz in uns gehen und überlegen, wo wir der Umwelt zur Last fallen. Da ist zum einen das Mikroplastik in Kosmetikprodukten wie Duschgel, Shampoo, Lippenbalsam, Augen-, Sonnen- oder Handcremes. Wir reiben es auf unsere Haut und schicken es anschließend durch unsere Abflüsse nach draußen in unsere Gewässer. Zum anderen steckt Palmöl in vielen Kosmetika. Und auch da ist es wieder einmal verrückt, wenn man bedenkt, dass ausschließlich die Industrie davon profitiert, oder? Mit Wattepads, Einwegrasierern, feuchtem Toilettenpapier, Deos aus der Sprühdose, Tampons und Binden, Zahnbürsten, Rasierschaum und natürlich jeder Menge Verpackungsmaterial fällt außerdem noch ein Haufen Müll an, der zu einem großen Teil überflüssig ist. Im Badezimmer sind es vor allem die Einmalprodukte, die die Mülleimer in vielen Haushalten überquellen lassen. Es gilt also, möglichst natürliche und Müll vermeidende Produkte für die eigene Körperpflege einzusetzen. Herausforderung angenommen.

Cetyl Palmitate, Sodium Lauryl Sulfoacetate, Acrylates Copolymer – alles klar so weit? Für mich auch nicht. Dabei finden sich solche Bezeichnungen zuhauf auf den rückwärtigen Etiketten von Duschgels. Doch wenn man nicht gerade Chemieprofessor ist, erkennt man in der Regel nicht, dass es sich um Fachbegriffe für Palmöl und Mikroplastik

handelt. Daher nutze ich die App namens *Codecheck*, mit der ich den Barcode auf Verpackungen kurz scanne und sofort erfahre, ob darin Stoffe enthalten sind, die meine Gesundheit oder die Umwelt gefährden könnten.

Passend dazu ist die Stückseife aus rein pflanzlichen Inhaltsstoffen wie Oliven- oder Lorbeeröl mein persönlicher Duschgel- und Shampooersatz, der in Papier eingewickelt online und auch im Unverpackt-Laden, im Biomarkt oder in alternativen Naturwarengeschäften erhältlich ist. Kein Mikroplastik, kein Palmöl, keine Plastikverpackung. Immer mehr Menschen waschen sich die Haare sogar ganz ohne Shampoo und nutzen stattdessen Natron, Apfelessig oder Roggenmehl. Alles geht, nichts muss.

Jetzt haben wir die Haare schön, doch was ist mit der Zahnreinigung? Auch durch Zahnpasta, Zahnbürsten und Zahnseide entsteht innerhalb kürzester Zeit eine Menge Plastikmüll. Zahnpasta kannst du dir aus Kokosöl, Natron, Xylit und etwas ätherischem Öl entweder recht schnell selbst herstellen oder du steigst auf neumodische Zahnputztabletten um, die es in einer Papierverpackung oder im Glas gibt und die nach kurzer Auflösung im Mund wie ganz normale Zahnpasta funktionieren. Eine Zahnbürste hingegen ist ein klassisches Abnutzungsprodukt, durch das früher oder später Müll entsteht. An den Stränden dieser Welt liegen sie reihenweise herum, weil viele Kulturen noch die Angewohnheit haben, ihre Morgentoilette am Strand zu erledigen. Eine biologisch abbaubare Alternative ist eine Zahnbürste aus schnell nachwachsendem Bambus- oder regionalem Buchenholz. Sobald diese gewechselt werden muss, kann der Holzgriff zum Beispiel als Rankhilfe für Pflanzen wiederverwendet werden. Da die Borsten heute meist immer noch zu einem gewissen Anteil aus Plastik bestehen, solltest du diese einfach abtrennen und im Plastikmüll entsorgen. Zur Reinigung der Zahnzwischenräume steht dir mit Naturzahnseide im Glas eine sinnvolle, plastikfreie und nachhaltige Alternative zur Verfügung, vor allem, weil sie oft im Nachfüllpack angeboten wird.

Da Haare und Zähne jetzt glänzen, sollten wir uns der Hautpflege zuwenden. Neben der Stückseife anstelle von Duschgel schlummert hier noch ein Füllhorn an Optimierungspotenzial. Aus sicherer Quelle weiß ich, dass insbesondere Frauen eine Menge Geld für Hautpflegeprodukte ausgeben, heutzutage vor allem angetrieben durch soziale Medien wie YouTube oder Instagram. Concealer, Körperpeeling, Gesichtsmasken, Bodylotion, Reinigungstücher, Gesichtswasser, Tages- und Nachtcreme: Ist das wirklich alles notwendig? Vielleicht. Sicher ist aber, dass es jede Menge Müll hinterlässt, ob beim Abschminken oder allein schon durch die Verpackungen. Hinzu kommen wieder Bestandteile wie Mikroplastik oder Palmöl. Naturkosmetik ohne bedenkliche Inhaltsstoffe ist eine hervorstechende Alternative. Doch grundsätzlich gilt: Je weniger Kosmetika man braucht, desto nachhaltiger ist auch die eigene Hautpflege.

Was wirklich notwendig ist, ist ein Rasierer. Sicher kannst du dir vorstellen, dass ein Einwegrasierer alles andere als nachhaltig ist. Er ist in Plastik verpackt, besteht selbst aus Plastik und wird nach wenigen Anwendungen in den Müll gefeuert. Selbst, wenn nur die Klinge ausgetauscht wird, produzierst du damit regelmäßig Müll. Deutlich umweltfreundlichere Alternativen sind ein bei guter Pflege lange nutzbarer Rasierapparat zum Trockenrasieren und ein Edelstahl-Rasierhobel mit austauschbaren Edelstahlklingen für die Nassrasur, dazu noch eine Ra-

> Wasser verbrauchst du auch noch in anderen Bereichen deiner Wohnung. Im Kapitel »Zu Hause« (S. 58) erhältst du dazu viele weitere Tipps und Informationen.

siercreme aus der Aludose, damit auch alles glatt läuft. Nach der Rasur hilft ein bisschen Kokosöl aus dem Glas – es wirkt feuchtigkeitsspendend, antibakteriell und entzündungshemmend. Fertig. Schon haben wir einen weiteren Bereich etwas nachhaltiger gestaltet.

Eines dürfen wir jedoch nicht vergessen: Duschen, Baden, Zähneputzen – das alles funktioniert nicht ohne Wasser. 12 bis 15 Liter gehen allein in jeder Minute verloren, die wir unter der laufenden Duschbrause verbringen.[136] Eine gewöhnliche Badewanne wird mit etwa 150 bis 180 Litern gefüllt – in der Regel warm, wofür wiederum Energie notwendig ist. Doch ob warm oder kalt: Wasser ist ein essenzieller Rohstoff, der bei Weitem nicht jedem Menschen in einer so guten Qualität zur Verfügung steht wie uns. Wir müssen also lernen, respektvoll damit umzugehen. Nachhaltig ist es zum Beispiel, den Wasserhahn der Dusche beim Einseifen abzudrehen und grundsätzlich nur zwei bis drei Minuten zu duschen, statt zehn bis 15 Minuten unter der Brause zu entspannen, nur weil es so schön warm ist.

GESUNDHEIT

Deutsche gehen durchschnittlich nur etwa 700 Meter am Tag.[137] Durchschnittlich! Das heißt, wenn ich mich täglich etwa drei Kilometer bewege, dann gibt es wahrscheinlich auch jemanden, der sich fast gar nicht oder nur innerhalb seiner eigenen vier Wände bewegt. Auch die Wege vom Bett zum Kühlschrank und von der Garage ins Wohnzimmer sind übrigens Teil dieser 700 Meter.

Dabei sollten wir unserem Körper regelmäßig Gutes tun, damit unser Geist Lust hat, darin zu wohnen. Der menschliche Körper ist schließlich auf Bewegung ausgerichtet. Die gesündeste und nachhaltigste Ernährung bringt uns gesundheitlich herzlich wenig, wenn wir die aufgenommene Energie nicht an anderer Stelle wiederverwenden. Idealerweise sollten wir bei unseren sportlichen Aktivitäten darauf achten, dass sowohl die Geräte, die wir nutzen, die Laufschuhe, die wir tragen, das Studio, in dem wir trainieren, der Proteinshake, den wir mixen, die Sportart, die wir ausüben, als auch die Bewegungsroutine, die wir uns aufbauen, nachhaltig sind. Mit Routine meine ich dabei nicht unbedingt, dass man jeden zweiten Tag joggen gehen muss. Es kann auch einfach nur bedeuten, regelmäßig das Fahrrad dem Auto, den Fußweg dem Taxi oder die Treppe dem Fahrstuhl vorzuziehen.

Einer gesunden und nachhaltigen Ernährungsweise ist in diesem Buch ein ganzes Kapitel gewidmet, deshalb fasse ich mich an dieser Stelle dazu etwas kürzer. Weniger Fleisch, dafür mehr regionale und saisonale Lebensmittel aus ökologischer Landwirtschaft – das sind die wichtigsten Punkte. Die Ernährung ist die Basis der körperlichen Gesundheit, doch ohne körperliche, energieverbrennende Bewegung ist sie, wie gesagt, noch nicht besonders viel wert. Stattdessen gilt es, eine umweltfreundliche und gesunde Kombination mit regelmäßiger körperlicher Bewegung aufzustellen. Das heißt, der Umwelt möglichst wenig zur Last fallen, bei gleichzeitig hoher, eigener Aktivität.

Bei diesem Unterfangen nimmt die ausgeübte Sportart eine wichtige Rolle ein. Als Rennfahrer, Air-Race-Pilot- oder E-Sports-Spieler kannst du zwar erfolgreich sein, doch nachhaltig für unsere Umwelt und deine Gesundheit ist das sicher nicht. Als umweltfreundliche Sportarten würde ich das rein von deinem Körper getriebene Joggen, das abkühlende Schwimmen im Meer oder das ausdauernde Radfahren bezeichnen. Es sind Sportarten, bei denen ohne deine eigene körperliche Energieleistung rein gar nichts funktioniert. Auch das Fitnessstudio gehört grundsätzlich dazu, allerdings ist es natürlich nachhaltiger, wenn du nicht die billigen Fitnessketten unterstützt, sondern stattdessen lokale Angebote wahrnimmst. So oder so ist bei diesen Sportarten das Schöne, dass jeder mit kleinen Schritten starten kann und dass sie sich wunderbar steigern lassen.

Ich persönliche liebe es, überall und jederzeit Sport treiben zu können – ob in der eigenen Wohnung oder draußen im Grünen. Dafür nutze ich die Sportprogramme aus der App *Freeletics*, die ich mit meinem eigenen Körpergewicht ausüben kann. Das erspart mir die Grundgebühr- und Anfahrtskosten für das Fitnessstudio und treibt mich automatisch mehr in die Natur. Hinzu kommen eine wiederverwendbare Trinkflasche mit Leitungswasser, eine fair produzierte Trainingsmatte aus Kork und langlebige, handgelenkschonende Liegestützgriffe aus Buchenholz, das wiederum aus ökologischer Forstwirtschaft stammt. Gepaart mit ein bisschen Selbstdisziplin ist das im Grunde alles, was man braucht, um langfristig gesund und fit zu bleiben.

Vorbeugen ist die beste Medizin. Das ist nicht nur eine schnell dahingesagte Floskel. Dennoch hat unser Gesundheitssystem im Zuge des demografischen Wandels seine finanzielle Belastungsgrenze erreicht. Menschen müssen wieder mehr Verantwortung für ihre eigene körperliche und seelische Gesundheit übernehmen. Auch Ärzte müssen nachhaltiger denken und nicht nur darauf bedacht sein, kurzfristig Symptome zu lindern. Antibiotika, die sowohl gute als auch schlechte Bakterien abtöten, werden zu schnell verschrieben, zum Beispiel auch, wenn der Körper eines Patienten den verursachenden Erreger vielleicht von selbst bekämpfen könnte. Halte deshalb mindestens deine Grundfitness und sorge für einen stetigen Ausgleich zwischen deinem Beruf und deinem Privatleben. Und sollte es dich doch einmal erwischen, so gibt es zahlreiche natürliche Hausmittel, mit denen man typischen Krankheiten entgegenwirken kann, ohne Tabletten schlucken zu müssen. So wirkt zum Beispiel Meerrettich als schleimlösendes Antibiotikum bei Schnupfen. Zwiebeln und Rohrzucker sind hingegen ein simples Hausmittel gegen Husten. Auch Natron ist nicht nur eine Allzweckwaffe zum Putzen, es hilft auch bei der Entsäuerung deines

Körpers oder gegen Mundgeruch und Halsschmerzen. Das Internet ist voll mit natürlichen Gesundheitstipps. Sichere dich aber immer doppelt und dreifach ab, denn nicht alles, was du da liest, ist wahr.

Wenn dich das Thema nachhaltige körperliche Fitness gepackt hat, dann sieh dir unbedingt den Film *The Game Changers* an. Neben Arnold Schwarzenegger ist dort mit Patrik Baboumian der stärkste Mann Deutschlands vertreten. Beide sind wichtige Botschafter der veganen Ernährung. Als Baboumian gefragt wurde, wie er stark wie ein Ochse werden konnte, ohne Fleisch zu essen, erwiderte er: »Hast du jemals einen Ochsen Fleisch essen sehen?« Der Film wirkt vor allem dem allgemeinen Irrglauben entgegen, dass man nur durch den Verzehr von Fleisch zu Kräften kommen kann. Seit vielen Jahrzehnten haben Werbespots mit »grillenden Männern« und »saftigen Steaks« dafür gesorgt, dass sich dieser Mythos hartnäckig in unserer Gesellschaft hält. In den zwei Stunden des Films zeigen Kraftsportler, Boxer und sogar ganze Football-Teams, dass auch pflanzliche Ernährung nicht weniger männlich ist.

WISSEN

Was nützt uns ein gesunder, schöner Körper, wenn darin kein attraktiver Geist wohnt? Leider wissen nur die wenigsten von den größten Umweltproblemen unserer Zeit, wodurch den meisten Menschen die Folgen ihres Handelns nicht bewusst sind. Und bei vielen derer, die Bescheid wissen, ist der Schmerz nicht groß genug, um den eigenen Alltag zu ändern, und sei es nur bei Kleinigkeiten. Die Gewohnheiten lassen grüßen. Aus diesem und vielen weiteren Gründen ist es wichtig, sich selbst und andere auf dem Laufenden zu halten. Wir sollten daher Nachrichten konsumieren und hinterfragen, Podcasts hören, Nachhaltigkeitsmagazine und Onlineblogs zum Thema lesen, investigative Dokumentationen über die Zustände in der Massentierhaltung oder die Hintergründe der Fast-Fashion-Industrie ansehen, Petitionen unterzeichnen, Aktionen von Umweltschutzorganisationen verfolgen und ganz allgemein neugierig bleiben. Wie schon Nelson Mandela predigte: »Bildung ist die mächtigste Waffe, die du verwenden kannst, um die Welt zu verändern.« Nutze sie also, um bei Bedarf auch einmal gegen den Strom zu schwimmen.

Wir dürfen die Augen nicht einfach vor Problemen verschließen, denn wie fast immer im Leben werden sie dadurch über die Zeit nur größer und schmerzhafter. Finde also eine gewisse Informationsroutine, lerne von Texten, Filmen und Nachrichten anderer und kläre wiederum selbst Menschen über die massiven Umweltprobleme unserer Zeit auf.

Ich veröffentliche regelmäßig neue Folgen in unserem Podcast, in denen ich Tipps für einen nachhaltigen Alltag gebe und Umweltunternehmer und ihre Ideen vorstelle, die unsere Welt Stück für Stück ein bisschen besser machen. Vom essbaren Eislöffel als Plastikalternative bis zur Buchungsplattform für nachhaltige Reiseunterkünfte.
www.careelite.de/podcast

153

Wie gehe ich möglichst nachhaltig und gesund mit meinem Körper um?

Esslöffel als Zungenreiniger: Viele Menschen schaffen sich einen Zungenreiniger an, obwohl sie ihn mit hoher Wahrscheinlichkeit bereits besitzen. Ein gewöhnlicher Esslöffel aus Edelstahl funktioniert nämlich genauso gut und schlummert in der Regel bereits in deiner Besteckschublade.

Menstruationstasse: Zugegeben, ich habe keine Ahnung von der Regelblutung. Aber ich weiß, dass Menstruationstassen etwa zehn Jahre lang einsetzbar sind und pro Frau bis zu 17.000 Binden und Tampons überflüssig machen können.[138] Die werden nämlich nur einmal eingesetzt und dann in den Müll geworfen. Die Eingewöhnungszeit soll zudem recht kurz sein.

Seifenbox und Stückseife: Eine kleine verschließbare Edelstahldose und pflanzliche Stückseife sind alles, was du brauchst, um Duschgel und Shampoo aus der Plastikflasche langfristig zu ersetzen. Die Box musst du unter Umständen nicht einmal kaufen, vielleicht passt deine Seife ja auch in die alte Dose einer Deocreme. Neben der Seife kannst du auf diese Weise übrigens auch dein festes Deo transportieren.

Po-Brause verwenden: Viele Menschen nutzen mittlerweile eine Po-Brause als Alternative zum Toilettenpapier. Dabei wird dein Po einfach mit einer fest installierten Handbrause abgespritzt. Das funktioniert, ist aber zunächst recht ungewohnt. Alternativ solltest du immer recyceltes Toilettenpapier verwenden. Einige Hersteller bieten es ohne die übliche Plastikverpackung an.

Ohrenreiniger statt Wattestäbchen: Da auch Bio-Wattestäbchen schlussendlich ein Wegwerfprodukt sind, ist ein Müll vermeidender Ohrenreiniger aus Edelstahl die noch nachhaltigere Alternative. Auch die Gefahr, dass ein Wattestäbchen im Ohr stecken bleibt, ist damit gebannt.

Zahnseide aus Mais: Plastikzahnseide aus der Plastikschachtel brauchst du heutzutage nicht mehr. Es gibt nämlich eine plastikfreie, vegane Zahnseide aus Mais im Glasflakon, die du immer wieder nachfüllen kannst. Das ist deutlich nachhaltiger, als die herkömmliche Kunststoff-Zahnseide immer wieder neu zu kaufen.

Zahnputzbecher benutzen: Der Becher hat genau die Menge an Wasser, die es zum Zähneputzen braucht. Wenn du dir mit fließendem Wasser aus dem Hahn die Zähne putzt, ist dein Wasserverbrauch in der Regel deutlich höher. Die einmalige Anschaffung eines Zahnputzbechers lohnt sich deshalb.

Codecheck-App: Die Codecheck-App entlarvt durch einen kurzen Barcode-Scan bedenkliche Produkte. Du siehst zum Beispiel in Sekundenschnelle, ob ein Kosmetikprodukt Mikroplastik enthält, und kannst es dann gezielt meiden. Auch Palmöl wird dort angezeigt, wenn es in einem Produkt enthalten ist.

Kein Solarium: Ungesund und energieaufwendig, das klassische »Münz-Mallorca« hat ausgedient, wenn du dein Leben nachhaltiger gestalten möchtest. Nutze stattdessen die Sonnenstrahlen in den warmen Sommermonaten.

Fitnessgeräte aus Holz: Wenn auch du mehr im Freien statt im Fitnessstudio trainieren möchtest, dann lohnt sich die Investition in ein nachhaltiges Equipment. Besorge dir zum Beispiel in Deutschland produzierte Springseile mit Walnussgriffen oder massive Liegestützgriffe aus Buchenholz. Mein guter Freund Georg ist in diesem Bereich mit seiner Marke *Edelkraft* einer der Vorreiter in Deutschland.

Laufschuhe aus Meeresmüll: Zum Beispiel gibt es unter dem Markennamen »Parley« neben Laufschuhen noch eine ganze Reihe weiterer Sportartikel, die aus Plastikmüll aus den Ozeanen hergestellt werden. Das ist eine gute Möglichkeit, um auch dein Sportoutfit ein bisschen nachhaltiger zu machen.

Zur Post joggen statt fahren: Wenn du das nächste Mal mit einem kleineren Paket oder einem Brief zur Post musst, dann verbinde das doch einfach mit einer kleinen Laufeinheit. Das ist nachhaltiger und gesünder, als mit dem Auto durch die überfüllte Stadt zu fahren.

Magazine lesen: Eigne dir, beispielsweise auf meinem Blog *CareElite*, über Printmedien wie das *Enorm-Magazin* oder über Tausende anderer Anlaufstellen, laufend neues Wissen für einen nachhaltigen Alltag an und gib deine neuen Erkenntnisse an andere weiter.

Jung & Naiv: Auf seinem YouTube-Kanal nutzt Journalist Tilo Jung zugegebenermaßen unkonventionelle, aber wirksame Methoden, um unangenehme Wahrheiten aus schwafelnden Politikern herauszuquetschen. Sowohl *Jung & Naiv* als auch sein *Aufwachen Podcast* bieten viele Aha-Momente und sachliche Diskussionen im Kampf für eine Welt ohne Atombomben, ohne Umweltzerstörung und ohne Armut.

E-Learning & MeetUp's: Nutze die Vielfalt der Angebote im Internet oder bei dir vor Ort, um dich neben deinem Job zu einem Nachhaltigkeitsthema deiner Wahl weiterzubilden. Mache zum Beispiel einen Zero Waste-Onlinekurs oder treffe dich über das Portal MeetUp.com mit anderen Menschen in deiner Stadt, um mehr über das Fermentieren von Lebensmitteln zu lernen.

Ingwer bei Übelkeit: Schon das Kauen auf einem frischen Stück Ingwer kann die Empfindsamkeit deines Magens und damit auch den Brechreiz abschwächen. Alternativ kannst du dir für diese Wirkung auch einen warmen Ingwertee zubereiten. Die Pflanze gehört übrigens zu den Lebensmitteln, die du zu Hause ganz einfach vermehren kannst.

Heilerde gegen Pickel: Die mineralstoffhaltige Heilerde ist ein großartiges Mittel gegen Akne oder unreine Haut und damit ein natürlicher Ersatz für die in der Werbung angepriesenen Anti-Pickel-Mittel aus der Plastikflasche. Zudem ist sie bestens zur Behandlung von Muskel- und Gelenkbeschwerden geeignet.

UND WIE REAGIERE ICH ANGEBRACHT AUF DIE TYPISCHEN GEGENARGUMENTE?

»Das bisschen Mikroplastik in einem Duschgel macht doch keinen Unterschied.«

Leider macht es einen Unterschied. Stelle dir vor, jeder würde so denken. Dann würde deutlich mehr Mikroplastik aus den Haushalten in die Meere strömen, und der Fisch, den du demnächst wieder auf dem Teller hast, hätte mit noch höherer Wahrscheinlichkeit Kunststoffe im Fleisch. Doch noch entscheidender ist, dass sich absolut nichts an diesem Missstand ändern würde. Indem du dich aber gegen Duschgel mit Mikroplastik aussprichst, Hersteller zurechtweist und Menschen aufforderst, das ebenfalls zu tun, schaffst du Veränderung. Vielleicht gibt es dann irgendwann keinen Kunststoff mehr in unseren Kosmetikprodukten. Was ist dagegen einzuwenden?

»Es ist viel zu anstrengend, jedes Produkt beim Einkaufen einzuscannen.«

Der Scan des Barcodes dauert nur eine Sekunde, und schon weißt du, ob ein Produkt Stoffe enthält, die deine Gesundheit oder unsere Umwelt gefährden. Irgendwann bilden sich bei dir Einkaufsroutinen, und du weißt, welche Produkte du bevorzugst und welche nicht. Dann kannst du dir auch noch den kleinen Zeitverlust für das Scannen sparen. Das Leben ist ein ständiger Lernprozess.

»Ich habe keine Lust darauf, mir jede Woche neue Zahnpasta selbst zu machen.«

Musst du ja auch gar nicht. Du kannst zum Beispiel auch Zahnputztabletten als Alternative verwenden. Davon abgesehen, dauert das Selbermachen von Zahnpasta nur 15 Minuten, und du kannst ja auch gleich größere Mengen herstellen. Außerdem ist es einfach cool, ab und zu mal über den Tellerrand zu schauen. Zudem weißt du genau, welche Inhaltsstoffe in deiner Zahnpasta stecken.

KLEIDUNG

»Die begrenzten Ressourcen der Welt dem Konsum zu opfern, ist eine Katastrophe.«

DALAI LAMA

Fakten:

- ▶ In den 1960er-Jahren wurden 95 Prozent der in den USA gekauften Mode auch dort produziert. Heute sind es nur noch drei Prozent, der Rest wird in Billiglohnländern hergestellt.[139]

- ▶ Weltweit gibt es 40 Millionen Textilarbeiter, allein vier Millionen arbeiten in Bangladesch, 85 Prozent sind Frauen. Im Durchschnitt verdienen sie in Bangladesch weniger als umgerechnet drei Euro am Tag.[140]

- ▶ 70 Millionen Tonnen Kleidungsstücke werden jedes Jahr weltweit produziert.[141]

- ▶ 40 bis 70 Kleidungsstücke kauft jeder Deutsche etwa pro Jahr.[142]

- ▶ Der Modekonsum der Deutschen ist innerhalb der letzten 50 Jahre von fünf Kilogramm auf 25 Kilogramm angestiegen.[143]

- ▶ Um ein einziges Baumwoll-Shirt herzustellen, werden etwa 2.700 Liter Wasser benötigt.[144]

- ▶ 2013 stürzte das Rana-Plaza-Fabrikgebäude in Bangladesch ein, bei dem mehr als 1.000 Näherinnen und Näher ums Leben kamen.[145]

Durch unsere Kleidung können wir uns ausdrücken, ohne etwas zu sagen. Kleider machen Leute! Für jeden Anlass finden wir etwas Passendes – ob für Bewerbungsgespräch, Hochzeit, Outdoor-Abenteuer oder Bad-Taste-Party. Schnell hat man etwas Schickes zu erschwinglichen Preisen – ob am Kleiderständer im örtlichen Modegeschäft oder bei der Suche in den Onlineshops der großen Modemarken dieser Welt. Ein grau meliertes Slim-Shirt, und nur noch zwei Stück auf Lager? Jetzt muss ich aber schnell sein. Kostenloser Versand? Super! Ab in den Warenkorb. Schon einen Tag später kommt das Shirt zu mir nach Hause, eingewickelt in doppelt gelegte Plastikfolie. Und das alles für 4,99 Euro – Wahnsinn. Leider kostet das Shirt am Ende doch mehr als diesen Schnäppchenpreis, nur kriege ich von diesen Folgekosten im Grunde nichts mit.

Früher habe ich wohl auch deshalb keinen Gedanken daran verschwendet, wer wohl den schwarzen Pullover gestrickt hat, der mich so oft warmhält, oder durch wessen Finger die Kunststofffäden meines grauen Shirts geglitten sind, für das ich so viele Komplimente bekommen habe. Es war mir auch egal, so ehrlich muss ich sein. Schick aber billig, das will ich. Oder besser gesagt: Das wollte ich. Denn heute bin ich schlauer und kenne die Folgen der ziemlich schmutzigen Textilindustrie, die versucht, sich reinzuwaschen. Doch so, wie sie sich entwickelt hat, hilft da kein herkömmliches Waschmittel mehr. Wir Verbraucher sollten unseren Verstand einsetzen und junge Modelabels fördern, die für Nachhaltigkeit brennen und den Ruf ihrer Branche auf ehrliche Weise retten wollen.

FAST FASHION

Mode ist vergänglich. Das nutzen *Zara*, *H&M* und andere internationale Marken aus. Sie haben dafür gesorgt, dass wir heute gefühlte 52-mal im Jahr eine neue Modesaison zelebrieren, während »Frühjahr/Sommer« und »Herbst/Winter« doch eigentlich völlig ausreichen. Stattdessen konsumieren wir die sogenannte Fast Fashion einer Industrie, die mittlerweile 2,5 Billionen Euro mächtig ist.[146] Die Hauptmerkmale: Schnelllebigkeit, billige Produktion und jede Woche neue Trends. Doch diese Entwicklung hat ihren Preis.

Um die steigende Nachfrage nach Textilien zu bedienen, braucht es neben Erdöl für Kunststofffasern besonders viel Baumwolle. Um Letzteres zu gewährleisten, werden Regenwälder abgeholzt, um auf den gewonnenen Ackerflächen unter Anwendung von Pestiziden mittlerweile 80 Prozent genveränderte Baumwolle[147] unter einem unfassbar hohen Wasserverbrauch anzubauen. Gewonnen haben am Ende nur die großen Modemarken. Verlierer sind vor allem Tiere, Natur und Gesellschaft. Denn mit dem Regenwald verschwinden auch wundervolle Tierarten, und die Anwendung von Pestiziden zerstört die ehemals fruchtbaren Böden. Schwerwiegende Krankheiten in der Umgebung sind die Folge, darunter Geburtenfehler, Krebs und Geisteskrankheiten.[148] Der Kreis schließt sich, wenn einem bewusst wird, dass manche Firmen hinter dem Saatgut und den Chemikalien, die für schnelleres Wachstum der Baumwolle sorgen sollen, und den Medikamenten gegen Krebs stecken. Win-win oder doch eher lose-lose?

Die Modeindustrie schafft Jobs. Das ist grundsätzlich positiv. Doch neben der Tatsache, dass die Textilindustrie pro Jahr so viele Treibhausgase ausstößt wie der Schiffs- und Langstreckenflugverkehr zusammen[149], werden 97 Prozent aller Kleidungsstücke, die in den USA – immerhin Trend-Vorreiter Nummer eins – in den Regalen liegen, aus Ländern importiert, in denen die Mode günstiger hergestellt werden kann.[150]

Äußerst geringer Mindestlohn, keine Gewerkschaftsrechte, und es ist nicht einmal eine Festanstellung der Arbeiter notwendig: Auf Länder wie Bangladesch hat sich die Modeindustrie eingeschossen, um ihre Kleidung möglichst billig zu produzieren. Wer dort T-Shirts näht, tut das unter grauenhaften Bedingungen. Chemikalien, dunkle, dreckige Hallen, kein Mutterschaftsgeld, keine Pensionsansprüche. Und der Lohn beträgt nicht einmal 2,70 Euro am Tag. Wer eine Gewerkschaft gründen will, wird hinter geschlossener Tür verprügelt.[151] Das ist der Alltag von etwa 4,5 Millionen Menschen in Bangladesch, die in der Textilindustrie arbeiten[152], und gleichzeitig der eigentliche Preis für ein 5-Euro-Shirt. Und wenn die Modeindustrie noch billiger produzieren will, dann drückt die Regierung die Löhne eben noch weiter, bevor die Produktionsaufträge an andere Länder gehen. Mit dem Leid, das dadurch entsteht, muss sich die Industrie aber nicht beschäftigen, schließlich sind die Arbeiter nicht bei den Modekonzernen angestellt. Die Kleidung, die wir kaufen, ist also nur so billig, weil sich die großen Marken nicht um Gesundheitsschutz und eine ökologische Landwirtschaft scheren müssen. Mit der schwindenden Verantwortung steigen die Profite dann in ersehnte Höhen.

Für die Umwelt sind aber besonders die industriellen Abwässer gefährlich. Bei der Lederherstellung in Indien werden zum Beispiel täglich 50 Millionen Liter davon in den Ganges geleitet.[153] Der heilige Fluss – ein Bad in ihm soll die Menschen von Sünden reinigen. Doch wer den Ganges schon einmal gesehen hat, weiß, dass man darin besser nicht mehr planschen sollte, denn er ist vergiftet. Dennoch wird sein Wasser weiter zur Trinkwasserproduktion und zur Bewässerung der Äcker genutzt, wodurch Mensch und Natur vor Ort noch mehr leiden müssen. Auch die Ressourcenverschwendung möchte ich nicht unerwähnt lassen, denn wo massenhaft produziert wird, bleibt auch meist viel übrig. Ausrangierte, unter hohem landwirtschaftlichem Aufwand und großem Leid produzierte, aber überschüssige Ware, die auch von Hilfsorganisationen nicht mehr angenommen werden kann, wird einfach verbrannt. Denn Fast Fashion ist tatsächlich so billig und schnelllebig, dass es sich nicht lohnt, die Textilien zu verramschen oder aufzuarbeiten.

Unfassbar, was alles an einem billigen T-Shirt hängt, oder? Leider gilt unser Blick oft nur dem fertigen Produkt, das in Berlin, Mailand und Paris auf den Laufstegen präsentiert wird oder einfach an einem Kleiderständer eines Kaufhauses hängt. Doch Mode darf nicht zu einem Wegwerfartikel werden, den wir, weil er so billig ist, für nur eine Party kaufen und anschließend nie wieder anziehen. Viele Menschen bestellen sich online Kleidungsstücke, nur um sie für ein Instagram-Foto zu tragen und sie dann anschließend zurückzuschicken.[154] Dazu fehlen mir die Worte. Wir müssen jetzt handeln und einen Weg finden, um diese Hochgeschwindigkeitsindustrie zu entschleunigen. Denn die Flüsse tragen bereits die giftige Trendfarbe der neuen Saison.

Sieh dir die Dokumentation *The True Cost* an. Der Film gibt dir noch tiefere Einblicke in die Folgen der Fast Fashion und malt dir ein noch genaueres Bild der Hintergründe der Textilindustrie.

SLOW FASHION

Es ist völlig okay, süchtig nach Schuhen zu sein. In der Werbung wird uns ja auch ständig suggeriert, dass wir nur mit der angepriesenen Fußbekleidung glücklich sein können. Doch wir sollten das hinterfragen, vor allem, wenn wir schon viele andere Schuhe besitzen. Wenn die Industrie also zu schnell wächst, dann müssen wir sie eben bremsen oder den Fuß vom Gas nehmen und einen Weg finden, die Mode ökologisch, ethisch einwandfrei und langlebig zu machen. Das Modell der Slow Fashion hat genau das im Sinn. Es setzt dazu neben einer langsameren und transparenteren Produktion mit verbesserten Arbeitsbedingungen vor allem auf einen Bewusstseinswandel jedes Einzelnen.

Das sind genau die Ansätze, die jeder von uns verfolgen sollte, um nachhaltig und respektvoll mit der Mode, den notwendigen Ressourcen und den Leistungen der Menschen, die diese Kleidung herstellen, umzugehen. Slow Fashion soll dich dazu inspirieren, erst einen Neukauf zu tätigen, wenn das Vorhandene im Kleiderschrank wirklich nicht mehr ausreicht, das Ausleihen oder Tauschen keine Alternative darstellt, auch aus zweiter Hand nichts Passendes für dich erhältlich ist und sich das gewünschte Stück zudem nicht selbst zusammennähen lässt. Es gilt, grundsätzlich nichts unversucht zu lassen, um den Kauf eines neuen Kleidungsstückes zu vermeiden. Allein durch den Verzicht darauf, ein T-Shirt neu und verpackt zu kaufen, sparst du den Verbrauch von etwa 2.000 Litern Wasser für den Anbau der dafür notwendigen Baumwolle ein.[155]

Besonders großartig daran ist, dass sich die Grundsätze und Ideen der »langsamen Mode« wunderbar in deinen Alltag integrieren lassen.

VORHANDENE MODE PFLEGEN UND WERTSCHÄTZEN

Mit jedem zusätzlichen Textilteil, das man sein Eigen nennen darf, schwindet Stück für Stück die Wertschätzung für die anderen Kleidungsstücke. Denn häufig quillt der Schrank schon nahezu über. Doch Verfechter der Slow-Fashion-Idee denken anders und respektieren nicht nur die anstrengende Arbeit und den Ressourcenaufwand bei der Herstellung, sondern auch das Kleidungsstück selbst. Um einen Neukauf zu vermeiden, wird deshalb großer Wert auf das gelegt, was bereits im eigenen Schrank schlummert.

Damit Mode lange hält, gibt es ein paar Tricks, die wir beispielsweise von unseren Großeltern lernen können, die eben nicht in einer Wegwerfgesellschaft aufgewachsen sind. Zum Beispiel das Stopfen eines Lochs im Pullover oder das Reparieren sich langsam lösender Fäden. Damit vermeidet man die Verschwendung von Ressourcen, das Leid in einsturzgefährdeten Fabriken und zusätzliche Kosten. Um Löchern in der Kleidung künftig vorzubeugen, lohnt sich übrigens das im Kleiderschrank hängende Mottenholz. Damit Kleidungsstücke möglichst langlebig sind, ist darüber hinaus ein entsprechend schonender Waschgang mit einem umweltfreundlichen, natürlichen Waschmittel essenziell. Befolge zudem die Waschempfehlungen auf dem Schildchen des jeweiligen Kleidungsstückes. Auch indem du es aufhängst und regelmäßig lüftest, förderst du dessen Langlebigkeit.

BESSER AUSWÄHLEN UND WENIGER KAUFEN

Die Fast Fashion hat uns gelehrt: Selbst, wenn unsere Kleidung nur aus biologischen Stoffen wie Baumwolle und nicht aus Kunststofffasern besteht, heißt es nicht, dass sie nachhaltig ist. Wir lösen das Problem aber auch nicht, indem wir jetzt nur noch »Fairtrade« einkaufen, wenn sich dabei die Menge neu gekaufter Textilien nicht ändert. Solange wir weiter mehr Kleidung kaufen, als wir wirklich benötigen, wird in der Branche auch weiterhin Mode aus minderwertigen Stoffen produziert und nur ein Hungerlohn dafür gezahlt. Entscheidend ist also nicht, *was* wir kaufen, sondern *wie viel* wir kaufen. Passende Stellschrauben, um auch zukünftig die Massen an Kleidungsstücken in unserem Schrank zu reduzieren, finden wir in unserem persönlichen Einkaufsverhalten. Ja was treibt uns denn eigentlich zum Shoppen? Warum finden wir uns regelmäßig auf den großen Shopping-Meilen wieder? Darauf gibt es zwei Antworten: Entweder ist ein Hemd oder ein Kleid kaputt gegangen, und wir möchten ein neues kaufen. Oder uns ist schlicht langweilig, und das Shoppen bereitet uns Freude. Ist Letzteres der Fall, schaltet unser Kopf in den Kaufmodus und befindet sich im Kaufhaus gleichzeitig an einem Ort, an dem wir alles bekommen können – eine explosive Mischung für den nachhaltigen Umgang mit Mode. Jedes Stück könnte theoretisch einen Kaufimpuls in deinem Gehirn auslösen. Ein schickes Shirt gerät in dein Sichtfeld. Jetzt gilt es, diesem Kaufimpuls zu widerstehen. Wie das geht? Indem du es nicht sofort kaufst, sondern dir noch eine Nacht Bedenkzeit gibst. Am nächsten Morgen wird sich der Impuls von selbst verabschieden, wenn du bemerkst, dass sich noch zwei vergleichbare Shirts in deinem Kleiderschrank befinden und du dein Geld anderweitig besser investieren kannst.

Und wenn du dir doch einmal etwas neu kaufen musst, weil es nicht anders geht, kannst du deine Kleidung schon bei der Anschaffung gezielter auswählen. Zum Beispiel unter dem Aspekt der Kombinierbarkeit mit anderen Stücken aus deinem Kleiderschrank. Je mehr kombinierbare Kleidungsstücke du hast, desto mehr Möglichkeiten hast du, Outfits zusammenzustellen. In Kombination wirken nämlich oft sogar Kleidungsstücke wieder richtig interessant, die als Einzelstück langweilig geworden sind. Weniger ist manchmal eben mehr. Achte also darauf, dass deine gekaufte Kleidung möglichst zeitlos und vielseitig kombinierbar ist, dann brauchst du auch nicht so viel davon. Und nur wenn wirklich etwas fehlt, begibst du dich aktiv auf die Suche danach.

HOHE QUALITÄT STATT KURZLEBIGKEIT

Wer ein 5-Euro-Shirt kauft, muss damit rechnen, dass es nicht lange so aussehen wird, wie es im Geschäft der Fall war. Denn ein billiges Shirt wird noch billiger hergestellt und kann bereits nach ein paar Wochen oder Monaten verzogen oder verwaschen sein sowie Faserknoten und sich lösende Nähte aufweisen, und dann wäre es nach allgemeinem Dafürhalten schon wieder an der Zeit für einen Neukauf. Um diesen Fast-Fashion-Wahn zu stoppen und deinen Geldbeutel langfristig zu schonen, solltest du lieber kurzfristig den einen oder anderen Euro mehr in die Hand nehmen und in Kleidung mit hoher Qualität investieren. Denn diese ist in der Regel langlebiger und muss nicht regelmäßig nachgekauft werden.

In meinem Kleiderschrank weilt ein Shirt, das ich seit mindestens zehn Jahren besitze. Es hat einmalig knapp 30 Euro gekostet und sieht auch nach etlichen Waschgängen und häufigem Tragen noch fast so aus wie am ersten Tag. Die hohe Qualität hat mir in diesem Fall erspart, ständig neue Billig-Shirts kaufen zu müssen.

WOHIN MIT ÜBERFLÜSSIGER KLEIDUNG?

Nachdem ich meinen Kleiderschrank etwas genauer unter die Lupe genommen hatte, wurde mir klar, dass ich ungefähr 70 Prozent von dem, was darin hing und lag, überhaupt nicht mehr getragen hatte. Von einigen Teilen wusste ich nicht einmal, dass ich sie besaß. Ob bestimmte Hosen, Pullover und Shirts überflüssig sind, weiß man spätestens dann, wenn man sie monatelang nicht vermisst hat. Es war an der Zeit, den Schrank auszumisten. Doch wohin mit den ganzen Sachen? Denn teilweise waren sie noch sehr gut in Schuss.

Eine einfache und sinnvolle Lösung scheint der Weg zum nächsten Altkleidercontainer zu sein. Doch leider kommt die Kleidung oft eben nicht bei Bedürftigen an, wovon die meisten jedoch ausgehen. Stattdessen werden die Container durch Subunternehmen geleert, die eben keine Non-Profit-Organisationen sind, sondern die Kleidung sortieren und mit hohen Gewinnen verkaufen. Wenn Händler in Afrika nicht die geforderten Preise zahlen können, dann wird die Kleidung auch nicht in Afrika landen. Und wenn sie es täte, bestünde die große Gefahr, dass einheimische Textilmärkte und Arbeitsplätze zerstört würden oder sich Menschen vor Ort die »gespendete« Kleidung nicht leisten könnten.[156] Stattdessen hilft das FairWertungs-Siegel weiter, dessen Organisationen sich unter regelmäßigen Kontrollen für Transparenz und Fairness bei Kleidersammlungen einsetzen.

Eine deutlich nachhaltigere Alternative zur Spende ist das eigenständige Verschenken, Tauschen oder Verkaufen ungenutzter Kleidung über Plattformen wie *eBay Kleinanzeigen* oder *Kleiderkreisel*. Dort geht sie an Menschen, die ein persönliches und kein kommerzielles Interesse an dem angebotenen Teil haben, denn große Textilunternehmen kaufen nicht einzelne Teile, sondern Kleidung in riesigen Mengen ein. Verschenken kannst du Kleidung übrigens auch direkt an kleine Secondhandmodegeschäfte in deiner Stadt.

171

Kleidung

Noch nachhaltiger sind die schon etwas kreativeren, aber deshalb nicht gleich unmöglichen Lösungen. Sollten dir Kleidungsstücke nicht mehr gefallen, kannst du zum Beispiel versuchen, sie umzustylen. Wenn du ein Shirt und einen Rock aussortierst, kannst du einfach Mal ein völlig neues und einzigartiges Kleid daraus nähen. Wenn du nicht nähen kannst, ist das die Chance, es zu lernen. In jeder Stadt gibt es alternativ auch eine Änderungsschneiderei, die dir helfen wird. Übrigens auch dann, wenn nur mal ein Knopf an einem Hemd fehlt. Denn solche kleinen Wehwehchen führen aktuell leider viel zu häufig dazu, dass die Kleidung stattdessen lieber entsorgt wird. Doch das Reparieren ist wirklich schnell und auch günstig erledigt.

Ebenfalls kreativ und sehr nachhaltig ist das Upcycling aussortierter Kleidung. Ein verwaschenes oder einfach nicht mehr zeitgemäßes Hemd bietet ausreichend Fläche, um daraus zum Beispiel Stofftücher zu zaubern oder zaubern zu lassen. Um Frischhaltefolie aus Plastik nachhaltig zu ersetzen, kannst du dir auch deine Bienenwachstücher aus dem alten Hemdstoff selbst machen. Die Tücher lassen sich ewig wiederverwenden und halten deine Lebensmittel genauso frisch.

Und falls hier für dich noch keine passende Alternative dabei war, deine überschüssige Kleidung nachhaltig loszuwerden, dann sind vielleicht die immer häufiger stattfindenden Tauschpartys etwas für dich. Richtig gelesen. Dabei gibst du eine für dich uninteressant gewordene Hose her und erhältst dafür eine andere. Das ist besonders für diejenigen interessant, die auch ohne Neukauf gern regelmäßig neue Kleidungsstücke ausprobieren möchten. Ob bei *Facebook* oder auf Blogs: Im Internet wimmelt es von Ankündigungen von Kleidertauschpartys in deiner Nähe.

WIE BEKOMME ICH MODE NACHHALTIG?

Fast überall, wo du die für dich überflüssige Kleidung loswerden kannst, kannst du auch spannende Kleidung zu erschwinglichen Preisen bekommen. In deinem Kopf musst du nur einen Schalter umlegen, um klischeehafte Blockaden wie »Öko-Mode ist langweilig.«, »Secondhandkleidung ist muffig.« oder »Was andere loswerden wollen, ist sicher unbrauchbar.« auszuhebeln. Die Zeiten, in denen diese staubigen Klischees entstanden sind, sind längst vorüber. Wer sich seine Mode nachhaltig und fair besorgen will, kann dabei heutzutage auf die unterschiedlichsten modernsten Designs zugreifen.

Nachfolgend habe ich dir ein paar Tipps zur nachhaltigen Beschaffung von Kleidung aufgelistet, die voll und ganz im Zeichen der Slow-Fashion-Bewegung stehen.

Mode ausleihen

So, wie wir uns ein Karnevalskostüm für eine Woche ausleihen können, funktioniert es auch bei unserer Alltagskleidung. Und wenn uns Mode heute schon nach wenigen Wochen nicht mehr gefällt, dann lohnt sich das Ausleihen umso mehr – sowohl für unseren Geldbeutel als auch für die Umwelt. Wir können froh sein, dass dieses nachhaltige Verhalten nach einem langjährigen Tiefschlaf mit der nachhaltigen Slow Fashion wieder zum Leben erwacht.

Auf Onlineportalen wie zum Beispiel *Kilenda* ist das so einfach wie nie zuvor. Dort kannst du sowohl Einzelteile bekommen als auch alle drei Monate saisonal deine Mode mit anderen austauschen. In Köln, Hamburg oder München haben die Gründer von *Kleiderei* vor Ort Anlaufstellen geschaffen, wo Menschen ihre alltägliche Kleidung ausleihen können. Wie eine Bücherei, eben nur für Mode. Immer mehr Anbieter verleihen besonders hochwertige und teure Kleidungsstücke. Ob Kleid, Sakko oder ein stylischer Pullover: Je nachdem, was man gern hätte, lohnt es sich, einfach mal ein paar Stichworte in die Suchmaschine einzugeben.

Auf Textilsiegel achten

Um im Modedschungel den Überblick zu behalten, helfen uns Verbrauchern glücklicherweise einige Siegel. Faire und nachhaltige Kleidung können wir so in Sekundenschnelle erkennen.

Eines davon ist das IVN-Best-Siegel für Naturtextilien. Es beurteilt auf strengste Weise die gesamte Lieferkette vom landwirtschaftlichen Anbau der Fasern bis zum fertigen T-Shirt. Erst wenn dieser Prozess ohne den Einsatz jeglicher Chemikalien auskommt und alle daran beteiligten Personen fair und sozial behandelt und bezahlt wurden, wird dem finalen Kleidungsstück das IVN-Best-Siegel verliehen. Du findest es besonders bei den Vorreitern der Naturtextil-Branche wie zum Beispiel Maas Naturwaren.

Das sogenannte GOTS-Siegel, dessen Name eine Kurzform für den *Global Organic Textile Standard* ist, gilt ebenfalls als sehr streng kontrolliertes Textilsiegel. Während IVN Best Kunststofffasern gänzlich ausschließt, dürfen bei Kleidungsstücken mit dem GOTS-Siegel bis zu 30 Prozent recycelte Kunststofffasern enthalten sein. Auch wenn es sich dadurch um sogenannte Mischfasern handelt, die das Recycling eines abgenutzten Shirts erschweren, ist die entsprechende Mode ein wichtiger Schritt in die richtige Richtung. Dazu möchte ich auch die Siegel Standard 100 von *Oeko-Tex, Bluesign* und *Cradle to Cradle* zählen, die allesamt ebenfalls für nachhaltige Mode stehen. Für Mode, aber auch für alle anderen Baumwollerzeugnisse gilt zudem das Fairtrade-Siegel, das zu den bekanntesten seiner Art zählt und zum Beispiel faire Arbeitsbedingungen sowie den Verzicht auf die Nutzung von Gentechnik beim Anbau der Baumwollstoffe zertifiziert.

Bei nachhaltigen Marken einkaufen

Faire Mode ist endlich in aller Munde, und nachhaltige Marken sprießen wie die Pilze aus dem Boden. Wenn solche Brands nicht offensiv damit werben, kannst du sie zum Beispiel daran erkennen, dass ihre hochwertigen Kleidungsstücke aus umweltfreundlichem Material bestehen, regional produziert und nur ein- bis dreimal im Jahr zur neuen Saison ausgerufen werden. Meist ist ein weiteres Erkennungsmerkmal, dass ihre Kleidung eher in kleinen Läden als bei den großen Modeketten erhältlich ist.

In Deutschland fällt mir da direkt die Marke *Wijld* ein. Die Wuppertaler Aline Hauck und Timo Beelow stellen Mode aus Holz her – ungewöhnlich, aber extrem bequem. Die Holzfasern dazu stammen aus nachhaltiger Forstwirtschaft und bei der Produktion können laut Herstellerangaben etwa 1.000 Liter Wasser, 150 Milliliter Pestizide und Düngemittel sowie 600 Gramm CO_2 durch kurze Transportwege eingespart werden. Die fertigen Stücke versenden die beiden dann übrigens ohne die nervige Plastikfolie.

Markus Beck hingegen ist ein echter Oldtimer der jungen Slow-Fashion-Bewegung, denn er schafft mit seiner umweltfreundlichen Modemarke *Greenality* bereits seit mehr als zehn Jahren nachhaltige, faire Mode. Er hatte keine Lust mehr auf die Zustände in der Textilindustrie, auf Hungerlöhne, Kinderarbeit und Ausbeutung. Deshalb werden die Menschen, die für sein Unternehmen nähen, mit einem festen Arbeitsvertrag ausgestattet, haben geregelte Arbeitszeiten und werden fair bezahlt.

Grundsätzlich kann ich dir dazu raten, Mode auch in nachhaltigen Shops wie *Avocadostore.de* zu bestellen. Auch wenn der Name des Shops beziehungsweise der Kauf der entsprechenden Frucht heute nicht mehr als nachhaltig gilt, gibt es in diesem Onlinestore großartige, faire Kleidung und viele andere, langlebige und umweltfreundliche Dinge.

175

WÄSCHE WASCHEN

Nun wissen wir also, wie wir Kleidung möglichst umweltfreundlich bekommen und loswerden können und dass wir sie respektieren und richtig pflegen sollten. Doch wie wäscht man auf nachhaltige Weise Hosen mit Grasflecken und T-Shirts mit einem Spritzer Schokoeis? Erste Probleme lassen sich schon beim Energie- und Wasserverbrauch der Waschmaschine sowie bei den Plastikverpackungen der notwendig scheinenden Waschmittel erahnen. Durchschnittlich verbraucht jeder Deutsche etwa acht Kilogramm Waschmittel im Jahr.[157] Laut Umweltbundesamt kommen wir inklusive Weichspüler und weiteren Waschpflegemitteln

auf insgesamt 850.000 Tonnen Waschmittel[158], die in Deutschland notwendig sind, damit die Menschen in sauberer Kleidung umherlaufen. Eine wahnsinnige Menge, aus der man nur grob ableiten kann, dass jeder Deutsche durchschnittlich mit etwa zehn großen Flaschen pro Jahr einen gelben Sack nur mit Waschmittelverpackungen füllt. Du hast im letzten Jahr keine einzige Flasche verbraucht? Das ist großartig, aber gleichzeitig hat vermutlich jemand anders 20 Flaschen verbraucht. Man sollte also nicht nur den eigenen Alltag nachhaltig gestalten, sondern am besten auch den Mitmenschen zeigen, wie das funktioniert. Mit den folgenden Zeilen möchte ich dir die notwendige Inspiration geben, deine Wäsche möglichst nachhaltig zu pflegen. Dabei gehen wir gemeinsam einfach der Reihe nach vor.

WASCHMASCHINE

Während Oma die dreckige Wäsche früher über das stabile Waschbrett gerieben hat, schleudern und spülen heute Hightechgeräte unsere Textilien sauber. Jedes Jahr werden in Deutschland etwa 3,2 Millionen neue Waschmaschinen[159] gekauft. Tendenz steigend. Das liegt natürlich daran, dass die Teile nicht mehr so lange reibungslos funktionieren, wie man sich das als Käufer wünschen würde. Hersteller sind durchaus in der Lage, Geräte so zu bauen, dass sie 20 Jahre lang wie ein Uhrwerk laufen. Doch davon hätte der Hersteller nur wenig, weil es dann deutlich weniger potenzielle Käufer für die eigenen Geräte gäbe. Das durfte ich bei Vertragsgesprächen mit den großen deutschen Waschmaschinen-Moguln mit meinem ersten Start-up in Berlin erfahren, bei dem ich mit meinen Mitgründern Waschmaschinen an zugezogene Studenten auf Zeit vermietet habe. Schlussendlich spülte uns die Kurzlebigkeit moderner Waschmaschinen die ersten großen Unternehmerträume aus den Köpfen. Diese kleine Anekdote sollte dir jedenfalls bestäti-

gen, dass man heute beim Kauf einer Waschmaschine sehr genau hinschauen und auch ein bisschen rechnen sollte.

Wie energieeffizient ist die Waschmaschine, wie hoch ist das Fassungsvermögen, wie viel CO_2 stößt jeder Waschgang aus, und was kostet das Gerät? Fragen über Fragen, die eine gute Produktbeschreibung sowohl im Internet als auch vor Ort im Technikmarkt ausreichend beantworten sollte. Umweltfreundliche Waschmaschinen haben heute eine Energieeffizienzklasse von A+++. Das heißt, dass sie die notwendige Energie sehr effizient nutzen, um die Wäsche wünschenswert sauber zu bekommen. Zu empfehlen ist auch der Blick auf die Schleuderdrehzahl. Die Schleuderwirkungsklasse A zeichnet möglichst nachhaltige Geräte aus. Umdrehungen von 1.400 – 1.600 in der Minute schaffen auf möglichst umweltfreundliche Art ein ausreichendes Ergebnis mit minimaler Restfeuchte. Moderne Waschmaschinen ermöglichen es dir, mit einer Startzeitvorwahl genau zu planen, wann die Wäsche fertig sein soll. Somit räumst du dem Gerät mehr Zeit für einen energiesparenden Waschgang ein und hast die Wäsche rechtzeitig sauber, wenn du sie brauchst.

Mach dir auch ein paar Gedanken über das ideale Fassungsvermögen, denn nur bei voller Waschmaschine kommt die versprochene Energieeffizienz zum Tragen. Für bis zu drei Personen ist ein Fassungsvermögen von etwa vier Kilogramm zu empfehlen, ab fünf Personen ist eine Waschmaschine mit Platz für bis zu sechs Kilogramm Wäsche sinnvoll. Und so weiter. Eine nachhaltige Lösung kann auch sein, die Waschmaschine mit anderen Parteien eines Mehrfamilienhauses zu nutzen, sodass nicht jeder Haushalt ein eigenes Gerät benötigt. Das schont natürliche Ressourcen bei der Herstellung und bei der Entsorgung.

Waschmaschinen verbrauchen jede Menge Energie und Wasser. Besonders bei der Temperaturwahl des Waschgangs verbirgt sich ein großes Potenzial für den Umweltschutz. Wasche normal verschmutzte Wäsche einfach mit 30 °C anstatt mit 60 °C, um etwa 67 Prozent des Stromverbrauchs einzusparen[160] und die Wäsche später genauso sauber aus der Trommel nehmen zu können. Selbst wenn ein Fleck etwas stärker ist, kannst du dir oft die 60-Grad-Wäsche sparen, indem du ihn vorher per Handwäsche vorreinigst. Die 90-Grad-Kochwäsche ist zwar technisch bei vielen Geräten eine Option, aber davon solltest du am besten die Finger lassen, wenn du deine Wäsche möglichst umweltschonend waschen möchtest. Dieser Waschgang ist nur dann sinnvoll, wenn man beispielsweise krank war und potenziell verbliebene Keime abtöten möchte. Doch dabei besteht die Gefahr, dass sich Shirts verfärben oder dass sie einlaufen.

Bedenke zudem, dass nicht jedes Kleidungsstück schon nach einmaligem Tragen gewaschen werden muss. Ein Pullover kann durchaus mehrmals ungewaschen getragen werden, wenn du damit nicht gerade bei der Geburtstagsparty deines Neffen als Torwart auf dem Bolzplatz aktiv warst.

Grundsätzlich ist zu empfehlen, die Waschmaschine nicht nur für ein paar Socken oder einen leicht verschmutzten Pullover anzuwerfen, sondern sie vollständig zu beladen. Reduziere die Waschhäufigkeit auf ein Minimum, indem du die möglichst trockene Dreckwäsche für ein paar Tage sammelst und dann alles gemeinsam wäschst. Da die Kraft des Waschmittels ausreicht, kann man in der Regel auf die Vorwäsche getrost verzichten.

Da auch die umweltfreundlichste Waschmaschine nicht ohne Strom- und Wasserverbrauch funktioniert, ist die nachhaltigste Alternative aber tatsächlich noch immer das Waschen per Hand – ohne Strom und mit deutlich weniger Wasser.

WASCHMITTEL

Ob mit Hightechmaschine oder Waschbrett: Ohne ein passendes Waschmittel wird Kleidung nicht so schön sauber. Besonders beliebt sind heutzutage Flüssigwaschmittel, die jedoch nicht ohne Plastikflasche auskommen. Neuartige Waschmittel-Pods erhält man in einer Kunststoff-Box, zudem ist jeder einzelne Pod in Plastik eingeschweißt. Die meisten Pulverwaschmittel sind heute glücklicherweise schon ohne Plastikverpackung erhältlich. Dass Müll entsteht, ist aber bei jeder üblichen Waschmittelart schon vor der ersten Anwendung klar. Um diesem Verpackungsproblem entgegenzuwirken, testet die Drogeriekette *dm* ein Abfüllsystem für Waschmittel und viele andere Haushaltsmittel, bei dem du die Flüssigkeit einfach in einen Pfandbehälter abfüllen und nach Hause transportieren kannst. Je häufiger dieses Angebot von Kunden genutzt wird, desto eher wird es dauerhaft in den Läden zur Verfügung stehen. Neben dem Verpackungsproblem stellen besonders Weichspüler mit den enthaltenen Tensiden, Duft- und Farbstoffen eine Gefahr für das Abwasser dar. Der erste Schritt zur Nachhaltigkeit wäre, einen Weichspüler ohne Tenside zu verwenden, da diese oft nicht biologisch abbaubar sind und Textilien wie Stofftüchern oder auch Funktionskleidung die Saugfähigkeit nehmen. Pulverwaschmittel enthält in der Regel keine Tenside und kommt deshalb schon etwas umweltfreundlicher daher.

Eine noch nachhaltigere Alternative steht dir zum Beispiel mit Zitronensäure zur Verfügung, die du plastikfrei in einer Papierverpackung in Reformhäusern sowie im Internet bekommst. Gemischt mit Wasser macht sie Weichspüler und Waschpulver überflüssig. Gleiches bewirken auch zwei Esslöffel Essig, die du ebenfalls einfach in das Weichspülerfach deiner Waschmaschine geben kannst. Die Wäsche wird sauber, schön weich und riecht angenehm. Ein wunderbarer Nebeneffekt ist, dass Essig, das grundsätzlich eine wunderbare All-

zweckwaffe im Haushalt ist, auch noch gegen Kalkablagerungen in der Waschmaschine hilft.

Wenn du ein gewisses Maß an Experimentierfreudigkeit mitbringst, dann habe ich mit dem Kastanienwaschmittel noch eine weitere, sehr nachhaltige Alternative für dich.

Kastanienwaschmittel selbst machen

Früher haben wir in unserem Dorf Kastanien gesammelt wie die Verrückten. Tag für Tag füllten wir Stoffsäcke, um dafür vom örtlichen Förster ein paar Mark zu kassieren. Zu der Zeit kam ich natürlich nicht im Traum darauf, dass jeder Sack einem Lebensvorrat an Waschmittel gleichkam. Ja, das funktioniert tatsächlich. Denn Rosskastanien enthalten – wie Efeublätter auch – sogenannte Saponine, die das Mittel später schäumen lassen und die Wäsche sauber machen.

Zutaten:

▶ 10 Rosskastanien

Und so einfach geht's:

▶ Kastanien abwaschen
▶ Vorsichtig klein schneiden
▶ Zerschnittene Kastanien über Nacht in ein Einmachglas mit Wasser geben
▶ Milchige Flüssigkeit durch ein Sieb in ein anderes Einmachglas gießen – fertig!

181

Anwendung:

Das Waschmittel kannst du einfach ins Weichspülerfach deiner Waschmaschine geben. Du solltest es innerhalb einer Woche aufbrauchen.

Auch aus Waschsoda und Kernseife kannst du dir ein eigenes Waschmittel zaubern. Weitere Alternativen aus dem Supermarkt bieten dir die Waschmittel mit Umweltsiegeln wie Ecocert oder Eco Garantie. Wirf einfach einen genaueren Blick auf die Verpackung, wenn du auf Nummer sicher gehen willst. Dann erhältst du weitere Einblicke in die Inhaltsstoffe und wirst auch herausfinden, ob ein Waschmittel biologisch abbaubar, vegan oder palmöl- und tierversuchsfrei ist.

Doch egal, welches Waschmittel du am Ende nutzt, geh sparsam damit um. Ansonsten würdest du, wenn die Wäsche auch mit deutlich weniger davon sauber werden würde, unnötigerweise Waschmittel verschwenden. Ich habe gelernt, dass man die Dosierung an den Verschmutzungsgrad, die Wäschemenge und die vorherrschende Wasserhärte anpassen soll. Letztere unterscheidet sich von Region zu Region. Du kannst den Härtegrad deines Leitungswassers mit einem Anruf bei deinem Wasserversorger herausfinden. Es gilt: Je weicher das Wasser, desto weniger Waschmittel brauchst du.

MIKROPLASTIK AUS DER KLEIDUNG

Nun wissen wir also, wie wir mit unserer Waschmaschine und dem Waschmittel möglichst nachhaltig bleiben. Doch es gibt noch ein weiteres Umweltproblem mit unserer Wäsche: Mikroplastik steckt nämlich nicht nur in vielen Kosmetikprodukten, sondern auch in unserer Kleidung. Polypropylen, Polyamid, Polyester oder Polyacryl, Elasthan, Spandex, Kevlar oder Nylon: Kunststoff in Fleecejacken, Sporttrikots oder Strümpfen hat viele Namen. Und die kleinen Plastikpartikel, die sich bei der Wäsche lösen, gelangen durch den Abfluss ins Freie, ganz egal, ob wir die Wäsche mit der Waschmaschine oder per Hand im Waschbecken bevorzugen. Etwa ein Drittel des Mikroplastiks im Meer entsteht durch synthetische Textilien[161], also durch das Baden mit kunststoffhaltiger Kleidung im Meer und vor allem durch unsere Wäsche im Haushalt. Dabei spielt es keine Rolle, ob wir sie in der Wohnung in Lübeck, Frankfurt oder München waschen. Mikroplastik kann von den Kläranlagen nämlich nur bedingt aufgehalten werden und wandert deshalb über unsere Flüsse ins Meer.[162] Und dann beginnt das alte Lied: Meerestiere fressen es, der Kunststoff geht in ihre Körperzellen über und landet zeitnah in Form einer Forelle bei uns auf dem Teller.

Was können wir in unserem Alltag also tun, um zu verhindern, dass Mikroplastik durch die Wäsche unserer Kleidung ins Meer gelangt? Auch wenn Mode aus natürlichen Stoffen nicht das Problem der Fast-Fashion-Industrie löst, wirkt es zumindest dem des Mikroplastiks im Meer entgegen. Biobaumwolle, Seide, Leinen, Wolle, Hanf – das sind nur einige der bereitstehenden Alternativen, die ihr angestaubtes Ökoimage im Laufe der Zeit abgelegt haben. Indem du also auf Kleidung aus Naturfasern setzt, löst du das Problem. Bevor du jetzt aber zum Kleiderschrank läufst, um ordentlich auszusortieren: Es wurde bereits ein Wäschenetz erfunden, dass etwa 70 Prozent der kleinen Plastikfasern vor dem Abfluss bewahren kann.[163] Du findest es unter dem Namen

Guppyfriend. Darin kannst du deine Wäsche ganz normal in die Waschmaschine legen und waschen. Das Netz ist offen genug, dass Wasser hindurchkommt, aber fein genug, dass der Großteil der Fasern herausgefiltert wird. Nach der Wäsche werden die in der Ecke des Netzes zusammengepferchten Partikel dann einfach mit der Hand entfernt und im Plastikmüll entsorgt.

RICHTIG TROCKNEN

Nun ist die Wäsche sauber, jetzt müssen wir sie nur noch trocknen. Der Wäschetrockner gehört dabei zu den Möglichkeiten, die leider weniger nachhaltig und zudem teuer in der Anschaffung sind. Auch mit den energieeffizientesten Modellen der Klasse A+++ sind Stromverbrauch und CO_2-Emmissionen unnötig hoch. Der Trockner ist sowohl in der Anwendung als auch später bei der Entsorgung ein echter Energiedieb. Ich behaupte, dass der Wäschetrockner eines der Haushaltsgeräte ist, auf das man am ehesten verzichten kann. Denn unsere Wäsche können wir wunderbar im Garten, auf dem Balkon oder direkt in der Wohnung auf der Leine oder dem Wäscheständer trocknen lassen. Das spart Energie und entlastet die Umwelt ungemein.

Im Freien kannst du deine Wäsche im Grunde zu jeder Jahreszeit trocknen. Im Sommer helfen Sonne und Wind, im Winter friert die feuchte Wäsche und sublimiert zu Wasserdampf. Dass die Wäsche auf diese Weise auch in der kalten Jahreszeit trocknet, ist mir ehrlich gesagt noch gar nicht so lange bewusst. Wer keinen großen Garten und keinen Balkon hat, kann die Wäsche aber auch einfach im Waschkeller oder in der Wohnung trocknen. Um Schimmel vorzubeugen, sollte die Luft im jeweiligen Raum aber möglichst trocken sein, da die nasse Kleidung natürlich zusätzliche Feuchtigkeit absondert. So oder so ist es sinnvoll, während der Trockenphase gut zu lüften, um die feuchte Luft entweichen zu lassen. Damit das ganze Unterfangen nachhaltig bleibt, solltest du unbedingt vermeiden, einen Raum extra für das Trocknen der Kleidung aufzuheizen.

Wie bekomme ich Nachhaltigkeit und Kleidung schnell unter einen Hut?

Tragetasche aus altem T-Shirt machen: Richtig gelesen! Ein altes Shirt lässt sich im Handumdrehen zu einer Tasche umfunktionieren. Einfach Kragen und Ärmel abschneiden, am unteren Ende des Shirts fünf Zentimeter lange Schnitte mit etwa einem Zentimeter Abstand setzen und diese dann miteinander verknoten. Zunähen geht natürlich auch!

Verzicht auf Pelz: Um Pelze zu produzieren, werden laut PETA jährlich etwa 100 Millionen Tiere in engen Käfigen eingesperrt[164] und durch Elektroschock oder Vergasung getötet. Allein die für die Zucht notwendige Produktion von Futtermitteln und die nitrathaltigen Ausscheidungen der Tiere sind ein echter Klimakiller. Auch Fake-Pelz ist keine Alternative, denn oft handelt es sich doch um Echtpelz, da dieser aus Massentierhaltung tatsächlich günstiger ist als Kunstpelz.

T-Shirt upcyceln: Aus alten, ausgewaschenen Shirts kannst du zum Beispiel quadratische Putzlappen schneiden, Abschminkpads basteln oder in Kombination mit Bienenwachs langlebige Frischhaltetücher selbst machen. Lasse deiner Kreativität einfach freien Lauf.

Strumpfhose wiederverwenden: Du kannst schmale Ringe aus einer alten Strumpfhose schneiden und sie als Zopfgummi verwenden oder sie mit Lavendel oder Melisse füllen und dir ein erholsames Kräuterbad einlassen. Versuche, dich ein bisschen in die Upcycling-Welt hineinzuleben.

Auf zur Kleiderkammer: Um wirklich sicher sein zu können, dass deine Kleidung dort ankommt, wo sie gebraucht wird, kannst du sie selbst zur Kleiderkammer bringen. Frag am besten vorher kurz telefonisch nach, ob wirklich Bedarf besteht. Falls ja, dann werden auch Obdachlose, Flüchtlinge und andere Bedürftige deine Kleidungsstücke bekommen – anders als bei den meisten Kleidercontainern.

Mode ohne Tierleid: Slow Fashion bedeutet auch, für die eigene Kleidung auf Tierleid zu verzichten. Achte deshalb bei deinem nächsten Modeeinkauf zum Beispiel auf das »PETA-approved Vegan«-Siegel, das tierfreundliche Styles und Designs auszeichnet. Modemarken können es nach genauer Prüfung durch PETA kostenfrei erhalten.

Kleiderkreisel: Die App *Kleiderkreisel* ist die ideale Anlaufstelle, um Kleidungsstücke abzugeben, die du aus welchem Grund auch immer nicht mehr tragen möchtest. Foto machen, Preis eingeben, abwarten. Genauso funktioniert es auch umgekehrt: Suche und finde coole Second-Hand-Mode, die andere gern abgeben möchten. So müssen keine neuen Kleidungsstücke hergestellt werden.

Auf Wolle verzichten: Ein Großteil der bei uns in Deutschland chemisch bearbeiteten Wolle kommt aus Ländern wie Australien, Neuseeland oder China. Dort wird das sogenannte Museling-Verfahren angewendet: Dabei wird jungen, überzüchteten Lämmern ein Hautstück aus dem Afterbereich geschnitten, um keine Falten in der Wolle zu schlagen, in denen sich Larven einnisten würden.[165] Also, wenn schon Schafswolle, dann ökologisch zertifiziert.

Fair Fashion Brands: Modemarken wie *Bleed, Hessnatur* oder *Greenality* haben sich schon seit vielen Jahren einen Namen in der nachhaltigen Modeszene gemacht. In den Onlineshops der Labels bekommst du ausschließlich für Mensch, Tier und Natur fair produzierte und organische Kleidungsstücke.

Made in Germany: Indem du Mode bevorzugst, die das Label »Made in Germany« trägt, stellst du die Produktion an Arbeitsplätzen in Deutschland sicher und kannst gleichzeitig mit kurzen Transportwegen von Lieferanten rechnen, die aus nahe gelegenen Regionen kommen.

Einzelteile retten: Wenn nichts mehr geht, weil zum Beispiel ein Hoodie ausgewaschen oder löchrig ist, dann kannst du immerhin die Einzelteile wie Reißverschlüsse, Knöpfe oder Schnüre retten, um dir ein

kleines Ersatzteillager für zukünftige Ideen zu erschaffen. Der Pullover kann dann im Restmüll entsorgt werden, anstatt ihn in den Altkleidercontainer zu werfen. Denn damit würdest du nur die Trennung von besser erhaltenen Kleidungsstücken erschweren.

Restwärme beim Bügeln: Genau wie bei deinem Backofen kannst du auch bei deinem Bügeleisen die Restwärme nutzen und es einfach etwas früher als üblich ausschalten. Dadurch sparst du Energie ein – nicht unglaublich viel, aber es läppert sich ja bekanntlich.

UND WIE REAGIERE ICH ANGEBRACHT AUF DIE TYPISCHEN GEGENARGUMENTE?

»Secondhand? Hast du kein Geld für ein neues Shirt?«

Wenn ich dir nicht erzählt hätte, dass es ein Secondhandshirt ist, wäre es dir nicht aufgefallen. Schlussendlich habe ich also Geld und die unnötige Verschwendung natürlicher Ressourcen eingespart und trotzdem ein neues Kleidungsstück. Auch Kinderarbeit und miese Arbeitsbedingungen in dreckigen Fabrikhallen waren für mein neues T-Shirt nicht notwendig. Das gibt mir ein gutes Gefühl.

»Die wenigen Plastikfasern aus meiner Wäsche werden schon nicht im Meer landen.«

Leider doch, und zwar unabhängig davon, ob du in Kiel oder in München wohnst. Kläranlagen sind kaum in der Lage, die Plastikfasern aus deiner Kleidung herauszufiltern. Allein Fleecekleidung verliert pro Waschgang etwa 2.000 Mikroplastikteilchen, die in unsere Gewässer schießen.[166] In Kombination mit Badehosen, Handtüchern und Co. an den Stränden ist deshalb auch mehr als ein Drittel des Mikroplastiks im Meer auf synthetische Textilien zurückzuführen.[167] Warum sollten wir das nicht vermeiden, wenn es doch relativ unkompliziert möglich ist?

»Hier, ein T-Shirt für 5 Euro. Nimm doch das. Günstiger geht's nicht.«

Lieber nicht. Ein 5-Euro-Shirt wurde vom Anbau des Materials über die Herstellung bis hin zum Transport so billig produziert, wie es nur möglich ist. Zudem ist es meist nicht langlebig und bleicht schnell aus. Da gebe ich im gleichen Zeitraum lieber einmal 25 Euro für ein Kleidungsstück aus als zehnmal fünf Euro. Auch beim Kleidungskauf ist es sinnvoll, möglichst langfristig zu denken, statt ausschließlich auf das Preisschild zu schielen und dem ersten Eindruck zu vertrauen. Denn der Preis eines billigen Shirts ist für die Umwelt und auch dich selbst schlussendlich höher, als er zunächst erscheint.

»Nachhaltige Mode ist teuer und nicht hochwertig.«

Es kommt darauf an, was man unter nachhaltiger Mode versteht. Secondhandmode ist ja auch auf ihre eigene Art nachhaltig, aber eben alles andere als teuer. Ansonsten gilt natürlich, was für die meisten Konsumgüter auch gilt: Qualität hat ihren Preis. Und wenn mein Pullover unter umwelt- und sozialverträglichen Bedingungen hergestellt werden konnte, dann ist es mir den leichten Aufpreis wert. Bei Mode aus nachhaltigen Materialien gibt es natürlich, wie auch bei konventioneller Mode, Qualitätsunterschiede. Beim Kauf berücksichtige ich deshalb immer den Aspekt, dass Qualitätsware zwar etwas teurer, dafür aber auch umso langlebiger ist. So muss ich mir nicht ständig einen neuen Pullover kaufen und kann langfristig Geld sparen.

MOBILITÄT

Alle wollen zurück
zur Natur.
Aber keiner zu Fuß.

WERNER MITSCH

Fakten:

- Etwa 4,9 Prozent der globalen Erwärmung sind auf die CO_2-Emmissionen des Luftverkehrs zurückzuführen.[168]
- Der Flugverkehr über Deutschland stieg 2018 gegenüber dem Vorjahr um 4,2 Prozent auf 3,34 Millionen Flüge an.[169]
- Im Jahr 2018 waren in Deutschland 46.475.000 Autos registriert.[170]
- Insgesamt wurden im Jahr 2017 auf deutschen Straßen 642,4 Milliarden Kilometer mit dem Auto zurückgelegt.[171]
- Im Jahr 2017 wurden im deutschen Verkehr mit Bussen und Bahnen rund 11,5 Milliarden Passagiere befördert.[172]

Als ich zur Unterstützung von Aufräumaktionen gegen den Plastikmüll in den Mangrovenwäldern am Versova Beach in Mumbai war, drängte sich mir eine ätzende Eigenschaft von uns Menschen auf: der Hang zur Bequemlichkeit. Der ausgeschriebene Treffpunkt für alle Teilnehmer war der Eingang zum Strand – so weit, so gut. Als alle dort waren, fuhren die Organisatoren ihre Autos vor, um uns zu den Mangroven zu fahren. Nach einer Kurve und 200 Metern Fahrtstecke waren wir dann auch schon da. Mit dem Auto anstatt zu Fuß. Ich habe dadurch erkannt, dass sogar selbst so manch wunderbare Menschen mit offenen Ohren und Augen für Umweltprobleme extrem kurze Strecken mit dem Auto fahren. Alle wollen zurück zur Natur, aber keiner zu Fuß – trifft es also ziemlich gut. Sicher ist: Mit einem kurzen Fußmarsch hätten wir dem Klima nicht geschadet. Auch in puncto Mobilität ist Nachhaltigkeit also eine Frage der Bereitschaft, eigene Gewohnheiten zu verändern.

Nicht nur in Mumbai, sondern überall auf der Welt müssen Menschen irgendwie von A nach B gelangen. Das kann die Strecke von der Wohnung zur Arbeit, aber genauso gut der Weg zum nächsten Bäcker sein. Und jedes Mal wiegen wir ab und probieren aus, wie wir am schnellsten zum Ziel gelangen. Leider geht Schnelligkeit in unserer hektischen Gesellschaft in der Regel vor Umweltverträglichkeit. Und deshalb jetten Menschen beispielsweise innerhalb einer knappen Stunde von Berlin nach München, um dort zu arbeiten, anstatt dem Flug eine entspannte Zugfahrt von knapp vier Stunden Dauer vorzuziehen. Oder sie legen die 250 Meter zum nächsten Bäcker lieber rasant mit dem Auto zurück, anstatt auf die eigenen Füßen zu vertrauen. Glaubt man der Wissenschaft, dann sollte ein Mensch am Tag etwa 7.500 Schritte zurücklegen, um gesund zu bleiben.[173] Ein Büroangestellter in einer Großstadt kommt in etwa auf 1.500 Schritte[174] und fällt in der Regel nach Feierabend müde ins Bett. Schon aus gesundheitlicher Sicht lohnt es sich also, zumindest kleinere Distanzen zu Fuß zu absolvieren.

Mobilität

Das Umweltbundesamt hat einen ausführlichen Vergleich der durchschnittlichen Emissionen einzelner Verkehrsmittel im Personenverkehr[175] ermittelt, um die Nachhaltigkeit besser bewerten zu können. Dabei wurde neben dem Schadstoffausstoß pro gefahrenen Personenkilometer auch die jeweilige Auslastung der Verkehrsmittel betrachtet. Flugzeuge in Deutschland sind dabei zu 82 Prozent ausgelastet. Dass öffentliche Transportmittel und Autos nicht einmal ansatzweise eine solch hohe Auslastung erreicht haben, bestätigt das unglaublich große Potenzial für mehr Nachhaltigkeit im täglichen Verkehr. Und jeder Einzelne von uns kann seinen Teil dazu beitragen.

FLUGZEUG

Von 2009 bis 2017 konnte der Verbrauch eines deutschen Flugzeugs sukzessive von 4,02 Litern auf 3,58 Liter Kerosin pro Passagier reduziert werden.[176] Auch wenn das auf den ersten Blick ein Grund zur Freude ist, liegt diese Errungenschaft auf den zweiten Blick nur an der höheren Passagieranzahl und an den neuen Technologien der großen Flugzeugbauer. In absoluten Zahlen blasen wir mit dem Flieger mehr Treibhausgase in die Luft als je zuvor.[177]

Allein ein Flug zum Strandurlaub auf die 8.000 Kilometer entfernten Malediven verursacht laut Umweltbundesamt einen CO_2-Ausstoß von über fünf Tonnen pro Person.[178] Damit könnte man alternativ mit dem Mittelklassewagen zweimal durch ganz Europa reisen und unvergessliche Momente in allen Hauptstädten des Kontinents erleben. Paris, Athen — auf Wiedersehen. Doch Kohlenstoffdioxid ist nur ein Teil dessen, was ein Flugzeug in riesigen Mengen ausstößt. Wenn der Treibstoff Kerosin verbrennt, entstehen auch Stickoxide, die Ozon aufbauen, sowie Aerosole und Wasserdampf, die eine Veränderung der natürlichen Wolkenbildung provozieren. Das ohrenbetäubende Fliegen ist in Kombination mit der Lautstärke der Maschinen und dem hohen Flächenverbrauch eines Flughafens die mit Abstand klimaschädlichste Art, sich fortzubewegen.[179]

Warum fliegen wir dennoch so oft? Die vielfältigen Gründe liegen genauso auf der Hand wie die nachhaltigeren Alternativen. Wir sehen ein paar Fotos auf einem Reiseblog und bekommen durch den weißen

Sandstrand und das blaue Meer auf dem Bildschirm plötzlich das innere Bedürfnis, dafür um die halbe Welt zu jetten. Wir ziehen den 19-Euro-Flug der 100-Euro-Bahnreise von Berlin nach München vor, um am Wochenende Zeit mit Freunden auf dem Marienplatz zu verbringen. Oder wir setzen uns in ein Flugzeug von Stuttgart nach Hamburg, weil unser Chef uns zum nächsten einstündigen Meeting mit dem Partner aus der Hansestadt schickt und dabei keine Zeit verlieren möchte. Oft führen also die weite Distanz, die ansonsten hohen Kosten oder die benötigte Zeit zu der Entscheidung für das Fliegen. Dabei können wir auch mit dem Zug an einen europäischen Strand fahren, um dort zu entspannen, zum Besuch der Freunde eine günstigere Mitfahrgelegenheit oder den bequemen Fernbus nutzen und mit der Bahn zum Partnergespräch anreisen oder es direkt per Videomeeting aus dem heimischen Büro führen. Es ist alles eine Sache der persönlichen Einstellung.

Ich betrachte das Fliegen als absoluten Luxus und nicht als Selbstverständlichkeit, sodass ich ausschließlich für Tausende Kilometer weit entfernte Ziele auf das Flugzeug zurückgreife und darauf möglichst verzichte, wenn ich mein persönliches Klimabudget von etwa 2,3 Tonnen CO_2 pro Jahr überschreiten sollte.[180] Wenn kein Weg an einem Flug vorbeiführt, dann vermeide ich zumindest den persönlichen Müll im Flugzeug. Wer die Berge von Einwegmüll nach der Landung schon einmal vor Augen hatte, wird automatisch die nötige Motivation dafür entwickeln. Beispielsweise lassen sich Plastikflaschen und Becher für Getränke durch eine mitgebrachte Trinkflasche vermeiden. Die kannst du dir einfach nach der Sicherheitskontrolle im Flughafen auffüllen. Am Ende eines Fluges kompensiere ich meinen CO_2-Ausstoß zudem mit einer passenden Spende an *atmosfair*. Die Organisation lässt das Geld in Klimaschutzprojekte fließen – immerhin ein kleiner Ausgleich.

Inlandsflüge vermeide ich prinzipiell, da die Entfernungen in Deutschland auch mit dem Zug zeitsparend und recht günstig zu meistern sind. Abgesehen von den meist schockierend günstigen Preisen für Flüge kann ich keinen guten Grund dafür erkennen, innerhalb von Deutschland zu fliegen, da die scheinbar gewonnene Zeit von der langen Anfahrt und den Sicherheitskontrollen am Flughafen oft wieder aufgefressen wird und es an den überfüllten Flughäfen zudem immer wieder zu Verspätungen kommt.

Fliegen ist in Industrienationen einfach zu normal geworden, doch es sollte bei Weitem nicht so selbstverständlich sein wie eine einfache Fahrt mit dem Bus. Denn das ist es nicht. Ungefähr 90 Prozent der Weltbevölkerung haben noch niemals ein Flugzeug von innen gesehen.[181] Dennoch flogen beispielsweise Tausende Menschen in die südkalifornische Stadt Lake Elsinore, nur um dort für #poppydream ein Instagram-Foto inmitten Tausender blühender Mohnblumen zu machen. Alles wurde zertrampelt – aus der Traum. Vielleicht müssen wir solche Dinge einfach vermeiden, sobald wir damit verbundene Probleme feststellen. Denn sobald alle eine bestimmte Sache machen, verfliegt meist auch ihre Nachhaltigkeit.

Gib mal beispielhaft die Flugdaten deines letzten oder nächsten Fluges in diesen simplen Rechner ein, um zu erfahren, wie hoch dein persönlicher CO_2-Fußabdruck mit diesem Flug ist oder sein wird: https://www.atmosfair.de/de/kompensieren/flug/

199

AUTO

Hach, das Auto. Es ist Status- und Freiheitssymbol in einem. Solange es läuft, gibt es uns ein sicheres Gefühl auf den Straßen, macht uns unfassbar flexibel und bereitet uns jede Menge Fahrspaß. Etwa 46 Millionen davon beanspruchen bereits die deutschen Straßen[182] und stoßen dabei durchschnittlich 139 Gramm Treibhausgase pro gefahrenen Personenkilometer[183] aus. Hinzu kommt der CO_2-Ausstoß, den die Gewinnung des Kraftstoffes mit sich bringt. Das wird in der Diskussion um die Umweltverträglichkeit in der Regel nicht beachtet. Nur logisch also, dass der Klimawandel durch unser Lieblingsgefährt beschleunigt und die Luft in unserer Umgebung schmutziger wird. Zudem sterben durch Autounfälle mit Abstand die meisten Menschen im globalen Verkehr.[184]

Da ich selbst ein großer Autofan bin, bin ich Carl Benz sehr dankbar dafür, dass er im Jahr 1886 die Geburtsstunde des Autos einleitete, denn diese Erfindung hat unsere Mobilität ganz entscheidend geprägt. Doch das ist beinahe eineinhalb Jahrhunderte her, und der Tisch mit nachhaltigeren Alternativen ist heutzutage reich gedeckt, sodass man zumindest in der Großstadt im Prinzip gänzlich ohne Auto auskommt. Wer nicht auf ein Auto verzichten kann, für den rollt mit dem Elektroauto bereits eine nachhaltige Alternative zu Diesel und Benziner auf den Straßen. Es stößt nur indirekt bei der Ladung der Batterien Treibhausgase aus und ist deutlich leiser, als wir es von einem Auto gewohnt sind. Wenn moderne Werke mit erneuerbaren Energien laufen, kommt es auch bei der Herstellung der Akkus nicht zu wesentlichen

CO_2-Emissionen. Dass im Rahmen der Produktion der Abbau von Kobalt im Tagebau notwendig ist, bleibt jedoch ein Kritikpunkt. Allerdings sind die Akku-Leistungen moderner Batterien deutlich weiter, als uns die Gegner der Elektromobilität verkaufen wollen. Ein Test des Tesla Model S hat bewiesen, dass die Leistung des Akkus auch nach 400.000 gefahrenen Kilometern noch bei 93 Prozent lag. Und sobald ein Akku das Zeitliche segnet, wird er ressourcenschonend recycelt. Wenn ein Elektroauto mit erneuerbaren Energien – wie zum Beispiel aus der hauseigenen Solaranlage – geladen wird, dann ist es also bereits heute möglich, völlig emissionsfrei von einem Ort zum anderen zu fahren.

Wir müssen deshalb nicht sofort auf unseren Diesel oder Benziner verzichten, doch wir sollten das Auto bewusster verwenden und sprichwörtlich nicht ständig mit dem Auto zum Bäcker um die Ecke fahren. Das heißt, wir sollten sparsamer fahren, nach Möglichkeit andere Menschen mitnehmen und das Autofahren gänzlich vermeiden, wenn es sich anbietet. So reduzieren wir unseren eigenen ökologischen Fußabdruck, fördern unsere Gesundheit durch mehr Bewegung, schaffen mehr Platz in unserer Umgebung, reduzieren unser Unfallrisiko, sparen das Spritgeld ein und verbringen je nach gewählter Alternative auch noch mehr Zeit in der Natur. Wer eines der 45 Millionen Autos mit klassischem Verbrennungsmotor sein Eigen nennt, kann sein Auto zum Beispiel von unnötigem Ballast befreien und es damit etwas leichter machen. Niedrigtourigeres Fahrverhalten, vorausschauendes Gleiten und Rollen mit widerstandsarmen Reifen, das Abschalten des Motors bei mehr als 30 Sekunden Stillstand, das Ausschalten der Klimaanlage oder das Vermeiden von verschleißenden Kurzstrecken: Wenn du Auto fährst, hast du zahlreiche Möglichkeiten, es nachhaltiger zu tun. Doch wenn du gerade vor dem Kauf eines neuen Autos stehst, dann entscheide dich am besten gleich für ein emissionsarmes Gefährt.

In den deutschen Metropolen ist es aufgrund des riesigen Angebots an Ausweichmöglichkeiten aber grundsätzlich ein Leichtes, das Auto in

der Garage stehen zu lassen oder ganz darauf zu verzichten. Ich selbst brauche es maximal ein- bis zweimal pro Jahr, um damit Möbel oder andere größere Dinge zu transportieren. Im Grunde könnte ich also darauf verzichten, denn bei Bedarf könnte ich mir nach einer relativ zügigen Registrierung bei einem der Carsharing-Dienste in Berlin innerhalb von Sekunden ein elektronisches Auto ausleihen, das bereits in der Nähe auf mich wartet. Per Stunde, Tag, Woche oder Monat – je nachdem, wie lange ich es fahren möchte. Als Nutzer profitiert man also von einer hohen Flexibilität. Die Hersteller beschleunigen die Akzeptanz von Elektromobilität in unserer Gesellschaft und erhoffen sich natürlich höhere Absätze ihrer Autos als Folge der probehaften Nutzung. Und der Carsharing-Anbieter verdient an der Vermietung. Das Teilen von Autos und die Buchung nach Bedarf machen den Besitz eines eigenen Autos also weitestgehend überflüssig, sparen natürliche Ressourcen und resultieren in mehr Platz und sauberer Luft in den Städten.

Ich kann es aber sehr gut nachvollziehen, wenn du dennoch nicht auf ein eigenes Auto verzichten möchtest, denn auch mich hält mein Grundbedürfnis nach absoluter Flexibilität in Notfällen noch davon ab, meines abzuschaffen. Immerhin haben wir viele Möglichkeiten, es möglichst nachhaltig einzusetzen. Falls du zum Beispiel vorhast, demnächst eine etwas längere Strecke mit dem Auto zu fahren, kannst du die Fahrt online bei einem der großen Portale als Mitfahrgelegenheit für andere einstellen. Indem du die Strecke nicht allein fährst und anderen einen Platz anbietest, reduziert sich nämlich ganz automatisch auch der Schadstoffausstoß pro Kopf. Für kürzere, aber regelmäßigere Strecken wie den täglichen Weg zur Arbeit empfehle ich dir, eine Fahrgemeinschaft zu bilden. Das schützt nach dem gleichen Prinzip die Umwelt und schweißt dich und deine Kollegen enger zusammen.

Um nachhaltige Mobilität zu fördern und wieder mehr Platz in den Städten zu schaffen, kommen wir nicht darum herum, aus unseren festgefahrenen Gewohnheiten herauszutreten. Es ist schlicht nicht nachhaltig, wenn ein zwei Tonnen schwerer, platzfressender SUV lediglich eine Person transportiert, während alternative Verkehrsmittel in der Lage sind, täglich Tausende Menschen von einem Ort zum nächsten zu bringen. Aber wer weiß, vielleicht wird man in naher Zukunft schräg angesehen, wenn man allein in seinem Zweitonner durch die Stadt kurvt – ähnlich wie die Blicke, die man heute schon erntet, wenn man eine Zigarette auf den Boden wirft oder eine Plastiktüte verlangt, obwohl man einen Rucksack auf dem Rücken trägt. Vielleicht werden SUVs in Städten aber auch gesetzlich verboten. Schließlich gibt es meiner Meinung nach nicht einmal einen einzigen guten Grund dafür, dass sich jemand in einem Geländewagen durch eine Stadt quetscht.

203

FERNVERKEHR

Wenn es mich zu meinen Eltern in ein Dörfchen in Niedersachsen zieht, dann setze ich mich in die bequemen, gepolsterten Sitze eines Zuges. Ein Hoch auf die Bahncard und den Sparpreis, dass mich eine zweistündige Fahrt in die Heimat lediglich 15 Euro kostet – vorausgesetzt, ich buche meine beiden Fahrten rechtzeitig ein paar Tage im Voraus. Für die alleinige Fahrt mit dem Auto müsste ich mit etwa 45 Euro pro Fahrt rechnen. Das würde meiner Geldbörse genauso wenig gefallen wie unserer Umwelt. Im Zug genieße ich stattdessen die Freiheit, mich nicht auf den Verkehr konzentrieren zu müssen und stattdessen aus dem Fenster in die Natur schauen, am Laptop arbeiten oder in einem guten Buch blättern zu können. Selbstverständlich nervt es, wenn die Bahn wieder Verspätung hat. Doch als positiv denkender Mensch freue ich mich lieber ausgelassen darüber, dass ich nicht mit dem Auto im Stau auf der A115 stehe. Und im Gegensatz zu einer Flugreise komme ich sogar meist direkt im Zentrum meines Zielortes an, sodass ich die letzten Meter bis zu meinem endgültigen Ziel zeitnah, umweltfreundlich und kostengünstig meistern kann. So kommt es im Übrigen auch, dass ich bei einer Bahnreise zu den Eltern meiner Freundin nach Essen im Vergleich zum Flugzeug nicht viel länger unterwegs bin, als man vielleicht vermuten mag. Mit dem Zug bin ich in etwa 4,5 stressfreien Stunden vor Ort. Das Flugzeug fliegt mich zwar in etwas mehr als einer Stunde dorthin, doch ich muss zum einen zum Flughafen in Berlin hinausfahren, den lästigen Kontrollstress auf mich nehmen und überhaupt deutlich früher da sein. Auch im Ruhrgebiet muss ich noch vom Düsseldorfer Flughafen in die Innenstadt von Essen gelangen. Effektiv spare ich mit dem Flieger schlussendlich nur eine geschätzte Stunde meiner Zeit, auf Kosten der Umwelt. Auch wenn ich mir manchmal noch ungläubig den Kopf darüber kratze, dass ein Flug so viel günstiger ist als eine Zugfahrt, weiß ich, dass sich diese Kluft in den nächsten Jahren massiv verringern wird, damit wir alle gemeinsam die Verkehrswende im Kampf gegen den Klimawandel schaffen können.

Eine wichtige Rolle spielt dabei mit den top ausgestatteten Fernbussen auch ein direkter Konkurrent der Fernverkehrszüge. Auch sie bringen ihre Passagiere an einen zentralen Platz am Zielort, bieten deutlich günstigere Preise und sind je nach Ausbau des Streckennetzes manchmal sogar schneller dort als der Zug. Günstige Preise locken viele Mitfahrer an. Das ist gut so, denn wenn alle Plätze besetzt sind, sinkt der CO_2-Ausstoß der Fahrt für jeden Einzelnen.

NAHVERKEHR

Wenn ich an meine letzte Fahrt mit der U-Bahn denke, sehe ich viele am Smartphone spielende, einige nachdenkliche und zum Teil auch torkelnde Menschen vor meinem inneren Auge. Hinzu kommt die Erinnerung an den miesen Geruch im Wagon. Doch ich sehe auch viele Vorteile darin, dass in diesem Verkehrsmittel alle Bewohner einer Stadt gemeinsam fahren können – elektrisch, relativ zuverlässig und zu einigermaßen erschwinglichen Preisen.

Auf Schienen, aber auch auf Straßen, Gewässern und sogar an Seilen gleiten täglich die von Tausenden Menschen genutzten »Öffis« durch deine Region. Besonders Tram, S- und U-Bahn sowie Busse sind deutlich nachhaltigere Alternativen zum Auto und können dabei helfen, neue gesellschaftliche Herausforderungen wie den Klimawandel, die Ressourcenverknappung oder das gesteigerte Verkehrsaufkommen mit Bravour zu meistern.

Nehmen wir uns zur einfacheren Erklärung ein Beispiel an der Straßenbahn, die vielerorts auch kurz als Tram bezeichnet wird. Sobald sich die Türen mit dem vertrauten Zischen öffnen, um mich einige Stationen weiter zu transportieren, bewege ich mich im Vergleich zur Autofahrt mit einem sehr geringen CO_2-Ausstoß fort, denn die Tram fährt elektrisch, und zwar möglichst energieeffizient mit Strom aus erneuerbaren Energien. Zudem bietet sie die Möglichkeit für eine effizientere Flächennutzung, da jeder der vielen Mitfahrer nur etwa einen Quadratmeter Platz benötigt, während ein oft luftverschmutzendes Auto meist nur eine Person transportiert und dafür schätzungsweise etwa sieben Quadratmeter Platz braucht. Nur logisch also, dass die elektrischen Straßenbahnen und die U- und S-Bahnen das deutlich nachhaltigere und aus meiner eigenen Erfahrung auch stressfreiere Fortbewegungsmittel in einer Stadt sind. Wir können mächtig stolz darauf sein, dass die möglichen Verbindungen in den deutschen Großstädten optisch eher einem Spinnennetz anstatt einem rechteckigen Metallgitter ähneln. Und wo die Schienen enden, übernimmt der Linienbus. Auch wenn er mancherorts schon elektrisch unterwegs ist, gelangen durch eine Busfahrt natürlich grundsätzlich mehr CO_2-Emissionen in unsere Atmosphäre als bei einem Trip mit der Tram. Da die hoch entwickelten Busse aber immer weniger Kraftstoff verbrauchen und mehrere Personen transportieren können, die deshalb nicht einzeln mit ihren Autos die Städte verstopfen, gehört auch der Bus zu den nachhaltigsten Transportmitteln in einer Stadt.

Wenn es die Situation anbietet, solltest du also die öffentlichen Verkehrsmittel dem Auto vorziehen – für eine Luft, die man beruhigt atmen kann, und eine Atmosphäre, die das Leben auf unserer Erde auch zukünftig noch attraktiv macht. Und wer weiß, vielleicht dauert es nicht mehr lange, bis du in deiner Stadt völlig kostenlos mit »den Öffentlichen« von einem Ort zum nächsten fahren kannst.

> Die Stadt Monheim in Nordrhein-Westfalen zeigt, wie klimafreundliche Mobilität funktioniert. Dort sind die öffentlichen Busfahrten ab April 2020 nämlich völlig kostenlos möglich. Auf diese Weise werden die Einwohner noch mehr dazu motiviert, das Auto in der Garage stehen zu lassen.[185]

ROLLER UND SCOOTER

Den meisten Platz in einer Stadt beanspruchen von allen Verkehrsmitteln die Autos. Motorräder sind deutlich platzsparender, verbrennen jedoch ebenfalls fossile Brennstoffe und machen dabei auch noch einen unfassbaren Lärm. Unter die üblichen Verdächtigen im Straßenverkehr mischen sich zumindest in den Großstädten vermehrt elektronische, ausleihbare Roller und Scooter: Die beiden Zweiräder sind deutlich platzsparender als ein handelsübliches Auto, und auch der geringere Energieverbrauch überzeugt. Roller und Scooter gleiten zudem viel ruhiger über die Straßen und stoßen dabei keine Abgase aus. Da die etwa elf Stundenkilometer schnellen E-Scooter weniger Verschleißteile als ein Auto besitzen, müssen sie seltener repariert werden. Das Ausleihen ist außerdem ganz unkompliziert: App laden, registrieren, E-Scooter finden und aufsuchen, QR-Code mit der App scannen und losfahren. Am Zielort werden Roller und Scooter an geeigneten Stellen abgestellt – fertig. Gezahlt wird nach genutzten Minuten. Doch auch an Kritik mangelt es nicht, denn viele Nutzer der Sharing-Apps, mit denen man die Scooter mieten kann, stellen diese einfach mitten auf dem Gehweg ab, wo sie beispielsweise für Menschen mit beeinträchtigtem Sehvermögen eine Gefahr darstellen. Regelmäßig entsorgen Nutzer die Gefährte auch aus Frust oder Spaß in einem Gewässer der Großstädte, wo die giftigen Akkus einen schweren Umweltschaden anrichten. Hinzu kommt, dass nur etwa acht Prozent der Nutzer die elektrischen City-Roller ausleihen, um klimaschädliche Autofahrten zu

ersetzen.[186] Viel häufiger werden gesunde und umweltfreundliche Fußwege, Fahrradfahrten und kostenpflichte Fahrten mit den öffentlichen
Verkehrsmitteln ersetzt. Und da haben wir ihn wieder: den Hang zur
Bequemlichkeit. All das sorgt verständlicherweise für Unmut in der Bevölkerung. Wenn du jedoch sorgsam damit umgehst und dadurch wirklich Fahrtstrecken mit dem Auto ersetzen kannst, fährst du mit einem
Roller oder Scooter grundsätzlich nachhaltig. Einen gesunden Fußmarsch sollte der Scooter allerdings nicht ersetzen, denn nichts ist in
der Mobilität nachhaltiger, als die eigenen Füße zu benutzen.

Das Teilen von Dingen und die On-Demand-Nutzung sind in jedem
Fall in – zu viel Besitz ist eher out. Diese Art der Fortbewegung gibt
auch Menschen mit geringeren finanziellen Mitteln die Möglichkeit, mo-
bil und flexibel zu sein, und schont dabei natürliche Ressourcen.

FAHRRAD

Auf den überfüllten Straßen einer Großstadt wie Berlin bin ich mit dem Drahtesel meist schneller am Ziel als mit dem Auto oder dem Bus. Nur logisch, da man sich damit wunderbar an stehenden Autos vorbeischlängeln und Abkürzungen nehmen kann. Durch Upgrades wie den Fahrradhelm, den großen Rucksack auf dem Rücken oder den kleinen Anhänger leistet das Fahrrad sogar als sicherer Kleintransporter seine Dienste. Natürlich hat es auch mal einen Plattfuß und andere plötzliche Pannen und benötigt dementsprechend etwas Zuwendung bei der Reparatur. Im Winter überlegt man eher zweimal, ob man sich bei der Kälte wirklich auf den Sattel schwingt. Doch kein Verkehrsmittel ist so nachhaltig wie ein von Pedalen angetriebenes Fahrrad – sowohl für die Umwelt als auch für die eigene Gesundheit. Deshalb solltest du es, zumindest bei Strecken bis fünf Kilometer, immer bevorzugen, wenn es in der jeweiligen Situation nicht völlig abwegig ist und es deine Gesundheit zulässt. Auf dem Land sind die Strecken meist etwas weiter, aber dafür umso schöner. Ein Fahrrad mit Elektroantrieb bietet sich hier aufgrund der längeren Strecken schon eher an. In der bebauten und schnelllebigen Stadt ist es umgekehrt, denn dort steht meist die Zeitersparnis im Vordergrund. Und je nachdem, welches Leitbild die politischen Verantwortlichen einer Stadt verfolgen, lässt es sich damit dort immer besser oder gleichbleibend schlecht fahren. Die dänische Hauptstadt Kopenhagen gehört mit ausgewiesenen Fahrradstreifen auf fast all seinen Straßen zu den fahrradfreundlichsten Städten der Welt – bereits im Jahr 2016 legten die Einwohner etwa 29 Prozent aller Strecken mit dem Fahrrad zurück.[187] Wenn man sich heute über den Ausbau des Radverkehrs in einer Stadt unterhält, fällt deshalb immer häufiger auch der Begriff der Kopenhagenisierung, auch wenn die Einwohner in den Unistädten Oldenburg und Münster mit 43 Prozent und 38 Prozent statistisch betrachtet einen noch größeren Anteil ihrer Wege mit dem Fahrrad zurücklegen.[188]

Wie viele Menschen tatsächlich regelmäßig mit dem Fahrrad fahren, wird natürlich sehr stark davon beeinflusst, wie das Angebot vor Ort ist. Indem Städte Fahrradwege explizit und sichtbar markieren, liegt bereits eine gute, verkehrssichere Grundlage vor. Auch das Ausleihen von Fahrrädern erfreut sich besonders in den großen Städten immer größerer Beliebtheit. Per App leihst du dir dort einfach ein Fahrrad in deiner Nähe aus und stellst es an deinem Zielort wieder für andere zur Verfügung. Je mehr Bike-Sharing-Anbieter es gibt, desto größer wird auch der Anteil der per Fahrrad zurückgelegten Strecken der Einwohner einer Stadt. Logisch, oder? Für eine höhere Fahrradquote in den Städten müssen also Bürger, Wirtschaft und Politik gemeinsam sorgen. Wir Bürger, indem wir mehr Strecken mit dem Rad zurücklegen, die Wirtschaft durch mehr Fahrradgeschäfte und faire Bike-Sharing-Angebote, die Politik durch die Förderung von Radfahrwegen. So wird der Anteil der platzfressenden und schadstoffausstoßenden Autos geringer, während sich gleichzeitig mehr Menschen bewusst für das Fahrrad entscheiden. Tatsächlich gibt es nur eine einzige Fortbewegungsform, die noch nachhaltiger ist als die mit dem guten, alten, selbst angetriebenen Drahtesel.

ZU FUß

Die Schuhe geschnürt und los geht's! Noch umweltfreundlicher wäre es sogar ohne Schuhe, denn dann würde sich nicht einmal mehr Mikroplastik von den Sohlen lösen, während man einen Fuß vor den anderen setzt, aber wir wollen ja nicht gleich übertreiben. Zu Fuß von einem Ort zum nächsten zu gehen, ist unser gesundheitliches Grundbedürfnis und gleichzeitig die ursprünglichste und natürlichste Art, uns fortzubewegen. Doch tatsächlich entfernen wir uns immer weiter davon, indem wir eine Lösung nach der anderen suchen und finden, um uns zeitfressende Fußwege zu ersparen. Öffentliche Rolltreppen haben zum Beispiel eines mit einer vorgeschnittenen Ananas in der Plastikverpackung aus dem Supermarkt gemein: Sie nehmen uns im Tausch gegen natürliche Ressourcen ungewünschten Arbeitsaufwand ab. Ob Rolltreppen, Fahrstühle, bereits von den Supermarktangestellten erledigte und abholbereite Einkäufe, Taxen oder Onlinebestellungen bis zur Haustür: Technik und erweiterte Dienstleistungsangebote nehmen uns die Notwendigkeit, zu Fuß gehen zu müssen. Fehlende Grünanlagen, die zunehmende Luftverschmutzung und oft eintönige Erdgeschossfassaden einer Stadt untermauern zudem unseren Wunsch, lieber bequem ins Auto oder die öffentlichen Verkehrsmittel zu steigen.

Man könnte all das genauso bequem unter der Kategorie »typische Begleiterscheinungen einer schnelllebigen Gesellschaft« abheften, doch wir sollten es lieber hinterfragen. Natürlich ist es herrlich unkompliziert, die Einkäufe liefern zu lassen oder die Rolltreppe hinauf-

zufahren, anstatt die Treppenstufen zu erklimmen. Doch ganz nüchtern betrachtet, tauschen wir dabei nur unseren kostenlosen, körperlichen Energieaufwand gegen bezahlte Fremdenergie ein. Denn der Strom, mit dem Rolltreppen betrieben werden, kostet ebenso Geld und natürliche Ressourcen wie die Lieferung von Onlineeinkäufen bis an die Haustür. Um möglichst nachhaltig zu leben, dürfen wir uns nicht zu sehr dazu verleiten lassen, alles, was uns das Zu-Fuß-Gehen abnimmt, einfach anzunehmen. Denn haben wir uns erst daran gewöhnt, fallen uns bald schon die kleinsten Anstrengungen schwer.

Versuche deshalb, nach und nach mehr Wege zu Fuß zu gehen, wenn es die Situation zulässt. Zum Beispiel wenn du ein Paket zur nächsten Post bringen oder ein paar frische Brötchen vom nächsten Bäcker holen willst. Ich höre auf solchen Wegen meistens eine Folge meines Lieblingspodcasts oder etwas Musik zum Abschalten. Herrlich und nachhaltig.

Wie bringe ich eine persönliche, nachhaltige Mobilität ins Rollen?

Auto entsorgen: Irgendwann kommt der Tag, an dem die Lebensdauer des eigenen Autos erschöpft ist. Wenn kein Weg mehr an der Verschrottung vorbeiführt, dann solltest du es zu einem Verwertungshof oder zu einem anderen zugelassenen Entsorger bringen. Seit 2007 ist auch der Hersteller des Autos dazu verpflichtet, dir deine Klapperkiste in der Regel unentgeltlich abzunehmen.[189]

Klimaanlage im Auto aus: Allein die Klimaanlage kann den Kraftstoffverbrauch in der Stadt um 1,8 Liter pro 100 Kilometer erhöhen.[190] Schalte solche Strom- und Spritfresser also nur ein, wenn du sie wirklich brauchst. In der Regel tut's auch der Fahrtwind, der durch das leicht geöffnete Fenster hereinweht.

Leichtläufer beim Auto: Falls du ein Auto hast, dann kannst du mit Leichtlaufölen den Reibungswiderstand des Motors und mit Leichtlaufreifen den Rollwiderstand mindern, um dein Auto leiser und deine Autofahrten spritsparender zu machen.

Mitfahrgelegenheiten nutzen: In meiner Studentenzeit konnte ich dank Mitfahrzentralen wie BlaBlaCar im Grunde kostenlos nach Berlin fahren, indem ich andere für ein kleines Taschengeld mitgenommen habe. Biete auch du längere Fahrten als Mitfahrgelegenheit an oder nutze selbst die günstigen Angebote anderer Fahrer. Das spart Geld und jede Menge umweltbelastende Autofahrten.

Kein Auto in der Großstadt: Setze dem Stop-and-go und dem Stau auf der Stadtautobahn ein Ende und steige auf die öffentlichen Verkehrsmittel um – die werden im Zuge der Klimaschutzpolitik weiter gefördert. Falls du dringend ein Auto brauchst, kannst du dir per Carsharing ganz flexibel eins ausleihen.

Doppelfahrten vermeiden: Nichts ist nerviger, als noch einmal losfahren zu müssen, weil man etwas vergessen hat. Doch es ist nicht nur nervig, sondern auch nicht nachhaltig. Wenn du sowieso mit dem Auto fährst, dann versuche, etwas vorzuplanen, um viele beziehungsweise gleich alle Aufgaben mit einer Fahrt zu erledigen.

Wichtigkeit eines Termins abwägen: Ob privat oder geschäftlich: Nicht immer musst du bei einem Termin persönlich vor Ort sein, sodass du dir Zeit und Reise sparen kannst. Manchmal reichen ein Skype-Call und ein Telefonat völlig aus. Auch das Absagen eines eher überflüssigen Termins kann übrigens sehr nachhaltig sein.

Bahn-App verwenden: Sowohl mit der App der Deutschen Bahn als auch mit der jeweiligen App der Verkehrsbetriebe vor Ort kannst du innerhalb von Sekunden die ideale Verbindung mit den öffentlichen Verkehrsmitteln finden und buchen, um auf nachhaltige Weise schnell von A nach B zu gelangen.

Carsharing nutzen: Wenn viele Personen nach Bedarf ein und dasselbe Auto nutzen, müssen weniger Fahrzeuge produziert werden, die Rohstoffe und Energie verbrauchen würden. Leihe dir also einfach ein Auto mit einer Car-Sharing App aus, wenn du eins brauchst.

Geliehenes wie Eigentum behandeln: Dass dir ein Unternehmen einen E-Scooter oder ein Fahrrad zur Verfügung stellt, ist ein echt feiner Zug. Zahle dieses Vertrauen zurück, indem du pfleglich mit dem jeweiligen Leihobjekt umgehst und es so behandelst, als hättest du es von deinem eigenen Geld gekauft. So bleiben die Geräte lange einsatzfähig.

UND WIE REAGIERE ICH ANGEBRACHT AUF DIE TYPISCHEN GEGENARGUMENTE?

»Elektroautos haben eine schlechte Reichweite, eine geringe Akku-Lebensdauer und unser Stromnetz kann die E-Mobilität gar nicht versorgen.«

Durch den stetigen Ausbau der Lademöglichkeiten, der Weiterentwicklung der Akkus und das wachsende, eigene Gefühl für die Interpretation der Reichweitenanzeige wird deine Angst davor stehenzubleiben, immer weiter abnehmen. Die besten E-Autos können dich schon heute mit einer »Füllung« um die 500 km weit transportieren. Das E-Auto ist also jetzt schon für den Alltagsbedarf geeignet. Dass Akkus altern, ist leider so. Doch der Mythos einer kurzen Akku-Lebensdauer wurde schon im Jahr 2017 bei einem 400.000-Kilometer-Test mit dem Tesla Model S widerlegt. Die Akkukapazität lag nach dem Test immer noch bei 93 Prozent.[191] Im Gegensatz zu etwa 45 Millionen Dieseln und Benzinern fahren lediglich 83.175 Elektroautos über Deutschlands Straßen – Stand Januar 2019.[192] Heute würde unser Stromnetz bei 45 Millionen Elektroautos zusammenbrechen, das stimmt. Das würde es aber auch, wenn alle Deutschen gleichzeitig einen Föhn anschalten würden. Die Lösung liegt in der intelligenten Verteilung der Energienutzung.

»Fliegen geht viel schneller.«

Ist das wirklich so? Man darf sich nicht von der reinen Flugzeit ablenken lassen. Beispielsweise würde ein Flug von Berlin nach Düsseldorf etwa 1,25 Stunden in Anspruch nehmen. Dazu musst du sicherheitshalber 1,5 Stunden vorher am Flughafen sein. Nachdem du in Düsseldorf nach 15 Minuten endlich aus dem Flughafen gekommen bist, der auch nicht mitten in der Stadt liegt, musst du dich weitere 15 Minuten lang in die Stadt fahren lassen. Alles in allem dauert die Reise dann mindestens 3,25 Stunden, während die deutlich bequemere Bahnfahrt 4,25 Stunden dauert und deutlich umweltfreundlicher ist. Ich finde, im Vergleich ist eine Bahnfahrt deutlich angenehmer und vor allem nachhaltiger.

»Bei Mitfahrgelegenheiten hast du nur Freaks im Auto.«

Ich selbst lerne auf den Fahrten regelmäßig tolle Menschen kennen. Bei den modernen Plattformen für Mitfahrgelegenheiten kann man nämlich genau sehen, wie andere Fahrer einen anfragenden Mitfahrer bewertet haben. So kannst du im Vorfeld selbst selektieren, wen du in dein Auto lässt beziehungsweise bei wem du mitfahren willst. Somit hast du also grundsätzlich keine merkwürdigen Menschen im Auto, schonst die Umwelt und sparst bares Geld.

»Die Bahn ist immer zu spät.«

Mit dem Auto stehst du auch »immer« im Stau – und das Flugzeug startet auch »immer« mit Verspätung. Es kann bei jedem Verkehrsmittel zu Verzögerungen kommen. Da du im Auto meist länger unterwegs bist und dich voll konzentrieren musst, ist das Zugfahren doch deutlich angenehmer, oder? Es ist nicht nur bequemer und umweltfreundlicher, du kannst sogar unterwegs arbeiten oder anderweitige Dinge erledigen. Und wenn die Bahn mal eine Verspätung hat, erhältst du auf Nachfrage sogar eine Erstattung.

REISEN

»Die Gefährlichste aller Weltanschauungen ist die der Leute, welche die Welt nie angeschaut haben.«

ALEXANDER VON HUMBOLDT

Das Reisen an fremde Orte verschafft Ablenkung vom aufreiben-
den Alltag und öffnet uns die Türen zu anderen Kulturen, einzigarti-
ger Natur und wundervollen Menschen. Viele setzen alle verfügbaren
Urlaubstage dafür ein, sich an den Stränden dieser Welt entspannen
zu können. Raus aus dem Alltag und einfach mal abschalten, lautet die
Devise. Andere verschlägt es beruflich nach Istanbul zu einem wichtigen Geschäftstermin oder zu einem Besuch der zukünftigen Schwie-
gereltern ins 600 Kilometer entfernte Ruhrgebiet. Ob Flugzeug, Auto,
Bus oder Bahn – jedes konventionelle Gefährt, das wir nicht mit unserer
eigenen Kraft antreiben, stößt CO_2 aus. Das eine mehr, das andere weniger. Acht Prozent der weltweiten CO_2-Emissionen werden daher dem
Reiseverkehr zugeschrieben.[197] Allein ein Flug auf die Malediven stößt
so viel CO_2 aus wie ein Mittelklassewagen auf 25.000 Kilometern.[198] Es
lohnt sich, einen kurzen Blick auf *flightradar24.com* zu werfen, um zu
sehen, wie viele Flugzeuge tatsächlich in diesem einen Augenblick über
der Erde schweben. Während ich diese Zeilen schreibe, sind es 15.582
Maschinen. Der schiere Wahnsinn – vor allem, wenn man bedenkt, dass
dies nur eine kleine Momentaufnahme ist und es den ganzen Tag und
an jedem anderen Tag so weitergeht.

Neben dem Verkehrsmittel sind noch viele weitere Faktoren für die
Nachhaltigkeit einer Reise entscheidend. Also stellen wir uns doch einmal die Frage, wie man auf umweltfreundliche Art reisen kann, ohne
schwerwiegenden Einfluss auf das Klima oder die Luftverschmutzung,
die Wasserknappheit und den Plastikmüll in der Umwelt zu nehmen.
Für mich persönlich spielen dabei das Planen und Kofferpacken, die ge-
wählten Unterkünfte und vor allem mein Verhalten vor Ort die größte
Rolle.

REISE PLANEN

Um eine Reise möglichst nachhaltig zu gestalten, lohnt sich eine zwar nicht penibel genaue, aber doch durchdachte Planung. Das ist grundsätzlich eine gute Regel – zum Beispiel für das persönliche Einkaufsverhalten. Bezogen auf deinen nächsten Urlaub heißt das nichts anderes, als dass du deine persönlichen Wünsche und Ziele im Zusammenhang mit der Reise festlegst und dementsprechend deinen Koffer packst. Durch diese einfache Herangehensweise packst du automatisch nur das ein, was du wirklich brauchst. Ich persönlich habe immer dazu tendiert, zu viel einzupacken. Doch je schwerer der Rucksack, desto höher ist die ökologische Belastung von Flugzeug, Bus und allen anderen motorisierten Fortbewegungsmitteln, die man während der Reise nutzt. Nicht zu vergessen, dass das Gepäck schließlich auch von dir selbst getragen werden muss – und das wird dich bei einer Rundreise oder einem Backpacking-Trip definitiv als Erstes stören.

Womit wir schon beim Thema wären: dem Sinn der Reise. Willst du dich von deinem anstrengenden Job erholen und dir die Sonne auf den Pelz scheinen lassen? Möchtest du dich durch den Dschungel schlagen und ein echtes Abenteuer erleben? Oder präferierst du das Skifahren in den Bergen und ein kühles Blondes beim Aprèsski? Die Antwort auf solche Fragen gibt dir nicht nur Aufschluss darüber, was einen Platz in deinem Koffer finden sollte, sondern grenzt gleichzeitig auch die Orte auf unserer Erde ein, an denen sich diese Wünsche erfüllen könnten.

Je weiter dein Reiseziel entfernt ist, desto länger sollte dein Aufenthalt vor Ort dauern. Bringe also deine Reisedistanz mit deiner Reisedauer in einen möglichst sinnvollen Einklang. Für zwei Tage zu einem Städtetrip nach London zu fliegen, ist unnötig – die Bahn hat immer wieder günstige Europa-Angebote, mit denen du nachhaltiger dorthin kommst. Auch eine Flugreise für einen einwöchigen Strandurlaub in der Karibik ist vermeidbar, denn auch in Deutschland oder in unseren Nachbarstaaten wie Dänemark, Polen oder den Niederlanden kannst du eine frische Brise bei Sonnenschein am Strand genießen. Wenn du per Fahrrad, Bus oder Bahn anreisen kannst, ist dein Erholungsurlaub zum einen deutlich nachhaltiger, zum anderen ermöglicht es dir gleichzeitig, unnötig hohe Kosten für Flüge einzusparen. Du musst also keinen stressigen Langstreckenflug auf dich nehmen, um dich an einem Strand entspannen zu können.

Vielleicht träumst du aber auch von einer Kreuzfahrt? Diese werden von Jahr zu Jahr beliebter. Während es im Jahr 2009 noch 17,8 Millionen Menschen auf die schwimmenden Kleinstädte getrieben hat, werden für das Jahr 2019 bereits 30 Millionen Gäste prognostiziert.[199] Wenn du allerdings einen nachhaltigen Urlaub genießen möchtest, solltest du diesen Traum lieber ins Wasser fallen lassen. Denn abgesehen davon, dass die Herstellung eines Kreuzfahrtschiffes unglaublich ressourcenaufwendig ist, entstehen bei jeder Fahrt gigantische Mengen an Abwässern und Abgasen, die Umweltprobleme wie die Luftverschmutzung und den Klimawandel enorm beschleunigen. Etwa 1.833 Kilogramm CO_2[200] werden pro Person bei einer Kreuzfahrt durchschnittlich ausgestoßen. Das klimaverträgliche Jahresbudget an CO_2-Emissionen einer Person liegt bei etwa 2.300 Kilogramm CO_2[201], es wird also durch eine einzige Kreuzfahrt schon fast aufgezehrt.

Ebenfalls wenig nachhaltig ist das Skifahren außerhalb der Saison oder in Skihallen. Damit wir Deutschen ganzjährig die Piste herunterfahren können, gibt es in Deutschland – aber übrigens auch im heißen Abu Dhabi – einige große Skihallen. Diese werden mit einem enormen Energiebedarf betrieben und sind in den Sommermonaten längst nicht ausgelastet. Für den Skisport gibt es eine Saison, und wer etwas für die Umwelt tun möchte, sollte auch nur in den Wintermonaten zum Skifahren in die Berge fahren. Leider hat aber auch der saisonale Skisport in Deutschland und Österreich aufgrund des Massentourismus an Nachhaltigkeit eingebüßt, denn die Skigebiete müssen vergrößert werden, um den Andrang bewältigen zu können. Da der Schnee vermehrt ausbleibt, kommen zudem häufiger Schneekanonen zum Einsatz. Die Anforderungen der Schneetouristen an Sicherheit und Komfort steigen, das bedeutet beheizte Sitzplätze statt Sitzschalen. Das heißt im Umkehrschluss aber leider auch, dass noch mehr Energie benötigt wird, um eine Skianlage zu betreiben. Dennoch ist ein Ausflug zur Schneepiste in der Regel nachhaltiger als eine Kreuzfahrt. Vor allem, weil Skigebiete

unmittelbar in unserer Nähe liegen, während Deutsche für Kreuzfahrten häufig zunächst um die halbe Welt fliegen. Ich selbst muss mich
da einschließen, da ich vor vielen Jahren eine Kreuzfahrt im Golf von
Mexiko gemacht habe. Heute bin ich schlauer und reise nachhaltiger –
es ist das einfache Ergebnis eines fortlaufenden Lernprozesses. Und
wenn ich mein Reiseziel nur mit dem Flugzeug erreichen kann, dann
kompensiere ich meinen anteiligen CO_2-Ausstoß wenigstens durch
Spenden an *atmosfair.de*, die das Geld zum Beispiel zur Förderung von
Wasserkraft-, Windkraft- oder Solaranlagen verwenden. Grundsätzlich
gilt aber: CO_2-Kompensation ist gut, CO_2-Vermeidung ist besser.

Neben den kritisierten Reisearten wie eben einer Kreuzfahrt, gibt es
jedoch unglaublich viele Aktivitäten, die sich wunderbar mit Nachhaltigkeit kombinieren lassen. Damit meine ich nicht bloß den Aufenthalt
in einem der vielen Biohotels in Deutschland, sondern auch einzigartige Kanufahrten, berauschendes Bergsteigen, grenzgängerisches Klip-
penspringen oder das Eintauchen in fremde Kulturen oder in die wundervolle Unterwasserwelt. Nicht alles davon mag deinen persönlichen
Wünschen entsprechen, die Geschmäcker sind nun mal verschieden.
Es zeigt aber, dass Urlaubspläne sich mit der richtigen, umweltbewussten Einstellung auch heute umsetzen lassen, ohne folgenschwer in die
Natur einzugreifen. Wichtig ist nur, dass du dich im Vorfeld der Reise
schon mit den Dingen befasst, die du vor Ort gern machen möchtest.

KOFFER PACKEN

Ich packe in meinen Koffer … Hierbei hilft es ganz besonders, ehrlich zu sich selbst zu sein. Denn grundsätzlich reicht es aus, - ganz minimalistisch - nur das Allernötigste einzupacken. Wer einfach aus dem stressigen Alltag entfliehen und am Strand entspannen möchte, braucht eigentlich auch wirklich nicht viele Dinge. Die Grundidee dahinter ist ganz simpel: Je weniger dein Reisekoffer wiegt, desto umweltfreundlicher sind auch alle Flüge oder Autofahrten, die du damit auf dich nimmst.

Es gibt aber auch einige Dinge, die dir, unabhängig vom Reiseziel, bei der Müllvermeidung im Urlaub helfen werden. Indem du festes

Shampoo und Duschgel in einer Blechdose transportierst, vermeidest du zum Beispiel unnötigen Müll durch Plastikverpackungen. Auch Deo gibt es im Glas als Creme. Ich habe auf Reisen immer die wichtigsten Accessoires meiner Zero-Waste-Grundausstattung dabei. Zu den unverzichtbaren Gegenständen zählen die abwaschbare Trinkflasche aus Edelstahl, der Jutebeutel sowie einige Obst- und Gemüsenetze für den plastikfreien Einkauf von Lebensmitteln, die wiederverwendbare Stoffserviette aus Leinen und dazu das Stofftaschentuch und die Edelstahl-Brotbox. Und indem ich diese Dinge in meinem Koffer beziehungsweise meinem Handgepäck mitnehme, vermeide ich nicht nur im Flugzeug, sondern während der gesamten Reise so viel Müll wie nur möglich. Auch wenn sich diese Auflistung so anhört, als ob jetzt der Koffer voll sein müsste, lässt sich alles kompakt verpacken.

Platz hast du sowieso ausreichend, wenn du den Fortschritt der Digitalisierung nutzt. Bücher musst du heute nicht mehr physisch mit dir herumtragen. Auch wenn ich ein Fan gedruckter, haptischer Bücher bin, erspare ich mir das zusätzliche Gewicht der vielen auf Papier gedruckten Seiten im Urlaub durch das digitale Lesen auf meinem Tablet-PC. Aus Papier sind bei einer Reise üblicherweise auch die Flug- oder Bahntickets sowie die Land- und Stadtkarten, um sich vor Ort zurechtzufinden. Die Papiertickets ersetze ich durch digitale auf meinem Smartphone, und anstatt faltbare Karten mit mir herumzutragen, nutze ich Google Maps. Selbst ohne mobiles Internet komme ich von A nach B, indem ich im Vorfeld die digitale Offlinekarte meiner Reiseumgebung herunterlade.

227

UNTERKÜNFTE

In Bezug auf die Nachhaltigkeit spielt es im Grunde keine Rolle, ob du einen Backpacking-Trip mit regelmäßig wechselnden einzelnen Unterkünften oder eine Städtereise mit einer einzigen festen Unterkunft planst.

Egal, an welchen Ort es mich verschlägt: Ich achte immer darauf, dass ich bei einheimischen Menschen wohne, von denen ich wertvolle und persönliche Tipps zu nahe gelegenen Reiseerlebnissen erhalten kann, ohne den Massentourismus zu unterstützen. Gleichzeitig meide ich damit die großen internationalen Hotelketten und deren All-inclusive-Angebote. Über die Plattform *Airbnb*, auf der Menschen ihre Privatwohnungen zur Zwischenmiete anbieten, funktioniert die Buchung einer Unterkunft reibungslos und sicher. Ich habe sowohl als Vermieter als auch als Mieter bisher nur rundum positive Erfahrungen gemacht. Das Besondere daran ist, dass man ehrliche Tipps von Menschen erhält, die meist schon lange an dem Ort leben, anstatt ein vorgefertigtes Touristenprogramm einer Hotelkette oder eines Reiseveranstalters zu durchlaufen. Als ich für meine Aufräumaktionen gegen den Plastikmüll in Indien war, habe ich außerdem darauf geachtet, dass meine Unterkunft über einen integrierten Wasserfilter verfügte. Auf diese Weise konnte ich das Wasser aus dem Hahn trinken und eine große Menge an Plastikflaschen einsparen – für die es dort leider kein Pfandsystem gibt. In warmen, subtropischen Ländern wie Indien werden zudem vermehrt Klimaanlagen eingesetzt. Das trifft auf Hotels ebenso zu wie auf private Unterkünfte. Damit der Energieverbrauch hierbei so gering wie möglich bleibt, solltest du die Anlagen nur dann einschalten, wenn du selbst vor Ort bist und sie wirklich brauchst.

Doch manchmal fehlen Lust und Zeit, Dutzende Unterkünfte auf die vielfältigen Nachhaltigkeitskriterien hin zu überprüfen. Für die meisten Hotels, Hostels und Privatwohnungen werden diese im Internet auch gar nicht angezeigt. Viele Umweltzertifikate versuchen, Licht ins Dunkel zu bringen – Verlass ist zum Beispiel auf das TourCert-Siegel, das sowohl die Unterkünfte selbst als auch die nachhaltigen Freizeitangebote in der Umgebung bewertet. Auch dem Europäischen Umweltzeichen und dem GreenGlobe-Siegel kannst du getrost dein Vertrauen schenken. Die Zeit fressende Arbeit bei der Recherche kann dir auch ein Reiseportal wie *bookitgreen.com* abnehmen, indem dir ausschließlich Ferienwohnungen, Privatzimmer, Hotels, Bauernhöfe und Campingplätze angezeigt werden, die sich durch eine nachhaltige Führung auszeichnen. Ein Blick auf die 15 wichtigsten Kriterien einer Unterkunft für die Aufnahme in das Portal offenbart das riesige Verbesserungspotenzial, das viele klassische Unterkünfte haben. Regionale und biologische Lebensmittel, nachhaltige Bauweise, Energiesparbeleuchtung, hohe Recycling-Quote, Erreichbarkeit mit öffentlichem Nahverkehr, Ökostrom, bewusste Müllvermeidung bis hin zu ökologischen Reinigungsmitteln. Da wird auch auf Details geschaut, um zu erkennen, wie ernst die Betreiber einer Unterkunft mit dem Thema Nachhaltigkeit umgehen. Glücklicherweise erfreuen sich umweltbewusste Unterkünfte immer größerer Beliebtheit, sodass sich viele weitere Betreiber das Thema Nachhaltigkeit auf die Fahnen schreiben werden. Das unterstreicht erneut, dass man als Konsument die Zügel in der Hand hält, auch wenn man sich im ersten Moment häufig machtlos fühlt.

ERLEBNISSE VOR ORT

Zugegeben: Nachhaltig zu leben, ist sicherlich nirgendwo anders so einfach wie zu Hause im bekannten Umfeld. Doch da die Grundregeln für einen umweltbewussten Alltag sich allein in deinem Kopf befinden, funktionieren sie selbstverständlich ebenso in Paris, Venedig oder Mumbai. Auch dort kannst du dir ein Fahrrad ausleihen, in der Unterkunft Essen vorkochen, einen Strohhalm im Restaurant ablehnen oder lokal und plastikfrei einkaufen. In Mumbai ist Einwegplastik wie Plastiktüten oder -besteck sogar verboten. Dort hat bereits jeder seine Alternative gefunden und nutzt stattdessen Baumwollbeutel oder einen Rucksack für den Transport des Einkaufs und abwaschbares Edelstahlbesteck zum Essen. Als ich drei Monate auf der Insel Bali war, konnte ich sogar die in Deutschland bekannte App *Refill* nutzen, um mir die Trinkflasche bei teilnehmenden Betrieben – meist kostenlos – auffüllen zu lassen. Das ist nachhaltiger, als abgefülltes, überteuertes Wasser in Einwegplastikflaschen von internationalen Großkonzernen zu kaufen, die den Armen das Wasser abpumpen und deren Verpackungsmüll überall die Straßenränder, private Entsorgungsplätze und Strände verunstaltet. Mit einem Essen im jeweiligen Café oder Restaurant konnte ich mich für das kostenlose Wasser revanchieren und die lokalen Geschäfte unterstützten. Das ist selbstverständlich ebenfalls nachhaltiger, als bei international agierenden, milliardenschweren Fastfood-Ketten wie McDonald's oder Burger King zu speisen. Bevorzuge in jedem Fall, vor Ort in kleinen, heimischen Restaurants zu essen, anstatt dir

Mahlzeiten zur Unterkunft zu bestellen. Denn so vermeidest du unnötigen Verpackungsmüll und unterstützt leidenschaftlich geführte Betriebe, deren Existenz vom Tourismus abhängt. Müll entsteht auf Reisen häufig auch durch Souvenirs, die man aus Mitleid oder als Folge aggressiver Verkaufstricks kauft und schlussendlich zu Hause in einer Schublade versenkt oder noch vor Ort in den Müll wirft. Lerne deshalb, Nein zu sagen und solche Angebote abzulehnen. Du kannst dem Verkäufer ja dennoch etwas Geld geben, wenn dir danach ist.

Viele Menschen reisen in andere Länder, um fremde Kulturen oder die einzigartige Natur zu entdecken. Lasse dich dabei aber nicht von bequemen »Fertigreisen« locken, damit du vor Ort auch immer noch flexibel bleiben und selbst entscheiden kannst, was du tust. Bei Pauschalreisen und All-inclusive-Angeboten fehlt den Anbietern leider oft der Anreiz, nachhaltig zu wirtschaften. Mountainbiking in den spanischen Pyrenäen, Inline-Skating in Utrecht, Reiten durch den weißen Sandstrand von Südafrika, Klettern auf der griechischen Halbinsel Peloponnes, Wandern zum Chandra Tal Lake in Nordindien oder Balsam für die Seele am Aling-Aling-Wasserfall auf Bali. Das alles steht dir offen und ist – unter Beachtung eines angemessenen Verhältnisses zwischen Reisedauer und Reisedistanz – prinzipiell möglich.

Noch mehr Spaß macht der Umweltschutz auf Reisen, wenn man ihn aktiv betreibt und nicht die ganze Zeit mit größter Mühe darauf achtet, sich möglichst nachhaltig zu verhalten. In meinen drei Monaten auf Bali habe ich zum Beispiel jeden zweiten Tag eine Aufräumaktion gegen den Plastikmüll in der Umwelt gestartet oder unterstützt. Schnapp dir einfach einen Müllbeutel und lege los. Plastikmüll findest du heute leider überall, weshalb diese Aktivität jederzeit auf der ganzen Welt möglich ist. Nachhaltigkeit auf Reisen bedeutet für mich auch, die Natur und fremde Kulturen zu respektieren und wundervolle Menschen zu unterstützen. Die Dankbarkeit, die man im Gegenzug zu spüren bekommt, ist wirklich einzigartig.

Wie starte ich meinen nächsten Urlaub nachhaltig?

Nahes Reiseziel wählen: Je kürzer die Reisedistanz, desto größer sind deine Chancen, die An- und Abreise nachhaltig zu gestalten. Auch in Deutschland und seinen Nachbarländern gibt es wundervolle Reiseziele. Wie wäre es zum Beispiel mit einem Ausflug in die Böhmische Schweiz? Diese einzigartigen Felswände erwarten die wenigsten Deutschen vor der eigenen Haustür. Auch Kochel am See in Bayern ist wunderschön.

All-inclusive meiden: Wenn alles in deinem Urlaub in einem Pauschalpreis enthalten ist, sinkt deine Flexibilität vor Ort, da man meist die hauseigenen Empfehlungen des Hotels wahrnimmt. Grundsätzlich rate ich deshalb von solchen Reisen ab, auch weil man damit nicht unbedingt regionale Unternehmer, sondern eher Hotelkonzerne unterstützt. Es gibt aber sicherlich auch All-inclusive-Angebote, die bewusst Menschen in ihrer Region fördern.

Umweltsiegel beachten: Die meisten Buchungsportale setzen auf die üblichen Umweltsiegel im Sinne des nachhaltigen Tourismus. Zum Beispiel die »Blaue Flagge«, die umweltfreundliche Strände mit hoher Wasserqualität auszeichnet oder das »TourCert«-Siegel, das für Nachhaltigkeit und Unternehmensverantwortung der Veranstalter steht.

Langer Urlaub = Heizung aus: Nur, wenn du für eine etwas längere Zeit verreist, lohnt sich das Ausschalten der Heizung. Über ein Wochenende lohnt es sich nicht, da die Heizung in abgekühlter Form zu viel Energie benötigt, um die Räume wieder vollständig aufzuheizen. Im Sommer kannst du die Heizung sowohl im Urlaub als auch im Alltag grundsätzlich ausgeschaltet lassen.

Wasserspender für Pflanzen: Nie wieder vertrocknete Balkon- und Zimmerpflanzen, wenn man aus dem Jahresurlaub zurückkommt. Klingt das nicht großartig? Indem du ein kleines Loch in den Deckel einer Plastikflasche schraubst und einen langen Nagel mit der Spitze nach außen durchschiebst, geht das. Einfach auffüllen, zuschrauben und kopfüber in den Blumentopf stecken.

Trinkflasche im Flieger: Im Flugzeug kannst du auch etwas für die Umwelt tun und den Einwegmüll durch Flaschen und Becher durch eine mitgebrachte Trinkflasche vermeiden. Fülle sie dir nach der Sicherheitskontrolle am Wasserhahn auf oder lasse dir von den Flugbegleitern darin einschenken.

Wwoofing: »World-Wide Opportunities on Organic Farms« ist ein globales Netzwerk von Menschen, die naturverbundener leben wollen. Für nachhaltige Reiseerlebnisse kannst du dich anschließen und eine ökologische Farm mit deiner Arbeitsleistung unterstützen. Als Gegenleistung erhältst du frisches Essen und eine Unterkunft.

Gegen Mücken: Kokosöl hält Mücken fern und wirkt im Fall der Fälle sogar entzündungshemmend. Mit kaltgepresstem, nativem Biokokosöl aus dem Glas hast du eine natürliche Alternative zum chemischen Mückenspray aus der Plastikflasche.

Flüge sinnvoll dosieren: Wer nicht gänzlich auf das Fliegen verzichten will oder kann – dazu gehöre ich auch –, sollte lieber einmal für drei Wochen in den Urlaub fliegen als dreimal für eine Woche. Damit kann man deutlich leichter innerhalb seines persönlichen Klimabudgets bleiben.

Umweltfreundlich unterwegs: Am Urlaubsort solltest du nach Möglichkeit auf nachhaltige Verkehrsmittel wie das Fahrrad, den Bus oder die Bahn setzen. Noch besser ist es natürlich, so oft es geht zu Fuß zugehen. Dann erlebt man auch noch mehr.

Keine Tierkämpfe unterstützen: Leider sind in manchen Ländern traditionelle Veranstaltungen, in denen Tiere leiden müssen, an der Tagesordnung. Diese solltest du nicht finanziell unterstützten. Stier- oder Hahnenkämpfe sind klassische Beispiele dafür. Doch auch dressierte Affen oder angekettete Elefanten zähle ich dazu. Meide solche »Attraktionen« und unterstütze sie unter keinen Umständen.

Regionales Handwerk fördern: Souvenirs müssen und dürfen vielerorts auch nicht aus Tierfell oder Elfenbein bestehen. Es gibt aber wundervolle Menschen, die zum Beispiel einzigartige Töpfer- oder Glaswaren umweltfreundlich per Hand produzieren und so deutlich nachhaltigere Souvenirs und Mitbringsel für Familie und Freunde erzeugen. Da gilt es, genauer hinzuschauen.

Immer Vorbild sein: Wenn du dich in einem anderen Land befindest, ist es nicht unwahrscheinlich, dass dort andere Sitten und Bräuche vorherrschen. Möglicherweise ist dort auch das Umweltbewusstsein noch nicht so stark ausgeprägt. Verhalte dich deshalb in jeder Hinsicht vorbildlich. Und bedenke, dass das Verhalten von Menschen aus westlichen Nationen in sehr vielen Ländern als erstrebenswert gilt.

Unterstütze ein CleanUp: Verwandle gemeinsam mit anderen die Empörung über einen vermüllten Strand zur Freude darüber, dass er wieder sauber ist. Das ist ein großartiges Gefühl! Auf meinem Blog *CareEli-*

te.de findest du eine Weltkarte mit allen CleanUp-Organisatoren meiner Community – ob in Deutschland, Südafrika, Indien oder Georgien.

Durchdrehen: Mit dem Fahrrad von Berlin nach Singapur? Das wäre schön nachhaltig, aber zugegebenermaßen ziemlich extrem. Da der Weg aber das Ziel ist, wäre es sicherlich auch eine der coolsten Erfahrungen deines Lebens. Wenn es deine Zeit also zulässt, dann wage einfach mal eine umweltfreundliche »Extremreise«, die sich nur die wenigsten zutrauen würden.

CO$_2$ kompensieren: Führt kein Weg an einem Flug vorbei, kannst du deine persönlichen Emissionen immerhin ausgleichen. Die Webseite *atmosfair.de* unterstützt dann mit deiner Spende Klimaschutzprojekte auf der ganzen Welt. Bei einem Flug von Berlin nach Istanbul entstehen beispielsweise durchschnittlich pro Kopf 428 Kilogramm CO$_2$. Der Kompensationsbetrag liegt in diesem Fall bei etwa 10 Euro.

UND WIE REAGIERE ICH ANGEBRACHT AUF DIE TYPISCHEN GEGENARGUMENTE?

»Wenn du sowieso fliegst, brauchst du vor Ort auch nicht mehr an die Umwelt denken.«

Wenn jeder Urlauber so denken würde, wären wir allesamt rücksichtslose Idioten. Natürlich kommt es darauf an, denn wenn man einen Flug nicht vermeiden kann, lohnt es sich wenigstens, vor Ort nachhaltig zu leben. Neben einem angemessenen Verhältnis zwischen Reisedistanz und Reisedauer ist besonders dein Verhalten am Urlaubsort entscheidend für die Nachhaltigkeit deiner Reise. Fahre auch dort mit dem Fahrrad, gehe zu Fuß oder nutze die öffentlichen Verkehrsmittel wie Züge und Busse. Räume mit anderen die Strände auf und erkläre Menschen, warum Plastik ein Problem ist. Kaufe lokal ein und mache einen Bogen um die Filialen großer internationaler Konzerne. Je mehr Positives du vor Ort tust, desto nachhaltiger ist deine gesamte Reise. Den Flug als generelle Ausrede dafür zu verwenden, danach nicht mehr auf Nachhaltigkeit achten zu müssen, ist in jedem Fall der schlimmste Ansatz.

»In einem Land wie Indonesien lässt sich Plastikmüll gar nicht vermeiden. Da ist alles voll davon.«

Das ist sehr schwierig, das stimmt. Elwa 82 Prozent des Plastikmülls im Meer stammen aus asiatischen Ländern.[202] Allerdings funktionieren die Grundsätze des Zero-Waste-Lebensstils auch in Indonesien. Ich nehme einfach meinen Rucksack oder meinen Jutebeutel mit zum Einkaufen – denn Lebensmittel wie Bananen oder Äpfel gibt es auch dort unverpackt. An der Kasse lehne ich die Plastiktüte ab, und bei unseren Aufräumaktionen an den Stränden kläre ich Menschen über die Gründe dafür auf, Plastikmüll möglichst zu vermeiden. Wenn es in einem Café keine Cocktails mit wiederverwendbaren Glas- oder Bambusstrohhalmen gibt, dann lehne ich den Strohhalm schon vor der Bestellung ab. Es gibt Tausende Dinge, bei denen du auch in Indonesien Müll vermeiden kannst, denn das, was in der Umwelt liegt, ist in der Regel eine Folge schlechter Recyclingsysteme und mangelnder Bildung. Sei einfach schlau und vorbildlich und mache es besser.

»Wenn du im Urlaub nachhaltig bleiben willst, musst du dich in deiner Unterkunft einschließen.«

Das kannst du natürlich tun, aber deutlich mehr Spaß macht es, Menschen aus anderen Kulturen kennenzulernen und vor allem einzigartige Naturerlebnisse zu genießen. Das alles ist grundsätzlich möglich, ohne der Umwelt zu schaden. Für eine nachhaltige Reise kannst du unter anderem auf Souvenirs aus Elfenbein oder die Unterstützung von Kunststücken mit Affen und Schlangen verzichten – auch um eventuelle Geld- und Haftstrafen am Zoll zu vermeiden. Auch deinen Müll solltest du zum nächsten Mülleimer bringen, anstatt ihn am Strand liegen zu lassen. Das gilt natürlich genauso für Zigarettenstummel, die leider überall im Sand zu finden sind. Auf Wasser aus pfandfreien Plastikflaschen kannst du verzichten, indem du eine eigene Trinkflasche mitnimmst und sie dir über die App *Refill* (die es nicht nur in Deutschland gibt) bei teilnehmenden Restaurants wieder auffüllen lässt. Es ist also jederzeit möglich, deinen Urlaub nachhaltiger zu gestalten, ohne dich in deiner Unterkunft einschließen zu müssen.

ARBEITEN UND FINANZEN

»Wähle einen Beruf, den du liebst – und du brauchst keinen Tag mehr in deinem Leben zu arbeiten.«

KONFUZIUS

- 67,7 Prozent der Erwerbstätigen in Deutschland fahren mit dem Auto zur Arbeit.[203]
- Ganze 58 Prozent der Arbeitnehmer, die in Unternehmen arbeiten, die sich für Nachhaltigkeit einsetzen, sind unter 35 Jahre alt.[204]
- Nur etwa 9 Prozent der deutschen Arbeitnehmer fahren mit dem Fahrrad zur Arbeit.[205]
- Mit einem Anlagevolumen von rund 171 Milliarden Euro ist die Summe nachhaltiger Geldanlagen in Deutschland im Jahr 2017 um 9 Prozent gegenüber dem Vorjahr angestiegen.[206]

Ob wir an unserem heimischen Schreibtisch oder in einem Großraumbüro sitzen, spielt im Grunde keine Rolle. Denn sowohl privat als auch beruflich fällt jede Menge »Papierkram« an. Dokumente, Rechnungen, Geldeingänge, Schulden oder die Steuererklärung – all das will erledigt und geregelt und möglicherweise auch noch fein säuberlich abgeheftet werden. Manche Unternehmen arbeiten bewusst nachhaltig, andere legen die Scheuklappen an und jagen dem maximalen Profit hinterher. Da die Unternehmen das Thema Nachhaltigkeit so unterschiedlich bewerten, müssen wir einen prüfenden Blick auf die Jobs, denen wir nachgehen, oder das damit hart verdiente Geld, das wir anlegen, werfen, um nachhaltig Gutes für Umwelt, Gesellschaft und ehrlicherweise auch uns selbst zu bewirken. Ob du ein akribischer Unternehmer bist oder das nachhaltige Arbeiten innerhalb einer Organisation etablieren willst: Am Ende treibt dieser Wunsch das persönliche Wohlbefinden, das Betriebsklima und den leidenschaftlichen Einsatz aller Beteiligten entscheidend voran. Schlussendlich kann sowohl das Unternehmen, in das du deine Arbeitsenergie investierst, der Arbeitsplatz, an dem du täglich deinem Beruf nachgehst, als auch der Inhalt deines Jobs dafür sorgen, nachhaltiges Verhalten fester in unserer Gesellschaft zu verankern.

ARBEITSPLATZ

Schon auf dem Weg zur Arbeit können wir den Grundstein für einen nachhaltigen Arbeitstag legen, indem wir uns für die Straßenbahn, das Fahrrad, die Fahrgemeinschaft oder den Fußweg entscheiden.

Am Arbeitsplatz selbst finden wir uns meist in einem Büro wieder, das vor allem viel Energie und Papier verbraucht und damit jede Menge Optimierungspotenzial für uns bereithält. Spätestens mit dem morgendlichen Drücken von Lichtschaltern und den Power-Knöpfen der Computer erwacht auch das Unternehmen. Lampen, Laptops und Latte-Macchiato-Maschinen werden angetrieben von Energie – die im

besten Fall aus Ökostrom erzeugt und bei jeder sich ergebenden Gelegenheit aktiv gespart wird. Das heißt: Licht aus, wenn es niemand braucht und Laptop in den Stand-by-Modus, wenn der Kaffee durchgelaufen ist und zum Käffchen mit den Kollegen einlädt. Apropos Kaffee: Er sollte im Idealfall aus Fairtrade-Bohnen und nicht aus den lästigen Einwegkapseln stammen. Von Letzteren profitiert nämlich lediglich die Industrie – umgerechnet kostet ein Kilogramm Kaffee aus den Kapseln nämlich 70 Euro und hinterlässt jährlich etwa 8.000 Tonnen Plastikmüll.[207]

Einwegprodukte müssen raus aus dem Büro, wenn ein Unternehmen es mit der Nachhaltigkeit wirklich ernst meint. Manchmal werde ich etwas müde, wenn ich zum Beispiel höre, dass in der Kantine des Internationalen Währungsfonds IWF noch bis einschließlich des Jahres 2019 mit Einwegbesteck gegessen wurde.[208] Aber hey – immerhin verändert sich überhaupt etwas. Und ein Blick auf den Müll im Papierkorb zeigt: Im Büro ist noch mehr möglich.

Doch was kann man selbst tun, damit nicht jeden Tag ein Baum für das Druckerpapier weichen muss? Vom papierlosen Büro haben wir sicherlich alle schon einmal gehört. Ähnlich wie bei Begriffen wie »plastikfrei« oder »Zero Waste« muss es aber gar nicht sofort das totale Extrem ganz ohne Papier sein. Zur Vermeidung von Papiermüll sind zum Beispiel das doppelseitige Bedrucken von Papier, die digitale Datenspeicherung, die Nutzung von Recyclingpapier oder die Verwendung einer kleineren Schriftart sinnvolle erste Schritte. Setze dich an deinem Arbeitsplatz doch auch aktiv für eine vernünftige Mülltrennung und eine Sammelbox für Elektroschrott ein, damit möglichst viele Rohstoffe recycelt werden können. Gehe einfach voran, und zeige deinen Kollegen, wie einfach es ist, das Büro nachhaltiger zu machen. Und wenn dir bei einem grundlegenden Arbeitsprozess ein großes Verbesserungspotenzial auffällt, dann scheue dich nicht, es anzusprechen.

243

JOBS

»Wir arbeiten in Jobs, die uns nicht erfüllen, um Dinge zu kaufen, die wir nicht brauchen, und unterstützen damit oft Umweltzerstörung und menschenunwürdige Arbeitsbedingungen, um damit Menschen zu beeindrucken, die wir nicht mögen.« Dieses Zitat schnappte ich einmal bei einer Messe auf und es hat ziemlich genau meinen damaligen Berufsalltag bei der Bank beschrieben. Nicht, dass wir uns falsch verstehen: Bei der Bank habe ich relativ gern gearbeitet, weil meine Kollegen wunderbar waren. Aber der Inhalt der Arbeit hat mich weder erfüllt noch glücklich gemacht. In jedem Fall war das ein guter Moment, um darüber nachzudenken und zu verstehen, wie sich unsere Gesellschaft entwickelt hat und wofür man eigentlich jeden Tag aufs Neue zur Arbeit geht.

Eins fiel mir dabei direkt auf: Eine Woche hat exakt 168 Stunden. Im Durchschnitt habe ich davon 50 Stunden gearbeitet und es waren 50 Stunden Schlaf nötig, um mich davon zu erholen. Es blieben 68 Stunden, um mich um meine Steuererklärung, sportliche Aktivitäten, Familie und Freunde zu kümmern und um meinen Alltag nachhaltig zu gestalten. Apropos sportlich: Das traf vor allem darauf zu, alles unter einen Hut zu bekommen. Warum also nicht gleich die 50 Arbeitswochenstunden mit einem Job verbringen, der mich glücklich macht und einen Mehrwert für Umwelt und Gesellschaft bedeutet, anstatt nur ein paar Stunden in der Woche einen echten Wert für die Zukunft unseres Planeten darzustellen. Wirklich effektiv arbeiten kann ich nur für etwas,

hinter dem ich voll und ganz stehe – in meinem Fall ist das der Umweltschutz.

Heutzutage entstehen vielfältige großartige neue Berufe bei fantas-
tischen Unternehmen und Organisationen, die sowohl im Inneren als
auch im Äußeren nachhaltig handeln. Jobs, die einen echten Mehrwert
für dich selbst, unsere Gesellschaft und zugleich für unsere Umwelt
schaffen. Windkraft, Wasserkraft, Sonnenenergie und Co. – die Branche der erneuerbaren Energien macht unseren Strom nachhaltiger und
wächst so stark, dass sie Tausende neue Arbeitsplätze schafft. Für viele dieser Jobs muss man nicht zwingend Maschinenbau oder Elektro-
technik studiert haben, denn die Unternehmen sind breiter aufgestellt
denn je und haben selbstverständlich auch Marketing-, Recruiting- oder
Controlling-Abteilungen. So kann man auch mit altbewährten Berufen
plötzlich auch mit seiner täglichen Arbeit einen positiven Fußabdruck
für die Umwelt hinterlassen, ob als Recruiter beim WWF, als IT-Experte
bei der Deutschen Umwelthilfe oder als Nachhaltigkeitsbeauftrager
bei einem deutschen Großkonzern. Menschen helfen, die Gesellschaft
fair gestalten, bewusst wirtschaften, die Umwelt schützen – Unternehmen, die solche Werte leben, muss man heute nicht mehr lange suchen.
Wasserwirtschaft, Waldwirtschaft oder auch Städteplanung sind weitere Branchen, in denen sich viele nachhaltige Jobs finden. Jeder kann
durch seinen Beruf einen wertvollen Teil zu einem glücklichen Miteinander beitragen. Je mehr man sich mit dem eigenen Job identifizieren
kann, desto breiter ist auch das Grinsen am frühen Morgen auf dem
Weg zum Arbeitsplatz.

Das war auch mein persönlicher Motivator, bevor ich aus meinem
letzten Angestelltenjob in die Selbstständigkeit gewechselt bin. Ange-
fangen habe ich damit, simple Holzhaarbürsten und Holzzahnbürsten
ohne Plastik im Internet zu verkaufen. Schon ein halbes Jahr später
hatte ich eine Community, die gemeinsam mit mir diese Produkte wei-
terentwickelt, den plastikfreien Lebensstil vorantreibt und den Plas-

tikmüll aus den Wäldern und von den Stränden dieser Welt sammelt. Heute kann ich gut von meinem Projekt leben und mit dem Geld andere großartige Ideen unterstützen, die mir am Herzen liegen. Deshalb solltest auch du immer davon ausgehen, dass du eigene Ideen in die Tat umsetzen kannst und nicht für alle Zeit in einem Angestelltenverhältnis für jemand anderen arbeiten musst. Der Umstieg erfordert zwar Mut und vielleicht auch etwas Glück, doch das Schlimmste, das passieren kann, ist, dass du wieder etwas Neues über dich lernst. Wie du dich auch entscheidest: Es gibt nichts Großartigeres, als einem nachhaltigen Job nachzugehen, den du liebst, der dich glücklich macht und der vielleicht sogar dein Hobby ist. Meiner Meinung nach ist es das Gehalt einfach nicht wert, den Großteil der Woche für Konzerne zu arbeiten, die den Armen das Wasser klauen oder Kinder für zehn Cent pro Stunde in staubigen Fabrikhallen Pullover stricken lassen. Da sollte man sich lieber nach einem in jeder Hinsicht nachhaltigeren Job umsehen. Ich kann aber natürlich absolut verstehen, wenn man das von seiner jeweiligen Lebenssituation abhängig macht.

Wenn du auf der Suche nach einem Job mit Sinn bist, dann sieh doch mal in unserem nachhaltigen Jobportal vorbei. Dort kannst du zum Beispiel gezielt nach »Menschen helfen« oder »Umwelt schützen« filtern und schnell die besten Stellenausschreibungen für dich finden. https://www.careelite.de/nachhaltige-jobs-stellenangebote/

UNTERNEHMEN

Wann darf man denn eigentlich ein Unternehmen als »nachhaltig« bezeichnen, ohne dass man als Greenwasher abgestempelt wird? Eine berechtigte Frage, vor allem, da heute im Grunde jeder mit Begriffen wie »plastikfrei«, »vegan« oder »umweltfreundlich« um sich werfen darf, weil es sowieso niemand kontrolliert. Grundsätzlich finde ich es aber schon wunderbar, wenn ein Unternehmen kleinste Schritte für mehr Nachhaltigkeit einleitet. Denn nur so geht es: Schritt für Schritt.

Mit jedem Tag, den ich an meinem eigenen Umweltprojekt arbeite und dabei auch immer wieder mit anderen Sozialunternehmern ins Gespräch komme, wird meine Antwort auf die Ausgangsfrage dieses Kapitels ein bisschen klarer. Eine Organisation ist für mich nachhaltig, wenn der Umweltschutz ein zentrales Thema der Firmenphilosophie und die Kernaktivität eine gesellschaftliche Gestaltungsrolle ist – sowohl intern als auch extern. Ein nachhaltiges Unternehmen erkennt Störfaktoren und entwickelt Lösungen, um noch schonender mit natürlichen Ressourcen umzugehen. Das beginnt zum Beispiel bei der Bereitstellung von Mitarbeitermonatskarten für die öffentlichen Verkehrsmittel und endet bei einem veganen Angebot in der Kantine oder beruhigenden, grünen Mitarbeitergärten. Ein Nachhaltigkeitsbeauftragter der Firma kümmert sich um eine ordnungsgemäße Mülltrennung, fördert die digitale Speicherung von Daten und gibt Workshops zur Papiervermeidung. Die Umwelt wird geschont, Mitarbeiter sind entspannter – davon profitieren schlussendlich alle Beteiligten.

Vom Herzen einer nachhaltigen Organisation gehen aber neben den internen Prozessen auch entscheidende Einflüsse nach außen aus. Die Gesellschaft wird positiv verändert – das ist der Antrieb nachhaltiger Organisationen –, während gewöhnliche Unternehmen meist rein profitorientiert arbeiten und dafür Umwelt und Gesellschaft leider auf der Strecke lassen. Ein gutes Beispiel dafür sind Unternehmen aus Branchen wie der Atomkraft, der Gentechnik, der Waffenindustrie oder ganz einfach Unternehmen, die Kinderarbeit bewusst unterstützen.

Nun könnte man einwenden, dass diese Unternehmen Arbeitsplätze schaffen und profitabel wirtschaften. Allerdings trifft das auf einige nachhaltige, ehrliche Branchen bereits heute ebenfalls zu. Andere müssten dazu nur gezielt gefördert werden.

BANKEN UND VERSICHERUNGEN

Gefördert werden nachhaltige Branchen mal mehr und mal weniger durch den Staat. Genauso fördert oder bremst jeder Einzelne von uns die Entwicklung nachhaltiger Unternehmen durch die eigene Geldanlage bei Banken oder Versicherungen. Vielen ist nicht bewusst, dass die *Deutsche Bank*[209] und die *Allianz Versicherung*[210] das Geld ihrer Kunden in die Finanzierung von Unternehmen der Atomenergiebranche oder der Waffenindustrie stecken. Ein möglichst nachhaltiger Lebensstil ist also auch davon abhängig, bei welcher Bank du dein Geld anlegst. Nachhaltige Banken und Versicherungen wie die *GLS Bank* oder die *BKK ProVita* investieren ihr Geld stattdessen in eine faire Landwirtschaft, in Solar- und Windenergie oder in Wasserkraft. Auch innerbetrieblich wird umweltbewusst gehandelt: Fuhrparks werden auf das Minimum reduziert, Müllvermeidung wird großgeschrieben und die Nutzung der öffentlichen Verkehrsmittel für den Arbeitsweg der Mitarbeiter wird gefördert. Es lohnt sich also, bei der Wahl des eigenen Bankkontos oder

der Lebensversicherung etwas genauer hinzuschauen und darauf zu achten, wie das jeweilige Unternehmen dein Geld wieder reinvestiert.

Wer bereits ein kleines finanzielles Polster auf dem Konto angespart hat und das Beste aus seinem Geld machen will, der weiß, dass eine konventionelle, sichere Geldanlage bei der Bank aufgrund des niedrigen Zinsniveaus zumindest zum aktuellen Zeitpunkt seinen Reiz verloren hat. Das ist ein Grund dafür, dass immer mehr Menschen ihr Geld in nachhaltigen Aktienfonds – sogenannten EFTs – anlegen. In solchen Fonds sind die nachhaltigsten Unternehmen ihrer Branche vertreten. Auch wenn das nicht garantiert, dass diese Unternehmen absolut auf Nachhaltigkeit ausgerichtet, sind die Ertragschancen als Anleger sehr hoch. Im Vergleich zu konventionellen Aktienfonds ist aber auch der Vorteil für Umwelt und Gesellschaft dementsprechend höher. Die verschwindend geringen Zinsen auf sichere Geldanlagen könnten dich aber auch dazu motivieren, in eine nachhaltigere Heizungsanlage, in Photovoltaik oder bei einem geplanten Neubau in ein Energiesparhaus zu investieren. Im großen wie im kleinen Stil kannst du zum Beispiel mit Crowdinvesting in nachhaltige Unternehmen sowohl dein Kapital vermehren als auch zukunftsweisende Projekte und Ideen fördern. Getreu dem Motto »Ein Investment ist kein Investment, wenn es den Planeten zerstört.« kannst du zum Beispiel in Unternehmenspläne für Bioenergieparks in Deutschland oder solare Tröpfchenbewässerungsanlagen in Marokko investieren. Während du beim Crowdinvesting Anteile an einem Unternehmen erhältst, bekommst du beim Crowdfunding eher einen kleinen symbolischen Gegenwert – dein Impact für mehr Nachhaltigkeit ist dadurch aber nicht geringer. Du unterstützt damit wundervolle Menschen mit tollen Ideen und förderst zum Beispiel die Entstehung eines Unverpackt-Ladens in deiner Stadt oder den Aufbau eines ökologischen Dorfes in Tansania. Sieh dich einfach mal auf den großen Crowd-Plattformen im Internet um. Dort stellen die Organisatoren sich und ihre Projekte per Video vor.

Wie kann ich Arbeit, Finanzen und Nachhaltigkeit in Einklang bringen?

Mit Fahrrad oder Öffis zur Arbeit: Falls die Entfernung zu deiner Arbeitsstelle es zulässt, dann fahre doch ruhig mit dem Fahrrad oder den öffentlichen Verkehrsmitteln dorthin. So meidest du den täglichen Wahnsinn auf den Straßen zu den Rushhours und unnötigen Schadstoffausstoß.

Eigener Coffee-to-go-Becher: Viele Menschen kommen morgens ohne ihren Kaffee nicht zurecht. Falls auch du zu den Coffee-to-go-Junkies gehörst, dann besorge dir doch einfach einen wiederverwendbaren Becher. Damit erhältst du bei vielen Cafés Vergünstigungen und vermeidest wahrscheinlich knapp 200 nicht recycelbare Einwegbecher mit Plastikdeckel pro Jahr.

Elektrogeräte ausschalten: Im Büro sollte das Stromsparen ebenso selbstverständlich sein wie zu Hause. Ob Bildschirme oder Lampen: Achte darauf, dass alles ausgeschaltet und nicht nur im Stand-by-Modus ist, wenn es nicht gebraucht wird. Ansonsten fressen die Geräte nämlich dennoch etwas Strom.

Daten digitalisieren: Alle Unternehmensdaten können mit den unterschiedlichsten Cloud-Systemen digital gesichert werden. Über Nutzerrollen haben dann nur die Mitarbeiter Zugriffsrechte, die mit den Daten arbeiten dürfen. Das ist die nachhaltige und Papier sparende Alternative zum klassischen Aktenschrank.

Kollegen sensibilisieren: Wenn du zum Beispiel plastikfrei oder vegetarisch lebst, dann hast du auch gute Gründe dafür. So, wie in deinem privaten Umfeld, kannst du dann natürlich auch die Menschen an deinem Arbeitsplatz über deine Motivation dazu aufklären, aber natürlich ohne mit dem Finger auf jemanden zu zeigen.

Fehldrucke als Notizzettel: Ein Fehldruck kann jedem passieren. Dann mache das Beste daraus und nutze die Rückseite als kleine Schmierzettel. Das DIN-A4-Blatt einfach in vier Teile schneiden und fertig. Auf diese Weise rettest du das Papier vor dem Mülleimer.

Videocall statt Businessreise: Viele Meetings mit Geschäftspartnern lassen sich auch per Videocall erledigen, ohne dass man durch ganz Deutschland oder sogar ins Ausland reisen muss. Das spart Zeit, Geld und natürliche Ressourcen. Denke vor deiner nächsten Geschäftsreise einfach noch einmal darüber nach.

Saisonale und regionale Früchte: Heutzutage stellen viele Unternehmen ihren Arbeitnehmern kostenloses Wasser sowie Obst und Gemüse zur Verfügung. Falls das in deinem Unternehmen noch überregional und übersaisonal sein sollte, kannst du deinen Chef auf das Verbesserungspotenzial in Bezug auf die Nachhaltigkeit hinweisen.

Klimaneutraler Postversand: Durch den Transport von Postsendungen mit dem Transporter wird klimaschädigendes CO_2 in die Atmosphäre geblasen. Das lässt sich nur schwer vermeiden. Doch manche Versanddienste bieten immerhin klimaneutrale Versandoptionen an, bei denen die Dienstleister sich dazu verpflichten, die eigenen CO_2-Emissionen durch Investitionen in Klimaschutzprojekte zu kompensieren.

Mittagspause ohne Müll: Aus eigener Erfahrung weiß ich noch, dass die Mittagspause oft kurz ausfällt. Da es schnell gehen muss, entsteht oft Müll durch To-go-Mahlzeiten wie Burger oder Döner. Indem du am Vortag bereits für die Mittagspause am nächsten Tag vorkochst und das Essen in einer Lunchbox mitnimmst, vermeidest du den Müll schon im Vorfeld.

E-Mail statt Postversand: Manche Unternehmen stellen den Versand von Nachrichten an ihre Kunden automatisch auf die hinterlegte E-Mail-Adresse um. Doch bei vielen Banken, Versicherungen sowie Strom- oder Mobilfunkanbietern musst du selbst aktiv werden. Eine kurze E-Mail mit dem Hinweis reicht meistens aus, damit du Kontoauszüge, Rechnungen und andere Dokumente in Zukunft digital erhältst.

Akkus lange leben lassen: Der Akku von Laptop, Smartphone oder Tablet-PC ist ein Verschleißteil. Je höher die Zellspannung, desto schneller gibt er den Geist auf. Lade deine Geräte deshalb nicht dauernd auf 100 Prozent auf und lagere sie idealerweise bei 15 bis 25 °C[211], damit sie möglichst lange leben. Auch das Ausschalten energiefressender Hintergrundanwendungen schützt deine Akkus langfristig.

Energiesparmodus: In der Regel findest du bei deinem Laptop, aber auch bei Smartphones eine Möglichkeit, um den Stromsparmodus zu aktivieren. Bei Untätigkeit schaltet sich der Bildschirm dann beispielsweise schneller von selbst aus. Du kannst damit bis zu 90 Prozent der notwendigen Energie sparen[212] und länger mit einer Akkuleistung auskommen – sowohl auf der Arbeit als auch zu Hause bei deinem eigenen PC.

Treppe statt Aufzug: Je mehr Energie du selbst aufbringst, desto nachhaltiger ist dein Verhalten in der Regel. Ob an der U-Bahn-Station auf dem Weg zur Arbeit oder im Firmengebäude gilt das auch für die Entscheidung zwischen Treppe und Fahrstuhl. Letzterer funktioniert nicht ohne elektrischen Strom, die Treppe hingegen schon.

Coworking: Wer in sehr kleinen Teams arbeitet, sollte über gemeinsam genutzte Coworking Spaces nachdenken. Größere gemeinsame Bestellungen und das Teilen des Arbeitsmaterials schonen Firmengeldbeutel und Umwelt. Gleichzeitig kann man vom Know-How anderer Unternehmen, die dort untergebracht sind, profitieren.

Crowdfunding: Auf nachhaltigen Plattformen im Internet stellen großartige Menschen Ideen zur Verbesserung unseres Planeten vor, die du finanziell unterstützen kannst. Vom Rucksack aus Meeresmüll bis zum aufklärenden Nachhaltigkeitsbrettspiel: Die Unterstützer sind meist die Ersten, die erfolgreich umgesetzte Projekte und Produkte testen dürfen.

Organisationen unterstützen: Umwelt- und Tierschutzorganisationen sowie Kinderhilfswerke suchen laufend finanzielle Unterstützung, um die eigenen Projekte voranzutreiben. Spende zum Beispiel an den WWF oder Greenpeace, wenn du den Umweltschutz fördern möchtest, an PETA, wenn dir das Tierwohl am Herzen liegt, oder an UNICEF, wenn du faire Chancen für alle Kinder auf unserer Erde schaffen willst. Auch lokal bei dir vor Ort gibt es sicher viele großartige Vereine, die deine Unterstützung gebrauchen können.

UND WIE REAGIERE ICH ANGEBRACHT AUF DIE TYPISCHEN GEGENARGUMENTE?

»Es macht keinen Unterschied, bei welcher Bank ich mein Geld habe.«

Im Gegenteil: Es macht sogar einen gewaltigen Unterschied, welcher Bank du dein Geld für ihre Aktivitäten zur Verfügung stellst. Genauso, wie es unter Gesichtspunkten der Nachhaltigkeit einen Unterschied macht, ob ich in ein Unternehmen investiere, das Braunkohle fördert, oder ob ich mein Geld bei einem Unternehmen aus der Solarbranche anlege. Denn Banken fördern Unternehmen finanziell, und wenn eine Bank mit deinem Geld transparent in nachhaltige Branchen wie die der erneuerbaren Energien investiert, dann ist das sinnvoller, als wenn damit über verschleierte Kanäle die Waffenindustrie oder sogar Kinderarbeit gefördert wird.

»Wenn dir jemand eine Million zahlen würde, würdest du für jeden arbeiten.«

Das würde ich nicht tun. Für mich zählt, dass ich mit meiner täglichen Arbeit einen Mehrwert für die Gesellschaft, die Umwelt und mich selbst erziele. Dafür verzichte ich auch auf Geld – vor allem, wenn ich es mit etwas verdienen würde, das anderen Lebewesen oder meiner eigenen Umwelt schadet. Ich glaube, dass es deutlich gesünder und nachhaltiger ist, nicht für das Geld, sondern für das persönliche Wohlbefinden zu arbeiten. Abgesehen davon glaube ich, dass man mit Dingen, die unsere Welt verbessern, langfristig einen sichereren Job hat als umgekehrt.

»Als Sozialunternehmer kann man kein Geld verdienen.«

Wie viel man verdient, ist selbstverständlich immer abhängig von der jeweiligen Branche oder der Geschäftsidee. Kurzfristig verdient man als Sozialunternehmer vielleicht etwas weniger Geld, langfristig aber deutlich mehr. Denn ich glaube, dass man heutzutage mit ehrlicher, umweltfreundlicher und nachhaltiger Arbeit mehr erreichen kann als jemals zuvor. Ganz einfach, weil der Markt es verlangt und viele Menschen in unserer Gesellschaft das Vertrauen zu Wirtschaft und Politik verloren haben. Unternehmen, die jetzt transparent und ehrlich wirtschaften, und Arbeitnehmer, die sich diesen Organisationen anschließen, können deshalb heute mehr Geld verdienen als noch vor zehn Jahren.

»Zu Hause Papier einzusparen bringt eh nichts, wenn ich an die riesigen Papierberge bei der Arbeit denke.«

Es ist doch nur logisch, dass in einem großen Büro mit vielen Mitarbeitern mehr Papier verbraucht wird, als bei dir daheim. Du solltest diesen Unterschied nicht als Ausrede dafür verwenden, gar nicht mehr auf Nachhaltigkeit in deinem Alltag zu achten. Stattdessen lohnt es sich für dich, erst einmal deinen eigenen Papierverbrauch am Arbeitsplatz zu reduzieren. Sobald du den Dreh raus hast, erzählst du deine Erkenntnisse einfach in der nächsten Teamrunde deinen Kollegen. Das bei euch im Büro Einsparpotential für Papier besteht, hattest du ja schon entdeckt. Setze dich einfach mit einem eigenen Projekt dafür ein, dass es genutzt wird. Auch dein Chef wird das honorieren, schließlich wird ein weitgehend papierloses Büro auch zu Kosteneinsparungen führen. Das könnte deine persönlichen Aufstiegschancen innerhalb des Unternehmens erhöhen.

FREIZEIT

»Niemand beging einen größeren Fehler als jener, der nichts tat, weil er nur wenig tun konnte.«

EDMUND BURKE

- ► Laut einer Studie aus dem Jahr 2016 steckte in 64 Prozent der in Deutschland verkauften Grillkohle Tropenholz. Und 98 Prozent des deutschen Holzkohleverbrauchs werden importiert.[213]
- ► Bei Festivals in Deutschland bleiben jedes Jahr etwa 300 Tonnen Müll zurück.[214]
- ► Online-Food-Delivery-Dienste erzielten in Deutschland im Jahr 2018 einen Umsatz von mehr als 1,5 Milliarden Euro – Tendenz steigend.[215]
- ► Jeden Tag werden weltweit 15 Milliarden Zigaretten konsumiert, von denen 10 Milliarden in der Umwelt entsorgt werden.[216]

Ist es nicht ein herrliches Gefühl, wenn man einfach mal Zeit für sich hat? Zeit, in der niemand etwas von einem will und man völlig frei entscheiden kann, was man als Nächstes tut. Was machst du in solchen Momenten? Es ehrt mich, dass du in Teilen davon in diesem Buch blätterst, um deinen persönlichen Horizont zu erweitern. Denn der ständige Drang nach mehr Wissen ist meiner Meinung nach der absolut smarteste Ansatz, seine Freizeit sinnvoll zu gestalten. Dinge tun, die andere vielleicht nicht unbedingt tun. Minimalist sein und den eigenen Geldbeutel schonen, während andere sich um den Verstand kaufen. Aktivist sein und sich für menschliche Werte einsetzen, während andere sich eine Tüte Chips auf dem Sofa reinziehen und dabei empört in Richtung des Fernsehers fluchen, wenn schon wieder eine Werbeanzeige über den Bildschirm flimmert. Optimist sein und Dinge aussprechen, während andere so viel Negatives in sich hineinfressen, bis es zur permanenten Angst oder zur rasenden Wut wird. Sei einfach ein Vorbild für die, die es noch nicht sind. Wenn du nicht in einem nachhaltigen Berufsfeld arbeitest, solltest du deine Freizeit umso mehr dafür nutzen, deinen eigenen Teil zur Lösung der gesellschaftlichen und ökologischen Probleme unserer Zeit beizutragen und um einen echten Unterschied zu machen.

HOBBYS UND SPAß

Nachhaltig zu sein, heißt nicht, auf alles, was dir bisher Freude bereitet hat, zu verzichten. Dieser Irrglaube hat sich leider in den Köpfen vieler Menschen festgesetzt. Wenn Menschen Dinge wie »du allein änderst eh nichts« behaupten, packt mich meist das Gefühl, dass sie eine automatische Abwehrhaltung gegen alles eingerichtet haben, das für sie auch nur den kleinsten Hauch einer Veränderung ihres eigenen Verhaltens bedeuten könnte. Tatsächlich ist das Verzichten ein Teil des nachhaltigen Lebensstils, allerdings bezieht es sich eher auf die Dinge, die sowieso unnötig sind, wie austauschbare Plastikstrohhalme, lästige Werbeprospekte oder hinterhergeworfene Gratiskugelschreiber auf einer Messe. Es geht nicht darum, sein gewohntes Leben aufzugeben, sondern darum, sich von Dingen zu lösen, die die Umwelt, die Gesellschaft oder einen persönlich belasten. Nicht mehr und nicht weniger. Ich selbst bin auch nicht perfekt. Beispielsweise fahre ich auch mal mit meinen Freunden ein Kartrennen oder schnell mit dem Auto zum Fußball, wenn ich wieder einmal die Zeit aus dem Auge verloren habe.

Welchen Hobbys gehst du gern nach? Fußball, Festivals oder Freizeitparks? Kochen, Klettern oder Kraftsport? Wenn du nicht gerade das Jagen bedrohter Tierarten zu deiner persönlichen Leidenschaft gemacht hast, spricht wahrscheinlich wenig dagegen, weiter das zu tun, worauf du Lust hast. Nimm dir aber bitte ein paar Minuten Zeit, um zu überlegen, ob in deinem Hobby noch etwas Potenzial für mehr Nachhaltigkeit schlummert. Beim Fußball habe mich zum Beispiel dafür eingesetzt, dass wir nach den Spielen Wasser und Bier nicht mehr aus Einwegbechern trinken. Die Möglichkeiten, etwas zu verbessern, sind wirklich reich gesät.

FESTIVALS

Wusstest du, dass es so etwas wie Einwegzelte gibt? Das sind Zelte, die nur ein einziges Mal genutzt werden und dann als Müll zurückbleiben. Sie sind besonders bei Festivalbesuchern beliebt, da sie billig sind, sich einfach aufbauen lassen und am Ende nicht sauber gemacht werden müssen. Ziemlich verrückt, oder? Das sehen auch viele Festivalbetreiber so. In Großbritannien haben gleich 60 Organisatoren die Nutzung von Einwegzelten untersagt.[217] Das ist ein wichtiger Schritt, denn durch freiwillige Maßnahmen reduziert sich das Problem mit dem Müll nur sehr schleppend. Vor allem, weil neben den Zelten nach einem gewöhnlichen Festival auch noch Schlafmatten, Sofas, Kühlschränke, Grills, Lebensmittel, Flaschen, Dosen, Kronkorken und jede Menge Konfetti zurückbleiben. Dein Besuch eines Festivals ist natürlich nicht per se umweltbelastend, aber auch nicht per se nachhaltig. Am Ende ist entscheidend, welche Vorkehrungen du triffst, wie du dich auf dem Gelände verhältst und natürlich auch, welchem Leitbild die Organisatoren des Events folgen.

Im Vorfeld eines Festivalwochenendes kannst du beispielsweise möglichst viele Mahlzeiten vorkochen und in einer Lunchbox mitnehmen. Die guten, alten Dosen kannst du dann auf dem Gelände abwaschen und für weitere Mahlzeiten an den Foodtrucks nutzen. Zudem kannst du einen eigenen Teller inklusive Besteck, Bechern und Gläsern mitbringen. Denke auch an ein kleines Glas für »Kurze« – man weiß ja nie.

Auch in Form von Papierservietten bleibt häufig viel Müll zurück. Als Alternative solltest du dir daher waschbare Stoffservietten mitnehmen.

261

Das Gleiche gilt für Taschentücher, die schon Oma und Opa früher aus Stoff benutzt haben.

Nach vielen Festivals fällt einem auf dem Weg nach Hause noch ein bisschen Konfetti aus der Kapuze, oft aus glitzerndem Kunststoff. Es ist unmöglich, diesen kleinteiligen, fast mikroplastikartigen Müll aus der Umwelt zu kratzen. Die nachhaltige Alternative ist zum Beispiel selbst gemachtes Konfetti aus ausgestanzten Laubblättern. Das sieht unfassbar cool aus und ist biologisch abbaubar.

Grundsätzlich gilt es auch hier, auf Mehrweg statt auf Einweg zu setzen. Nimm einen Grill mit, den du auch noch beim nächsten Festival nutzen wirst. Lasse alte Möbel und ausrangierte Kühlschränke zu Hause und nutze stattdessen einen noch viele Male wiederverwendbaren Campingstuhl und eine mobile Gefriertasche. Falls du Raucher bist, dann empfehle ich dir unbedingt, einen Taschenaschenbecher zu nutzen, damit keine Fluppe auf dem Boden landet. Duschgel und Shampoo wieder am Stück – fertig.

Wie du siehst, sind deine Möglichkeiten für ein nachhaltiges Festivalerlebnis beinahe unbegrenzt. Du musst nicht alles perfekt machen, aber du kannst auch hier wieder vieles richtig machen und gleichzeitig andere Festivalbesucher inspirieren.

GRILLEN

Zwei saftige Stücke Rindersteak, drei Bratwürste und ein Fleischspieß müssen auf dem Grill eines Mannes brutzeln. So suggerieren es uns zumindest viele Fleisch- und Grillwerbespots. Doch das ist nichts anderes als industrielles Marketing, es basiert nicht auf der Realität, sondern erzeugt eine Scheinwelt. Grillen mit Fleisch ist genauso wenig männlich, wie es unmännlich ist, Würste aus Pflanzen auf den Grill zu legen. Und auch Frauen können selbstverständlich grillen. Tatsächlich hat es die Industrie aber geschafft, dass wir uns einen Mann am Grill ohne brutzelnde Steaks und Würste nur schwer vorstellen können. Doch wie du weißt, ist die Fleischproduktion mit allem, was dazugehört, eine Gefahr für unsere Umwelt und zugleich für unsere Gesundheit. Für mehr Nachhaltigkeit braucht es also sinnvolle und ebenso leckere Alternativen. Champignons gefüllt mit Fetakäse, Tofugeschnetzeltes, knackige Paprika- und Zucchinistreifen oder ein saftiges Gemüseschnitzel. Auch die Auswahl an vegetarischen Würstchen ist mittlerweile groß. Diese werden zum Beispiel aus Soja, Weizen, Eiern und Rapsöl hergestellt und schmecken unglaublich gut.

Wir grillen in der Regel einfach mit einem Elektrogrill. Doch auch auf einen klassischen Kohlegrill muss man für mehr Nachhaltigkeit nicht verzichten. Schau einfach bei der Wahl der Holzkohle etwas genauer hin, denn laut einer Untersuchung der Stiftung Warentest stammte selbst im Jahr 2019 noch etwa ein Drittel der in Deutschland in die Grills geschütteten Holzkohle aus tropischen Ländern.[218] Wer nicht aufpasst, grillt also die beiden 500-Gramm-Rindersteaks, für die fußballfeldgroße Teile des Regenwaldes gerodet wurden, mit Tropenholz, für das ebenfalls über Jahrhunderte gewachsener, tropischer Regenwald weichen musste. Diese Vorstellung klingt nach echten Egoisten, doch manchmal weiß man es bis zu einem bestimmten Zeitpunkt schlicht nicht besser. Kein Problem, denn es gibt nachhaltige Alternativen. Holzkohle aus Maiskolben zum Beispiel. Sie sind biologisch abbaubar und ein wiederverwertetes Abfallprodukt aus der Maisernte. Die nachhaltige Kohle brennt wunderbar und vermeidet die überflüssigen Importe von verkohlten Tropenhölzern.

Was für die Grillkohle gilt, gilt übrigens ebenso für den Grillanzünder. Die gibt es zum Beispiel aus biozertifizierter Holzwolle und Wachs aus der Papiertüte, eine nachhaltige und sicher auch gesündere Alternative zum Spritzer Spiritus aus der Plastikflasche. Wenn dein Grill eine geschlossene Fläche hat, dann fallen dir kleinere Lebensmittel wie geschnittene Paprikastücke auch nicht durch den Grill. Eine abwaschbare Edelstahl-Grillschale kann hier alternativ Abhilfe schaffen. Kombiniert mit abwaschbarem Besteck und Geschirr und möglichst unverpackt, regional und saisonal eingekauften Lebensmitteln, wird das Grillen so maximal nachhaltig.

SHOPPEN UND KONSUMIEREN

Gehst du gern shoppen oder lässt dich in Einkaufsmeilen berieseln? Damit bist du nicht allein. Völlig egal, ob du neue Schuhe und Shirts, Dekoration für die Wohnung, Möbel oder neue Blumen für den Balkon kaufst, am Ende ist der knisternde Kassenbon dein Stimmzettel für mehr nachhaltige Produkte – oder das Gegenteil. Denn darauf steht genau, welche Produkte du gern magst, und zwischen den Zeilen eben auch, welche du nicht magst. Du gestaltest die Nachfrage, die bekanntlich das Angebot bestimmt. Leider beeinflussen hinterlistige Marketingtricks unser Konsumverhalten. So ist es zum Beispiel der Werbespot bei YouTube, der uns dazu bringt, am nächsten Samstag in die Einkaufsmeile zu eilen. Dort angekommen, umschmeicheln auch schon wohltuende Düfte unsere Nase, und Verkäufer überschütten uns mit Komplimenten – und zack, wie in Trance kaufen wir ein. Dies ist wieder ein ziemlich gutes Beispiel dafür, dass wir uns häufig Dinge anschaffen, die wir nicht brauchen, mit Geld, das wir nicht haben, um Menschen zu beeindrucken, die wir nicht einmal mögen. Das ist nicht nachhaltig. Unser Geldbeutel wird leichter. Die Natur wird von wertvollen Rohstoffen beraubt und mit Giftstoffen belastet. Und wieder einmal profitiert am Ende nur die Industrie.

Du hast aber bei jeder Shoppingtour die Chance, etwas zu verändern. Zum Beispiel, indem du fair produzierte Mode oder Lebensmittel ohne Plastikverpackung bevorzugst. Das wird dazu führen, dass mehr Kleidungsstücke sowohl unter fairen gesellschaftlichen als auch unter umweltfreundlichen Bedingungen hergestellt und Lebensmittel häufiger unverpackt erhältlich sein werden. Mache dich einfach etwas frei von dem Gedanken, alles haben zu müssen, und stelle dir die Sinnfrage bei jedem Artikel, der in deinem Warenkorb landen könnte. Werde zum smarten Minimalisten, der ausschließlich Dinge besitzt, die er wirklich benötigt. Das schafft Übersicht, Ausgeglichenheit und Glück. Sowohl für dich als auch für unsere Umwelt.

Ausführlichere Tipps für den nachhaltigen Kauf von Mode und Lebensmitteln findest du in den Kapiteln »Kleidung« (S. 160) und »Ernährung« (S. 106).

SELBST AKTIV WERDEN

Die Möglichkeiten, in deinem Alltag einen Beitrag zu einer besseren Welt zu leisten, sind unbegrenzt und gehen weit über die üblichen Aktivitäten hinaus. Wenn dir die Natur am Herzen liegt, wird es dir sicher leicht fallen, selbst die Initiative zu ergreifen. Den Umweltschutz kannst du zum Beispiel vorantreiben, indem du dir nicht zu schade bist, bei Hilfsaktionen mit anzupacken, und indem du dich in einer umweltfreundlichen Organisation oder einem wichtigen Ehrenamt leidenschaftlich engagierst und notwendige Veränderungen vorantreibst.

Wie du weißt, rüttelte mich ein persönlicher Aha-Moment in Sri Lanka aus dem Plastikwahnsinn auf. Und heute freue ich mich sehr darüber, dass ein einfacher Strandspaziergang im Frühjahr 2017 solch eine einschneidende, persönliche Veränderung in meinem Leben bewirkt hat. Im Wasser schwappte mir dort eine Welle aus Plastikmüll jeder Art entgegen. Plastikbecher, Plastikstrohhalme, Plastik-Flip-Flops. Und auch eine Plastikflasche, mit einem eingravierten Mindesthaltbarkeitsdatum von 1986. Die Flasche sah aus, als hätte man sie erst gestern ins Meer geworfen. Dabei war das vermutlich schon mehr als 20 Jahre her. In diesem Moment wurde mir bewusst, dass Plastik ewig ist und dass jedes Teil, das jemals produziert wurde, noch immer irgendwo auf dieser Welt vorhanden ist. Vom Ehrgeiz getrieben, etwas gegen den Plastikmüll zu unternehmen, besorgte ich mir einen Karton und Müllbeutel aus der nächstgelegenen Fischerei und sammelte alles ein, was ich finden konnte. Im 5-Minuten-Takt kamen weitere Touristen und Einheimische dazu und unterstützten mich. Innerhalb weniger Stunden war der Strand wieder sauber. Manchmal braucht es nur jemanden, der anfängt, um andere zum Mitmachen zu motivieren. Seitdem organisiere und unterstütze ich solche Aktionen immer wieder und habe passend dazu eine *Facebook*-Gruppe ins Leben gerufen, in der Menschen auf der ganzen Welt solchen Aktionen regelmäßig zusammen nachgehen. Es ist etwas anderes – etwas fürs Herz. Man tut etwas Gutes, und es gibt niemanden, dem deshalb vor Wut der Mund schäumt. Niemanden, der etwas zu nörgeln hat. Vielleicht erklärt das auch meinen Wunsch, dich unbedingt dazu inspirieren zu wollen, es selbst einmal auszuprobieren. Ob im Urlaub oder im Park bei dir um die Ecke: Es gibt immer etwas zu tun.

Ich habe schon viele wundervolle Menschen kennengelernt, die sich regelmäßig mit Aufräumaktionen gegen den Plastikmüll in der Natur wehren. Hier findest du eine Übersicht über CleanUps in Deutschland, Europa und der ganzen Welt. Wo auch immer du gerade bist, kannst du einen Organisator in deiner Nähe kontaktieren und direkt unterstützen. https://www.careelite.de/global-cleanups/

Natürlich muss man sich nicht zwingend die Hände schmutzig machen. Schon durch kleine Taten erhält man das großartige Gefühl, etwas verbessert zu haben. Indem du Onlinepetitionen gegen einen bestimmten Missstand startest oder indem du dich parteipolitisch engagierst, kannst du effektiv und langfristig Veränderungen bewirken. Hinter politischem Engagement versteckt sich die riesige Chance, Dinge auf der Welt zu verbessern und Veränderung mitzugestalten. Zur Europawahl 2019 hatte ich endlich das erste Mal das Gefühl, dass sich unsere Gesellschaft zusammentut, um Politiker zu einem menschlichen, naturbewussten und vor allem zukunftsträchtigen Handeln zu bewegen. Der Klimawandel hat es erstmals zum führenden Wahlkampfthema geschafft, und Parteien, die das Problem nicht ernst nehmen oder es sogar leugnen, werden abgestraft. Wer das Problem aktiv lösen will, wird belohnt. Das gilt übrigens für alle Ideen, Projekte und Konzepte, die unsere Welt ein Stückchen besser machen.

Doch nicht nur durch ein Kreuz bei Wahlen kannst du einen politischen Beitrag für mehr Nachhaltigkeit leisten. Das geht natürlich auch innerhalb einer Partei, man muss sie nur erst einmal finden. Wichtig ist vor allem, dass du dich mit dem aktuellen Programm und den Forderungen einer Organisation beschäftigst, anstatt dich von einem vielleicht schon eingestaubten Bild einer politischen Partei mitziehen zu lassen. Seit einem Jahr engagiere ich mich jetzt in einer Partei für mehr Nachhaltigkeit im Alltag. 100 Prozent erneuerbare Energien, keine Kohlekraftwerke mehr ab 2030, Förderung von Bus und Bahn und Reduzierung des Flugverkehrs, natürliche und regionale Landwirtschaft oder auch das Ende von Steueroasen: Das sind einige Ziele, für die sich jeder von uns einsetzen sollte. Es ist großartig, dabei einzigartige Menschen mit festem Glauben an eine nachhaltigere Zukunft zu sehen und auch politisch Teil einer echten Aufbruchsstimmung zu sein.

Wie kann ich meine Freizeit möglichst nachhaltig gestalten?

Nachhaltige Hochzeit: Geht das überhaupt? Auf jeden Fall! Mit einem saisonalen, regionalen und biologisch fairen Catering zum Beispiel. Die Location sollte gut erreichbar sein, ansonsten können im Vorfeld auch Fahrgemeinschaften organisiert werden. Einen weiteren Beitrag leisten plastikfreie Deko aus Naturmaterial, eine klimafreundliche Hochzeits-reise sowie eine Hochzeitswunschliste, die online zur Verfügung steht. So gibt es keine doppelten Geschenke.

Geschenke verpacken: Nach einem Geburtstag oder nach Heiligabend bleibt immer jede Menge Müll zurück. Natürlich hat es Tradition und auch einen Überraschungseffekt, Geschenke einzuwickeln. Doch das funktioniert genauso gut in einem wiederverwendbaren Tuch oder mit altem Zeitungspapier. Mit Naturmaterial wie Nistelzweigen, Tannen-zapfen oder Laubblättern kannst du deinem Geschenk darüber hinaus einen Touch Natur geben.

Kontetti aus Laub machen: Gerade im Herbst profitierst du davon, ein besonders buntes und biologisch abbaubares Konfetti zaubern zu können. In der Umwelt zersetzen sich die ausgestanzten Laubblätter schnell, während Kunststoffkonfetti ewig bleibt und sich nur schwer vollständig einsammeln lässt.

Silvester ohne Raketen: Die Feinstaubbelastung ist zu keinem ande-ren Zeitpunkt des Jahres so hoch wie zum Jahreswechsel. Mit den Sil-vesterraketen und anderen Feuerwerkskörpern schießt man zudem sehr viel Müll und Giftstoffe unkontrolliert in die Umwelt und verbreitet Angst unter den Tieren. Eine deutlich nachhaltigere Alternative ist da-her, den Jahreswechsel einfach ohne Raketen zu feiern.

Gemüse statt Fleisch grillen: Mal ohne Fleisch zu grillen, mag dem einen oder anderen furchtbar erscheinen, tatsächlich ist es aber völlig unkompliziert. Geschnittene Paprika, Zucchini, Champignons mit Feta oder vegetarische Bratwürste – und Grillkäse gibt es ja dann auch noch.

Vegetarische Gerichte finden: Immer mehr Lieferdienstportale bieten einen Filter für vegane und vegetarische Mahlzeiten an. Einige arbeiten sogar an einem Liefersystem mit Mehrwegboxen. Möglicherweise können wir dann in Zukunft sogar Essen online bestellen, das mit dem Fahrrad zu uns gebracht wird, ohne Müll zu hinterlassen.

Hör mit dem Rauchen auf: Zigaretten sind nicht nur eine hohe Umwelt-, sondern besonders eine große Gesundheitsbelastung. Zum einen landen die Kippen oft auf dem Boden, zum anderen wird Lungenkrebs zu 90 Prozent durch das Rauchen verursacht. Wenn du doch weiterrauchst, dann nutze unterwegs unbedingt einen Taschenaschenbecher.

Veranstalter auf Probleme hinweisen: Egal, ob du auf einem Festival, einer Messe oder einer Buchvorlesung bist: Wenn du in Sachen Nachhaltigkeit Verbesserungsvorschläge hast, solltest du sie dem Veranstalter nicht vorenthalten. Die meisten werden offen auf deine konstruktive Kritik beziehungsweise auf die vielversprechenden Vorschläge reagieren.

Wandern in der Natur: Wenn du machen könntest, worauf du gerade Lust hättest: Was würdest du dann tun? Ich würde wandern gehen. Durch die Berge und Wälder, vorbei an Seen. Nirgendwo fühlt man sich der Natur mehr verbunden als dort. Ob in Nordrhein-Westfalen, Sachsen oder Bayern: Auch Deutschland hat all das zu bieten, sodass du gar nicht weit fahren musst.

Städtetrip mit dem Fahrrad: Eine Stadttour mit dem Bus kann jeder. Leih dir doch das nächste Mal einfach ein Fahrrad bei einem Bike-Sharing-Anbieter aus und erkunde die Stadt auf zwei Rädern. Das ist nachhaltiger, und du wirst viel mehr sehen und erleben, als du dir vorstellen kannst. Es gibt sogar immer mehr offizielle Stadttouren, die auf dem Fahrrad durchgeführt werden.

Upcyclen statt verschrotten: Bevor du Dinge wegwirfst, denke darüber nach, ob du sie vielleicht auch anderweitig einsetzen kannst. Aus einem alten T-Shirt lässt sich zum Beispiel ein nützlicher Putzlappen schneiden oder das alte und rostige Fahrrad kann zur dekorativen Efeu-Rankhilfe im Garten werden.

Zoo und Tierzirkus meiden: Tiere sind unsere Freunde, und Freunde sperrt man eigentlich nicht ein, oder? Durch Zoos und Tierzirkusse lernen Kinder nicht, andere Lebewesen zu respektieren, sondern dass es akzeptabel ist, sie weit weg von ihrem natürlichen Lebensraum gefangen zu halten. Es ist einfach nicht möglich, den Tieren im Zoo eine artgerechte Haltung zu bieten. Stattdessen werden sie krank. Besuche mit deinen Kids doch stattdessen einen Biobauernhof, wo die Tiere richtig Auslauf haben.

Haustiere versorgen: Bei den weitverbreiteten, fleischfressenden Haustieren wie Hunden und Katzen ist der Futtereinkauf zwar schwer ohne Müll möglich. Ich bin aber zuversichtlich, dass sich das in Zukunft ändern wird. Als Spielzeug kann man aber zum Beispiel alte Stoffkuscheltiere wiederverwenden oder einen Kauball aus Naturkautschuk besorgen.

Hilfsbedürftige Tiere retten: Wenn du ein verwundetes, ein ausgemergeltes oder ein in einer bestimmten Situation gefährdetes Tier auf der Straße siehst, dann sieh nicht weg und bringe es ins Tierheim oder zur Wildtierrettung. Du kannst auch den Verein Kastration von Streunern e. V. finanziell unterstützen, um zum Beispiel den Bestand wilder Katzen und Hunde einzudämmen.

Möbel upcyceln: Nutze deine Freizeit für ein persönliches Möbelprojekt. Baue aus alten Eichenbohlen einen Esstisch, auf den du stolz sein kannst. Auch aus anderen Alltagsgegenständen kannst du neue Dinge upcyceln. Ein Freund hat sich zum Beispiel einen einzigartigen Rollhocker aus vielen, gestapelten Büchern gebaut. Lass deiner Kreativität einfach freien Lauf.

UND WIE REAGIERE ICH ANGEBRACHT AUF DIE TYPISCHEN GEGENARGUMENTE?

»Wenn ich einen auf ›Öko‹ mache, dann lachen mich meine Freunde aus.«

Was stellst du dir denn unter einem »Öko« vor? Du musst doch nicht plötzlich barfuß in einem Hanfhemd und mit verzottelten Dreadlocks bei der nächsten Geburtstagsparty erscheinen. Stattdessen reduzierst du zum Beispiel einfach deinen Fleischkonsum und deinen produzierten Müll im Alltag mit einfachsten Mitteln und Alternativen. Du bist in jedem Fall smarter als der, der dich dafür auslacht, denn der ist Teil der Probleme, die wir heute in Gesellschaft und Umwelt vorfinden. Du dagegen bist Teil der Lösung. Das ist doch irgendwie cooler, oder?

»Ich hebe doch keinen Müll auf, den andere gemacht haben.«

Worin liegt das Problem? Du bist doch schlauer als der Durchschnitt und weißt, welche Folgen ein loser Plastikdeckel oder ein Sixpackring von Bierdosen in der Natur haben kann. Tiere wie zum Beispiel Seevögel fressen es oder strangulieren sich damit. Warum also nicht schlauer sein als derjenige, der den Müll verursacht hat, und einfach den Müll zur nächsten Tonne bringen? Das wird dir einige Karmapunkte einbringen, weil es Tieren das Leben rettet und andere Menschen inspiriert oder sie wenigstens dazu bringt, überhaupt darüber nachzudenken, aus welchen Gründen du das wohl tust.

»Ich werde nicht für die Umwelt auf Dinge verzichten, wenn andere das auch nicht tun.«

Verbinde Nachhaltigkeit im Alltag bitte nicht direkt mit Verzicht, sieh es eher als stetige Optimierung. Verzichten solltest du zum Beispiel nur darauf, eine Strecke von 250 Metern mit dem Auto zu fahren, oder darauf, von Berlin nach München zu fliegen. Also nur Dinge, die im Regelfall vollkommen überflüssig sind. Die meisten anderen Dinge lassen sich ohne Verzicht einfach verbessern, zum Beispiel kannst du Einweg-Plastikstrohhalme durch wiederverwendbare Glasstrohhalme ersetzen. Zum anderen verzichten auch andere auf gewohnte Dinge, nur tut das eben nicht jeder. Was spricht dagegen, Vorbild für die Menschen zu sein, die noch relativ blind für die Umweltprobleme unserer Zeit sind oder die es einfach nicht besser wissen? Irgendwer muss doch anfangen, Dinge in gesellschaftlichen Gewohnheiten so zu verbessern, dass auch in 100 Jahren noch Menschen auf dieser Erde leben können. Ehrlich gesagt: Wenn jeder so egoistisch denken würde wie du, dann wäre die logische Folge der Untergang der Menschheit.

AUSBLICK

»Es ist billiger, den Planeten jetzt zu schützen,
als ihn später zu reparieren.«

JOSÉ MANUEL BARROSO

Wir müssen jetzt aufhören, unsere Erde auszuquetschen, als hätten
wir noch eine zweite zur Verfügung. Kein intelligentes Lebewesen
würde die Umwelt, in der es selbst lebt, zerstören. Wir können es uns

nicht leisten, unseren Planeten weiter zu erhitzen, unsere Gewässer zu vermüllen und zu vergiften, unsere Luft zu verpesten, unseren Boden unter Asphalt zu begraben, unsere Tiere zu behandeln wie emotionslose Gegenstände und unsere aufwendig erzeugten Lebensmittel wegzuwerfen, während andernorts Menschen verhungern. Die Art und Weise, wie wir mit unserem Planeten und anderen Lebewesen umgegangen sind, ist sicherlich eines der Dinge, auf die zukünftige Generationen mit Abscheu blicken werden, unabhängig davon, ob wir den Karren noch rechtzeitig aus dem Dreck ziehen oder nicht. Für den einen oder anderen fühlt es sich vielleicht an, als sei die Party jetzt vorbei. Dabei müssen wir doch nur das Verhalten der Gäste justieren und die Geschwindigkeit des Rausches etwas drosseln, damit weiter alle ihren Spaß haben und glücklich sind.

Beim Abnehmen oder beim Verzicht auf das Rauchen liegt die Hauptschwierigkeit meist darin, alten, eingefahrenen Gewohnheiten zu entfliehen. Der Sprung von einem unbewussten zu einem bewussten und nachhaltigen Lebensstil birgt vergleichbare Schwierigkeiten. Der Unterschied lag bisher nur darin, dass man Übergewicht oder die schwindende Anzahl der Zigaretten in der Packung direkt erkennen und für sich bewerten konnte, während sich industriell und ökologisch produzierte Zitronen optisch kaum unterscheiden ließen und deren Auswirkungen auf die Umwelt nicht unmittelbar sichtbar wurden, sodass der Preis schlussendlich den Ausschlag gab. Mit heftigen Stürmen, lange andauernden Dürreperioden, weichenden Wäldern, ausgemergelten Böden, vermüllten Meeren und aussterbenden Arten spüren, sehen, riechen und schmecken wir jetzt, dass der günstige Preis für billig produzierte Produkte langfristig teurer war. Sollten wir weiterhin wie eine Dampfwalze über die Erde donnern, dann wird irgendwann der Tag kommen, an dem kein Fisch mehr im Meer schwimmt, an dem der letzte Baum gerodet ist und an dem kein einziger Tropfen lebensspendenden Wassers mehr trinkbar ist.

Meist braucht es im Leben nur einen Auslöser, durch den man beschließt, etwas zu verändern. Meiner Meinung nach haben das bereits viele Menschen getan, und genau deshalb befinden wir uns jetzt endlich im Wandel. Umweltbewusste Menschen sind smarte, vorausdenkende und vor allem vorausgehende Menschen, die der Welt Probleme aufzeigen und den Lobbyisten Probleme bereiten. Natürlich wird dieses gesellschaftliche Umdenken viele Unternehmen zum Schönreden ihrer eigenen Produkte verleiten. Daher ist es umso notwendiger, alles und jeden zu hinterfragen.

Endlich ist es wieder cool, sich für unsere Umwelt einzusetzen. Was wir derzeit erleben, ist der Übergang in das Zeitalter des bewussten »Ökologozäns«. Vielleicht wird es auch ganz anders heißen, das spielt keine Rolle. Wie auch immer man es schlussendlich nennen mag: Wir setzen gerade einen Fuß nach hinten, um dann mit festem Schritt weiter nach vorn zu gehen. Wir sind aufgewacht und korrigieren unser verschwenderisches, egoistisches Verhalten des letzten halben Jahrhunderts, das der profitgierigen Industrie reiche Gewinne beschert und auf der anderen Seite gesellschaftliche und soziale Probleme geschaffen hat. Wir entwickeln jetzt Lösungen zur Rettung unserer einzigartigen Natur. Wir lernen voneinander, jung von alt und umgekehrt. Wir verändern den Markt. Die Industrie kann dabei ruhig genauso profitgierig bleiben, sie muss jetzt nur nachhaltige Alternativen schaffen, weil wir sie fordern. Und das ist das Schöne am nachhaltigen Leben: Langfristig verändert es alles zum Guten. Wichtig ist nur, dass du nie deine persönlichen Gründe dafür aus den Augen verlierst.

DANKSAGUNG

Auch wenn dieses Buch nur ein einzelner Autor ziert, so schreibt man es zwischen den Zeilen natürlich nicht allein. Es braucht wundervolle Menschen, die dir Zeit einräumen, ihre Ideen einbringen und dich motivieren und inspirieren, und auch Menschen, die dich bremsen und korrigieren, wenn du dazu neigst, zu übertreiben. Denn das kann durchaus einmal passieren, wenn man sich sehr mit dem Thema Nachhaltigkeit identifiziert. Von allen Seiten habe ich so einzigartige Unterstützung erhalten, ohne die dieses Buch nicht existieren würde. Der größte Dank gilt meiner Freundin Katharina. Ich danke dir für deine unbändige Geduld mit mir, deine großartigen Ideen, deine aufmunternden Worte an schlechten Tagen und für die Liebe, die du mir schenkst. Dir sowie meiner Mutter Inge und meinem Kumpel Julian danke ich für das Korrekturlesen und die letzte Inspiration für den Feinschliff meines zweiten Werkes. Auch Tabea danke ich herzlich dafür, dass sie ihrer Kreativität freien Lauf gelassen hat. Ich danke Elena und all den anderen großartigen Menschen, die ihre Kraft in dieses Buch investiert haben, um unserer Gesellschaft einen nachhaltigeren Lebensstil schmackhaft zu machen – vom Verlagsvertreter über die Lektoren und alle anderen Korrekturleser, Designer, Buchhändler bis hin zum ausliefernden Postboten. Auch den Menschen, mit denen ich beruflich wie privat tagtäglich spreche, lache, hinterfrage, diskutiere und dazulerne, gilt mein besonderer Dank. Denn nur durch euch habe ich viele Zusammenhänge erkannt, die auf den ersten Blick vielleicht im Verborgenen geblieben wären. Ich möchte auch ganz besonders dir danken, lieber Leser. Dass du dieses Buch gerade in den Händen hältst, bestätigt, dass wir mit unserem Wunsch nach einer nachhaltigen Gesellschaft nicht allein dastehen. Für dein Vertrauen, deine Hoffnung und deine Energie – vielen Dank!

MEHR INFORMATIONEN

Du willst noch mehr Informationen über die in diesem Buch bereitgestellten Inhalte bekommen? Dann empfehle ich dir, dich auf den folgenden Webseiten umzuschauen, um deinen Alltag noch nachhaltiger zu gestalten.

Bund für Umwelt und Naturschutz Deutschland e. V. - **www.bund.net**
World Wide Fund For Nature (WWF) - **www.wwf.de**
Küste gegen Plastik - **www.kueste-gegen-plastik.de**
Umweltbundesamt - **www.umweltbundesamt.de**
FLUSTIX Plastikfrei Siegel - **www.flustix.com**
Naturschutzbund (NABU) - **www.nabu.de**
Jung & Naiv - **www.jungundnaiv.de**
Codecheck - **www.codecheck.info**
CareElite - **www.careelite.de**

ÜBER DEN AUTOR

AUF MEINEM NATUR-BLOG CAREELITE.DE BEKOMMST DU LAUFEND NEUIGKEITEN RUND UM EIN NATÜRLICHES, NACHHALTIGES LEBEN.

www.careelite.de

Neben Tipps und Tricks für einen nachhaltigen Alltag erhältst du Inspiration für eine gesunde Ernährung, die besten Ausflüge in die Natur, einzigartige Momente aus der Tierwelt und Neuigkeiten rund um das Thema Umweltschutz. Gemeinsam mit anderen engagierten Bloggern möchte ich hier das Umweltbewusstsein unserer Gesellschaft schärfen.

www.facebook.com/groups/careeliteconnect

Diskutiere mit Gleichgesinnten in unserer *Facebook*-Community über einen nachhaltigen Alltag. Gib deine persönlichen Erfahrungen mit dem nachhaltigen, Müll vermeidenden Lebensstil weiter und lasse dich von anderen für neue Ideen begeistern. Wir lernen hier gemeinsam, die Welt jeden Tag ein Stückchen besser zu machen.

www.facebook.com/groups/careeliteglobal

Du möchtest auch gern den Müll aus der Umwelt holen und selbst mit anpacken? Dann werde hier Teil unserer weltweiten *Nature & Beach CleanUp Group* auf *Facebook*. Menschen aus der ganzen Welt teilen hier Termine und Bilder ihrer Aufräumaktionen im Kampf gegen den Plastikmüll in der Umwelt, und du kannst dabei sein. Such dir einen Organisator in deiner Nähe aus und unterstütze ihn bei seinen regelmäßigen CleanUps.

Über den Autor

https://www.careelite.de/nachhaltige-jobs-stellenangebote/

Im nachhaltigen Jobportal meines Blogs möchte ich in Zusammenarbeit mit *goodjobs.eu* besonders die ausgeschriebenen Stellenangebote in den Fokus stellen, die auch deinen Arbeitsalltag nachhaltiger machen können. Falls du also gerade auf der Suche nach einem Job mit Mehrwert für dich, unsere Umwelt und unsere Gesellschaft bist, dann bin ich mir sicher, dass du hier fündig wirst.

www.careelite.de/podcast

Einmal in der Woche stelle ich hier Tipps für einen nachhaltigen Alltag vor oder veröffentliche hier ein Interview mit Menschen, die durch ihre Projekte und Ideen ein gesellschaftliches oder ökologisches Problem auf unserer Erde lösen. Vom essbaren Eislöffel bis hin zur Verwirklichung des Traumes von einer eigenen Hilfsorganisation im Ausland. Die Folgen kannst du über die Webseite oder auch bei **Spotify** und **iTunes** hören.

Falls du Verbesserungsvorschläge und weitere Tipps für mich hast, die ebenfalls in diesem Buch auftauchen sollten, dann schreibe mir gern über das Kontaktformular auf meinem Blog.

Christoph Schulz ist Unternehmer, Masterstudent der Umweltwissenschaften und kämpft gemeinsam mit seiner Community für den Erhalt unseres Planeten. Als gelernter Bankkaufmann und studierter Onlinemarketer bringt er mit dem Projekt *CareElite – Be Natural Change* seine wirtschaftlichen Fähigkeiten mit seiner Leidenschaft für den Umweltschutz in Einklang. Seit Anfang 2017 schließen sich immer mehr Menschen seinem großen Ziel an, die Welt vom Plastikmüll und von anderen menschengemachten Umweltbelastungen zu befreien.

BILDNACHWEIS

Christoph Schulz: Seite 41, 116, 124, 140, 146, 148, 237, 283

S. 12   Istockphoto / ovashevchuk
S. 28   Shutterstock / Rich Carey
S. 54   Shutterstock / Space-kraft
S. 57   Shutterstock / Photographee.eu
S. 67   Pexels / Jessica Lewis
S. 91   Pexels / Kat Jayne
S. 94   Shutterstock / Valentina_G
S. 105   Unverpackt Laden Fräulein Lose, Freising
S. 109   Pexels / Gratisography
S. 115   Shutterstock / Francesco83
S. 153   Pexels / Janko Ferlic
S. 160   Shutterstock / Ivan Kurmyshov
S. 175   Shutterstock / Didecs
S. 185   Pexels / Skitterphoto
S. 188   Shutterstock / Vastram
S. 192   Pexels / Snapwire
S. 202   Shutterstock / Matej Kastelic
S. 205   Shutterstock / travelview
S. 209   Shutterstock / Akaberka
S. 213   Shutterstock / Morakot Kawinchan
S. 218   Pexels / Artem Beliaikin
S. 223   Pexels / Med Gadon
S. 226   Pexels / Nubia Navarro (nubikini)
S. 242   Shutterstock / Joshua Resnick
S. 256   Pexels / Yuki Ghost
S. 265   Shutterstock / William Potter
S. 275   Pexels / Singkham

SAISONKALENDER[219]

Heimisches Obst	Jan.	Feb.	März	April	Mai	Juni	Juli	Aug.	Sept.	Okt.	Nov.	Dez.
Äpfel	🟠	🟠	🟠	🟠	🟠			🟢	🟢	🟢	🟠	🟠
Aprikosen							🟢	🟢				
Birnen	🟠							🟢	🟢	🟠	🟠	🟠
Brombeeren								🟢	🟢	🟢		
Erdbeeren					🟡	🟢	🟢	🟢	🟢	🟡		
Heidelbeeren							🟢	🟢				
Himbeeren						🟡	🟢	🟢				
Johannisbeeren						🟢	🟢	🟢				
Kirschen, sauer							🟢	🟢				
Kirschen, süß						🟢/🟡	🟢	🟢				
Mirabellen							🟢	🟢				
Pfirsich							🟢	🟢				
Pflaumen								🟢	🟢			
Quitten										🟢	🟢	
Stachelbeeren							🟢	🟢	🟢			
Tafeltrauben								🟢	🟢	🟢		

Heimisches Gemüse

Legend: 🟢 = grün · 🟠 = orange · 🟡 = gelb

Heimisches Gemüse	Jan.	Feb.	März	April	Mai	Juni	Juli	Aug.	Sept.	Okt.	Nov.	Dez
Blumenkohl				🟡	🟢	🟢	🟢	🟢	🟢	🟢	🟢	
Bohnen							🟢	🟢	🟢	🟢		
Brokkoli					🟢	🟢	🟢	🟢	🟢	🟢	🟢	
Erbsen					🟢	🟢	🟢	🟢	🟢			
Fenchel					🟡	🟢	🟢	🟢	🟢	🟢	🟢	
Grünkohl	🟢	🟢										
Gurken: Salat-, Minigurken	🟠	🟠	🟠	🟠	🟠	🟠	🟠	🟠	🟠	🟠		
Kartoffeln	🟠🟢	🟠🟢	🟠	🟠	🟠🟢	🟠🟢	🟠🟢	🟠🟢	🟠🟢	🟠🟢	🟠🟢	🟠
Kohlrabi					🟠🟢	🟢	🟢	🟢	🟢	🟢		
Kürbis	🟠	🟠	🟠	🟠				🟢	🟢	🟢	🟢	🟠
Möhren	🟠	🟠	🟠	🟠	🟠🟡	🟢🟡	🟢	🟢	🟢	🟢	🟢	🟠
Pastinaken; Wurzelpetersilie	🟠	🟠	🟠	🟢					🟢	🟢	🟢	🟠
Porree (Lauch)	🟢🟠	🟢🟠	🟢🟠	🟢				🟢	🟢	🟢	🟢	🟢
Radieschen				🟡	🟢	🟢	🟢	🟢	🟢	🟢	🟢	

Rhabarber	Rosenkohl	Rote Bete	Rotkohl	Sellerie: Knollensellerie	Sellerie: Stangensellerie	Spargel	Spinat	Tomaten: geschützter Anbau	Tomaten: Gewächshaus	Zucchini	Zuckermais	Zwiebeln	Zwiebeln: Bund, Lauch-, Frühlings-
	🟢	🟠	🟠	🟠								🟠	
	🟢	🟢	🟢	🟢	🟢		🟢		🔴			🟠	🟢
	🟢	🟢	🟢	🟢	🟢		🟢		🔴	🟢	🟢	🟢	🟢
	🟢	🟢	🟢	🟢	🟢		🟢	🟡	🔴	🟢	🟢	🟢	🟢
		🟢	🟢	🟢	🟢		🟢	🟡	🔴	🟢	🟢	🟢	🟢
🟢		🟢	🟢	🟢	🟢		🟢	🟡	🔴	🟢		🟢	🟢
🟢		🟢	🟠/	🟠	🟢	🟢	🟢	🟡	🔴	🟡		🟠/	🟢 🟢
🟢		🟠	🟠	🟠	🟢	🟡	🟢		🔴			🟠	🟢
🟢		🟠	🟠	🟠		🟢/🟡	🟢		🔴			🟠	🟢/🟠
🟡	🟠	🟠	🟠	🟠					🔴			🟠	
	🟢/🟠	🟠	🟠	🟠								🟠	
	🟢/🟠	🟠	🟠	🟠									

287

Sehr geringe Klimabelastung:
● ~ Freilandprodukte

Geringe bis mittlere Klimabelastung:
● ~ »Geschützter Anbau« (Abdeckung mit Folie oder Vlies, ungeheizt)
● ~ Lagerware

Hohe Klimabelastung:
● ~ Produkte aus geheizten Gewächshäusern

Heimische Salate

	Jan.	Feb.	März	April	Mai	Juni	Juli	Aug.	Sept.	Okt.	Nov.	Dez
Eissalat					●/●	●	●	●	●	●		
Endiviensalat					●/●	●	●	●	●	●	●	
Feldsalat	●	●	●	●	●	●	●	●	●	●	●/●	●
Kopfsalat				●	●	●	●	●	●	●		
Romanasalat					●/●	●	●	●	●	●	●	
Rucola (Rauke)	●	●	●	●	●	●	●	●	●	●	●/●	●

288

ANMERKUNGEN

1 Inspiriert durch ein Zitat von Marc-Uwe Kling, Kabarettist: »Ja, wir könnten jetzt was gegen den Klimawandel tun, aber wenn wir dann in 50 Jahren feststellen würden, dass sich alle Wissenschaftler doch vertan haben und es gar keine Klimaerwärmung gibt, dann hätten wir völlig ohne Grund dafür gesorgt, dass man selbst in den Städten die Luft wieder atmen kann, dass die Flüsse nicht mehr giftig sind, dass Autos weder Krach machen noch stinken und dass wir nicht mehr abhängig sind von Diktatoren und deren Ölvorkommen. Da würden wir uns schön ärgern.«

2 World Health Organization: World No Tobacco Day 2017: Beating tobacco for health, prosperity, the environment and national development (Stand: 30.05.2017). https://www.who.int/news-room/detail/30-05-2017-world-no-tobacco-day-2017-beating-tobacco-for-health-prosperity-the-environment-and-national-development. [09.08.2019].

3 Germanwatch e. V.: Erdüberlastungstag (Stand: 22.07.2019). https://www.germanwatch.org/de/overshoot. [09.08.2019].

4 Germanwatch e. V.: Erdüberlastungstag nie früher als in diesem Jahr: Ambitionierter Klima- und Ressourcenschutz können nicht länger warten (Stand: 22.07.2019). https://www.germanwatch.org/de/16747. [09.08.2019].

5 United Nations: Growing at a slower pace, world population is expected to reach 9.7 billion in 2050 and could peak at nearly 11 billion around 2100 (Stand: 17.06.2019). https://www.un.org/development/desa/en/news/population/world-population-prospects-2019.html. [09.08.2019].

6 Südwestrundfunk (SWR): Überbevölkerung – Die Bevölkerungsexplosion erklärt. YouTube, 04.07.2018, Web, 12.09.2019 um 21:07 Uhr, in: https://youtu.be/1Q76na-m8s0.

7 Cole, Steve; McCarthy, Leslie (2018): Long-Term Warming Trend Continued in 2017: NASA NOAA (Stand: 18.01.2018). https://www.nasa.gov/press-release/long-term-warming-trend-continued-in-2017-nasa-noaa. [09.08.2019].

8 National Geographic: 7 Fakten zum Klimawandel. https://www.nationalgeographic.de/7-fakten-zum-klimawandel. [09.08.2019].

9 Umweltbundesamt: Beobachteter Klimawandel (Stand: 25.07.2013). https://www.umweltbundesamt.de/themen/klima-energie/klimawandel/beobachteter-klimawandel. [09.08.2019].

10 Prof. Dr. Karen Helen Wiltshire (2019): Bundespressekonferenz #Scientists4Future, 12. März 2019.

11 Statista GmbH: Entwicklung der Pro-Kopf-CO_2-Emissionen in Deutschland in den Jahren 1990 bis 2017 (in Tonnen) (Stand: 07.08.2019). https://de.statista.com/statistik/daten/studie/153528/umfrage/co2-ausstoss-je-einwohner-in-deutschland-seit-1990. [09.08.2019]

Anmerkungen

12 Statista GmbH: Pro-Kopf-CO_2-Emissionen weltweit in den Jahren 1990 bis 2017 (in Tonnen) (Stand: 10.12.2018). https://de.statista.com/statistik/daten/studie/159811/umfrage/co2-emissionen-weltweit-pro-kopf-seit-1990. [09.08.2019].

13 Intergovernmental Panel on Climate Change (IPCC, 2014): Climate Change 2014: Synthesis Report. Contribution of Working Groups I, II and III to the Fifth Assessment Report of the Intergovernmental Panel on Climate Change [Core Writing Team, R. K. Pachauri and L. A. Meyer (eds.)]. IPCC, Genf, Schweiz, S. 151.

14 Bundesministerium für Umwelt, Naturschutz und nukleare Sicherheit (2018): Klimaschutz in Zahlen – Fakten, Trends und Impulse deutscher Klimapolitik. Ausgabe 2018. S. 15.

15 NOAA National Centers for Environmental Information: Global Climate Report for May 2017. https://www.ncdc.noaa.gov/sotc/global/201705. [09.08.2019].

16 Deutsche Umwelthilfe e. V.: Plastik im Meer. https://www.duh.de/plastik-im-meer. [09.08.2019].

17 Große, Patrick (2018): Das passiert mit dem deutschen Müll (Stand: 26.11.2018). https://www.dw.com/de/das-passiert-mit-dem-deutschen-müll/a-46458099. [09.08.2019].

18 National Geographic: 10 erschreckende Fakten über Plastik. https://www.nationalgeographic.de/10-erschreckende-fakten-uber-plastik. [09.08.2019].

19 National Geographic: 10 erschreckende Fakten über Plastik. https://www.nationalgeographic.de/10-erschreckende-fakten-uber-plastik. [09.08.2019].

20 Naturschutzbund Deutschland e. V. (NABU): Plastikmüll und seine Folgen. https://www.nabu.de/natur-und-landschaft/meere/muellkippe-meer/muellkippemeer.html. [09.08.2019].

21 European Comission (2018): A European Strategy for Plastics in a Circular Economy. S. 6. https://ec.europa.eu/environment/circular-economy/pdf/plastics-strategy-brochure.pdf. [12.09.2019].

22 Kirbach, Roland: Im Plastik gefangen (Stand: 25.06.2015). https://www.zeit.de/2015/26/plastikmuell-nordsee-recycling-umweltschutz/seite-2. [09.08.2019].

23 Helmholtz-Zentrum Potsdam – Deutsches GFZ: Mikroplastik könnte an der Basis der Nahrungskette ansetzen. https://www.eskp.de/schadstoffe/mikroplastik-koennte-an-der-basis-der-nahrungskette-ansetzen. [09.08.2019].

24 Bayerisches Landesamt für Umwelt (2014): Mikroplastik in der Umwelt, Statuskolloquium, 03.07.2014, S. 17.

25 European Comission (2018): A European Strategy for Plastics in a Circular Economy. S. 6. https://ec.europa.eu/environment/circular-economy/pdf/plastics-strategy-brochure.pdf. [12.09.2019].

26 Ellen MacArthur Foundation: The New Plastics Economy – Rethinking the Future of Plastics & Catalysing Action, Januar 2016, S. 32.

27 Seymour, Frances: Deforestation Is Accelerating, Despite Mounting Efforts to Protect Tropical Forests. What Are We Doing Wrong? (Stand: 27.06.2018). https://blog.globalforestwatch.org/data-and-research/deforestation-is-accelerating-despite-mounting-efforts-to-protect-tropical-forests-what-are-we-doing-wrong. [09.08.2019].

28 co2online gemeinnützige Beratungsgesellschaft mbH: Die Abholzung der Wälder (Stand: 06.03.2012). https://www.co2online.de/klima-schuetzen/klimawandel/die-abholzung-der-waelder. [09.08.2019].

29 Winter, Susanne; Hirschberger, Peter; WWF Deutschland: Waldbericht 2018 – Die schwindenden Wälder der Welt – Zustand, Trends und Lösungswege, März 2018. S. 2.

30 Seymour, Frances: Deforestation Is Accelerating, Despite Mounting Efforts to Protect Tropical Forests. What Are We Doing Wrong? (Stand: 27.06.2018). https://blog.globalforestwatch.org/data-and-research/deforestation-is-accelerating-despite-mounting-efforts-to-protect-tropical-forests-what-are-we-doing-wrong. [09.08.2019].

31 Seymour, Frances: Deforestation Is Accelerating, Despite Mounting Efforts to Protect Tropical Forests. What Are We Doing Wrong? (Stand: 27.06.2018). https://blog.globalforestwatch.org/data-and-research/deforestation-is-accelerating-despite-mounting-efforts-to-protect-tropical-forests-what-are-we-doing-wrong. [09.08.2019].

32 co2online gemeinnütztige Beratungsgesellschaft mbH: Die Abholzung der Wälder (Stand: 06.03.2012). https://www.co2online.de/klima-schuetzen/klimawandel/die-abholzung-der-waelder. [09.08.2019].

33 Seymour, Frances: Deforestation Is Accelerating, Despite Mounting Efforts to Protect Tropical Forests. What Are We Doing Wrong? (Stand: 27.06.2018). https://blog.globalforestwatch.org/data-and-research/deforestation-is-accelerating-despite-mounting-efforts-to-protect-tropical-forests-what-are-we-doing-wrong. [09.08.2019].

34 Seymour, Frances: Deforestation Is Accelerating, Despite Mounting Efforts to Protect Tropical Forests. What Are We Doing Wrong? (Stand: 27.06.2018). https://blog.globalforestwatch.org/data-and-research/deforestation-is-accelerating-despite-mounting-efforts-to-protect-tropical-forests-what-are-we-doing-wrong. [09.08.2019].

35 Forum Moderne Landwirtschaft e. V.: Fressen die Tiere uns das Getreide weg? (Stand: Juli 2016). https://www.moderne-landwirtschaft.de/fressen-die-tiere-uns-das-getreide-weg. [09.08.2019].

36 Summary for policymakers of the global assessment report on biodiversity and ecosystem services of the Intergovernmental Science-Policy Platform on Biodiversity and Ecosystem Services, IPBES, 06.05.2019, S. 13.

37 Summary for policymakers of the global assessment report on biodiversity and ecosystem services of the Intergovernmental Science-Policy Platform on Biodiversity and Ecosystem Services, IPBES, 06.05.2019, S. 13.

38 Summary for policymakers of the global assessment report on biodiversity and ecosystem services of the Intergovernmental Science-Policy Platform on Biodiversity and Ecosystem Services, IPBES, 06.05.2019, S. 3.

39 WWF Deutschland: Überfischung: Bald drohen uns leere Meere (Stand: 17.09.2018). https://www.wwf.de/themen-projekte/meere-kuesten/fischerei/ueberfischung. [09.08.2019].

40 Westdeutscher Rundfunk Köln: Planet Wissen – Artensterben (Stand: 19.07.2019). https://www.planet-wissen.de/natur/umwelt/artensterben/index.html. [12.09.2019].

Anmerkungen

41 Streckenbach, U. (2012): Die Überfischung der Meere. YouTube, 13.06.2012, Web, 09.08.2019 um 11:45 Uhr, in: https://www.youtube.com/watch?v=PD00Z6Yqxy0.

42 Kroker, H.; Axel Springer SE: Deutschlands Boden verschwindet (Stand: 24.12.2015). https://www.welt.de/wissenschaft/umwelt/article150306740/Deutschlands-Boden-verschwindet.html. [09.08.2019].

43 Streckenbach, U. (2013): Wenn der Boden schwindet. YouTube, 21.04.2013, Web, 09.08.2019 um 11:50 Uhr, in: https://www.youtube.com/watch?v=S5ZVpQS0D9M.

44 Streckenbach, U. (2013): Wenn der Boden schwindet. YouTube, 21.04.2013, Web, 09.08.2019 um 11:50 Uhr, in: https://www.youtube.com/watch?v=S5ZVpQS0D9M.

45 Streckenbach, U. (2013): Wenn der Boden schwindet. YouTube, 21.04.2013, Web, 09.08.2019 um 11:50 Uhr, in: https://www.youtube.com/watch?v=S5ZVpQS0D9M.

46 Leisinger, K.; Berlin-Institut für Bevölkerung und Entwicklung: Weltbevölkerungswachstum und Vernichtung fruchtbarer Böden (Stand: August 2018). https://www.berlin-institut.org/fileadmin/user_upload/handbuch_texte/pdf_Leisinger_Land_2008.pdf. [09.08.2019].

47 Deutsche Welthungerhilfe e. V.: Hunger: Verbreitung, Ursachen & Folgen (Stand: 15.07.2019). https://www.welthungerhilfe.de/hunger/. [09.08.2019].

48 Deutsche Welthungerhilfe e. V.: Hunger: Verbreitung, Ursachen & Folgen (Stand: 15.07.2019). https://www.welthungerhilfe.de/hunger/. [09.08.2019].

49 Deutsche Welthungerhilfe e. V.: Hunger: Verbreitung, Ursachen & Folgen (Stand: 15.07.2019). https://www.welthungerhilfe.de/hunger/. [09.08.2019].

50 FAO; IFAD; UNICEF; WFP; WHO (2019): The State of Food Security and Nutrition in the World 2019. Safeguarding against economic slowdowns and downturns. FAO, Rom, S. 14.

51 Deutsche Welthungerhilfe e. V.: Schluss mit der Lebensmittelverschwendung (Stand: 06.08.2019). https://www.welthungerhilfe.de/aktuelles/blog/lebensmittelverschwendung. [09.08.2019].

52 Boseley, S.; The Guardian: World hunger on the rise as 820m at risk, UN report finds (Stand: 15.07.2019). https://www.theguardian.com/world/2019/jul/15/world-hunger-un-report. [09.08.2019].

53 Bund für Umwelt und Naturschutz Deutschland e. V. (BUND): Städtische Mobilität: nachhaltig, klimafreundlich, besser für unsere Gesundheit. https://www.bund.net/mobilitaet/infrastruktur/stadtverkehr. [09.08.2019].

54 European Environment Agency (EEA, 2015): Air quality in Europe – 2015 report. https://www.eea.europa.eu/publications/air-quallty-in-europe-2015. [09.08.2019].

55 Statista GmbH: Schlechte Luft – das sind die Schuldigen (Stand: 09.10.2018). https://de.statista.com/infografik/15705/stickoxid-emissionen-in-deutschland. [09.08.2019].

56 Umweltbundesamt (2018): Finale Daten zur NO2-Belastung 2017 verfügbar (Stand: 31.05.2018). https://www.umweltbundesamt.de/presse/pressemitteilungen/finale-daten-zur-no2-belastung-2017-verfuegbar. [11.10.2019].

57 Statista; WHO: The Worst 20 Cities Worldwide For Air Pollution (Stand: 25.05.2016). https://www.statista.com/chart/4887/the-20-worst-cities-worldwide-for-air-pollution. [09.08.2019].

58 Hessisches Landesamt für Naturschutz, Umwelt und Geologie (HLNUG): Zusammensetzung der Atmosphäre in Volumenprozent. https://www.hlnug.de/themen/luft/allgemeines/zusammensetzung-der-luft.html. [12.09.2019].

59 Angelo, M.; 3sat Dokumentation (2019): Vergiftete Flüsse – Die schmutzigen Geheimnisse der Textilindustrie (Stand: 27.03.2019). https://www.3sat.de/gesellschaft/politik-und-gesellschaft/vergiftete-fluesse-100.html. [09.08.2019].

60 Worldwatch Institute (2006): China's Rivers: Frontlines For Chemical Waste (Stand: 23.02.2006). http://www.worldwatch.org/chinas-rivers-frontlines-chemical-wastes. [09.08.2019].

61 Jovanovic, L.; RP Digital GmbH; WWF Deutschland: Trinkwasser wird knapp – Jeder Mensch benötigt 1.000.000 Liter Wasser pro Jahr (Stand: 15.08.2007). https://rp-online.de/panorama/wissen/jeder-mensch-benoetigt-1000000-liter-wasser-pro-jahr_aid-11094253. [09.08.2019].

62 Samson, O.; WWF Deutschland: 5 Dinge, die Du gegen die Wasserkrise tun kannst (Stand: 22.03.2016). https://blog.wwf.de/5-dinge-gegen-die-wasser-krise. [09.08.2019].

63 Rohde, T.; UNICEF: Weltwasserwoche 2018: 10 Fakten über Wasser (Stand: 24.08.2018). https://www.unicef.de/informieren/aktuelles/blog/weltwasserwoche-2018-zehn-fakten-ueber-wasser/172968. [09.08.2019].

64 Landesanstalt für Umwelt Baden-Württemberg (LUBW, 2018): Mikroplastik in Binnengewässern Süd- und Westdeutschlands. https://www.lanuv.nrw.de/fileadmin/lanuvpubl/6_sonderreihen/Länderbericht_Mikroplastik_in_Binnengewässern.pdf. [13.09.2019].

65 Fischer, T.; Deutsche Umwelthilfe e. V.: Krönung des Verpackungsirrsinns: Deutsche Umwelthilfe kritisiert Nestlé für die Einführung eines neuen Aluminium-Kaffeekapselsystems (Stand: 05.09.2018). https://www.presseportal.de/pm/22521/4053101. [09.08.2019]

66 Schymanski, D., Goldbeck, C., Fürst, P., u.a.: Analysis of microplastics in water by micro-Raman spectroscopy: Release of plastic particles from different packaging into mineral water (Februar 2018). https://www.sciencedirect.com/science/article/abs/pii/S0043135417309272. [13.09.2019].

67 NOAA National Centers for Environmental Information: Global Climate Report for May 2017. https://www.ncdc.noaa.gov/sotc/global/201705. [09.08.2019].

68 Smart Energy for Europe Platform gGmbH (SEFEP, 2018): Neue Infografik: Macht ein halbes Grad weniger Erderwärmung einen Unterschied? (Stand: 21.08.2018). https://www.klimafakten.de/meldung/neue-infografik-macht-ein-halbes-grad-weniger-erderwaermung-einen-unterschied. [09.08.2019].

69 Naturschutzbund Deutschland e. V. (NABU): 2, 3 oder 4 Grad Erderwärmung – Was macht den Unterschied? (Stand: 2007). https://www.nabu.de/umwelt-und-ressourcen/klima-und-luft/klimawandel/11420.html. [09.08.2019].

Anmerkungen

70 Kieler Zeitung Verlags- und Druckerei KG-GmbH & Co.: Klimanotstand – So will Kiel die Wende schaffen (Stand: 06.08.2019). https://www.kn-online.de/Kiel/Klimanotstand-So-will-Kiel-die-Wende-schaffen. [09.08.2019].

71 Frankfurter Allgemeine Zeitung: Ökostrom-Anteil in Deutschland 2018 erstmals über 40 Prozent (Stand: 03.01.2019). https://www.faz.net/aktuell/wirtschaft/oekostrom-anteil-in-deutschland-2018-erstmals-ueber-40-prozent-15969940.html. [09.08.2019].

72 Statista GmbH: Absatz von Smartphones weltweit in den Jahren 2009 bis 2018 (in Millionen Stück) (Stand: Januar 2019). https://de.statista.com/statistik/daten/studie/173049/umfrage/weltweiter-absatz-von-smartphones-seit-2009. [09.08.2019].

73 Statista GmbH: Umsatz mit Smartphones weltweit in den Jahren 2013 bis 2018 (in Milliarden US-Dollar) (Stand: Februar 2019). https://de.statista.com/statistik/daten/studie/204666/umfrage/umsatz-mit-smartphones-weltweit. [09.08.2019].

74 Statista GmbH: Entwicklung des Wasserverbrauchs pro Kopf und Tag in Deutschland in den Jahren 1990 bis 2018 (in Litern) (Stand: April 2019). https://de.statista.com/statistik/daten/studie/12353/umfrage/wasserverbrauch-pro-einwohner-und-tag-seit-1990. [09.08.2019].

75 Statista GmbH: Aufkommen von Haushaltsabfällen je Einwohner in Deutschland in den Jahren 2004 bis 2017 (in Kilogramm) (Stand: April 2019). https://de.statista.com/statistik/daten/studie/161228/umfrage/haushaltsabfaelle-je-einwohner-seit-dem-jahr-2003. [09.08.2019].

76 Statista GmbH: Umsatz mit Wasch-, Putz- und Reinigungsmitteln in Deutschland in den Jahren 2004 bis 2018 (in Millionen Euro) (Stand: Dezember 2018). https://de.statista.com/statistik/daten/studie/5452/umfrage/umsatz-des-deutschen-wasch--putz--reinigungsmittel-marktes-seit-2004. [09.08.2019].

77 BIOCOM AG: Windeln – Daten & Fakten (Stand: 01.11.2017). https://biooekonomie.de/produkt/windeln. [09.08.2019].

78 Bundesministerium für Wirtschaft und Energie (BMWi, 2014): Hoher Energieverbrauch des Gebäudesektors (Stand: 08.07.2014). https://www.bmwi-energiewende.de/EWD/Redaktion/Newsletter/2014/22/Meldung/hoher-energieverbrauch-des-gebaeudesektor.html. [09.08.2019].

79 Arbeitsgemeinschaft Energiebilanzen e. V.: Bruttostromerzeugung in Deutschland ab 1990 nach Energieträgern. https://ag-energiebilanzen.de/index.php?article_id=29&fileName=20181214_brd_stromerzeugung1990-2018.pdf. [09.08.2017].

80 WWF Deutschland; Bundesnetzagentur; Öko-Institut: Kohlekraftwerke in Deutschland (Stand: 10.05.2016). https://www.wwf.de/fileadmin/fm-wwf/Publikationen-PDF/WWF-Flyer-Kohlekraftwerke_in_Deutschland.pdf. [09.08.2019].

81 Pauly, M.; Spiegel Online: Deutschlands größte Klimasünder (Stand: 16.11.2017). https://www.spiegel.de/wissenschaft/mensch/deutschland-das-sind-die-groessten-klimasuender-a-1178207.html. [09.08.2017].

82 Dr. Volker Quaschning (2017): Killerabgase und Giftkraftwerke – Das Sterben durch Diesel, Kohle und Co. YouTube, 12.02.2017, Web, 09.08.2019 um 14:21 Uhr, in: https://www.youtube.com/watch?v=nsnTPTJDv_I.

83 Dr. Volker Quaschning (2017): Killerabgase und Giftkraftwerke – Das Sterben durch Diesel, Kohle und Co. YouTube, 12.02.2017, Web, 09.08.2019 um 14:21 Uhr, in: https://www.youtube.com/watch?v=nsnTPTJDv_I.

84 Dinge erklärt – Kurzgesagt: 3 Argumente für Atomkraft (2/3). YouTube, 20.06.2018, Web, 09.08.2019 um 14:42 Uhr, in: https://www.youtube.com/watch?v=9PugxoigU8U.

85 Frankfurter Allgemeine Zeitung: Ökostrom-Anteil in Deutschland 2018 erstmals über 40 Prozent (Stand: 03.01.2019). https://www.faz.net/aktuell/wirtschaft/oekostrom-anteil-in-deutschland-2018-erstmals-ueber-40-prozent-15969940.html. [09.08.2019].

86 co2online gemeinnützige Beratungsgesellschaft mbH: Nachhaltiger Ökostrom: Anbieter im Vergleich & Tipps zum Wechsel (Stand: 06.02.2019). https://www.co2online.de/energie-sparen/strom-sparen/strom-sparen-stromspartipps/was-ist-echter-oekostrom. [09.08.2019].

87 Stiftung myclimate: Kompensieren Sie Ihre Auto-Emissionen. https://co2.myclimate.org/de/car_calculators/new. [09.08.2019].

88 Schwan, B.; Heise Medien GmbH & Co. KG: Kobalt aus dem Kongo: Apple stoppt Ankauf aus kleinen Minen (Stand: 06.03.2017). https://www.heise.de/mac-and-i/meldung/Kobalt-aus-dem-Kongo-Apple-stoppt-Ankauf-aus-kleinen-Minen-3644577.html. [09.08.2019].

89 Diekhans, A.; Deutschlandradio: Blut-Handys: Der Rohstoff Tantal nährt Kriege (Stand: 02.10.2013). https://www.deutschlandradio.de/blut-handys-der-rohstoff-tantal-naehrt-kriege.331.de.html?dram:article_id=203436. [09.08.2019].

90 Landesanstalt für Medien NRW: Die katastrophalen Arbeitsbedingungen in der Handyproduktion. https://www.handysektor.de/artikel/die-katastrophalen-arbeitsbedingungen-in-der-handyproduktion. [09.08.2019].

91 The Global E-waste Monitor 2017; Statista GmbH: Jeder Deutsche produziert 22,8 kg Elektroschrott (Stand: 14.12.2017). https://de.statista.com/infografik/12272/die-zehn-laender-mit-dem-groessen-elektroschrott-aufkommen. [09.08.2019].

92 Naturschutzbund Deutschland e. V. (NABU): Alte Handys für die Havel: Mit Handy-Recycling Ressourcen schonen und NABU-Projekte fördern. https://www.nabu.de/umwelt-und-ressourcen/aktionen-und-projekte/alte-handys-fuer-die-havel/index.html. [09.08.2019].

93 Seidner-Britting, S.; Inter Spirit: Energiesparlampen. https://secret-wiki.de/wiki/Energiesparlampen. [09.08.2019].

94 Bundesministerium für Wirtschaft und Energie (BMWi, 2014): Hoher Energieverbrauch des Gebäudesektors (Stand: 08.07.2014). https://www.bmwi-energiewende.de/EWD/Redaktion/Newsletter/2014/22/Meldung/hoher-energieverbrauch-des-gebaeudesektor.html. [09.08.2019].

95 Umweltbundesamt (2016): Energiesparende Gebäude (Stand: 22.02.2016). https://www.umweltbundesamt.de/themen/klima-energie/energiesparen/energiesparende-gebaeude. [09.08.2019].

96 Dr. Veit Bürger, Dr. Tilman Hesse, Dietlinde Quack; Umweltbundesamt (2016): Klimaneutraler Gebäudebestand 2050 (Februar 2016). https://www.umweltbundesamt.de/sites/default/files/medien/378/publikationen/climate_change_06_2016_klimaneutraler_gebaeudebestand_2050.pdf. Abgerufen am 09.08.2019.

Anmerkungen

97 Hamburger Abendblatt (2014): 125 Liter Wasser verbraucht ein Deutscher pro Tag (Stand: 19.05.2014). https://www.abendblatt.de/hamburg-tipps/kinder/kinder/article128157509/125-Liter-Wasser-verbraucht-ein-Deutscher-pro-Tag.html. [09.08.2019].

98 Bundesministerium für Umwelt, Naturschutz und nukleare Sicherheit (2013): Wasserverbrauch im Haushalt (Stand: 21.12.2013). https://www.bmu.de/media/wasserverbrauch-im-haushalt. [09.08.2019].

99 Essex, J.; HeimHelden.de.: Der Wasserverbrauch einer Waschmaschine. https://www.heimhelden.de/wasserverbrauch-einer-waschmaschine. [09.08.2019].

100 Große, Patrick (2018): Das passiert mit dem deutschen Müll. (Stand: 26.11.2018) https://www.dw.com/de/das-passiert-mit-dem-deutschen-müll/a-46458099. [09.08.2019].

101 Lemke, S.; Hoffmann, B.; Bündnis 90/Die Grünen: Planet Plastik? Raus aus der Wegwerfgesellschaft (Stand: 25.10.2018). https://www.gruene-bundestag.de/themen/umwelt/planet-plastik-raus-aus-der-wegwerfgesellschaft. [09.08.2019].

102 NABU – Naturschutzbund Deutschland e.V.: Plastikmüll und seine Folgen. https://www.nabu.de/natur-und-landschaft/meere/muellkippe-meer/muellkippemeer.html. [09.08.2019].

103 Trautmann, A.: Bäume kühlen Städte wie natürliche Klimaanlagen (Stand: 31.05.2019). https://botanikguide.de/baeume-kuehlen-staedte-wie-natuerliche-klimaanlagen/. [09.08.2019].

104 Zweites Deutsches Fernsehen (2019): planet e – Welt ohne Insekten (Stand: 05.05.2019). https://www.zdf.de/dokumentation/planet-e/planet-e-welt-ohne-insekten-100.html. [09.08.2019].

105 BIOCOM AG: Windeln – Daten & Fakten (Stand: 01.11.2017). https://biooekonomie.de/produkt/windeln. [09.08.2019].

106 Maak, S.; Bündnis 90/Die Grünen: Deutschland ist nicht Recyclingweltmeister (Stand: 18.01.2019). https://www.gruene-bundestag.de/themen/umwelt/deutschland-ist-nicht-recyclingweltmeister. [09.08.2019].

107 Forum Moderne Landwirtschaft e. V.: Fressen die Tiere uns das Getreide weg? (Stand: Juli 2016). https://www.moderne-landwirtschaft.de/fressen-die-tiere-uns-das-getreide-weg. [09.08.2019].

108 Food And Agriculture Organization Of The United Nations (FAO, 2014): Tackling climate change through livestock (Stand: 21.10.2014). http://www.fao.org/ag/againfo/resources/en/publications/tackling_climate_change/index.htm. [09.08.2019].

109 Greenpeace e. V.: Die Jagd auf den letzten Fisch. https://www.greenpeace.de/themen/meere/fischerei/die-jagd-auf-den-letzten-fisch. [09.08.2019].

110 Bundesministerium für Umwelt, Naturschutz und nukleare Sicherheit: Was ist Lebensmittelverschwendung? Fakten und Tipps. https://www.mein-klimaschutz.de/beim-einkauf/a/essen/was-ist-lebensmittelverschwendung. [09.08.2019].

111 Deutsche Welthungerhilfe e. V.: Hunger – Ausmaß, Verbreitung, Ursachen. Die häufigsten Fragen zum Thema (Stand: 15.07.2019). https://www.welthungerhilfe.de/fileadmin/pictures/publications/de/fact_sheets/topics/2016_factsheet_hunger.pdf. [09.08.2019].

112 Noleppa, S.; Cartsburg, M.; WWF Deutschland (2015): Das große Wegschmeißen – Vom Acker bis zum Verbraucher: Ausmaß und Umwelteffekte der Lebensmittelverschwendung in Deutschland (Stand: Juni 2015). https://www.wwf.de/fileadmin/fm-wwf/Publikationen-PDF/WWF_Studie_Das_grosse_Wegschmeissen.pdf. [09.08.2019].

113 Bayerischer Rundfunk; PULS Reportage (2019): Pflanzenmilch: Wie leicht lässt sich Soja-, Mandel- & Hafermilch selber machen?, YouTube, 24.07.2019, Web, 09.08.2019 um 16:20 Uhr, in: https://www.youtube.com/watch?v=CxMNascXcHY&list=PLBKJiSqm23i06XfAmH9mL6P-c01i-yZ984.

114 Einfach Bewusst Leben: Wussten Sie eigentlich, dass 90 Prozent des weltweit angebauten Sojas, 50 Prozent des Getreides und 40 Prozent der gefangenen Fische an Nutztiere verfüttert werden? https://www.simply-live-consciously.com/deutsch/ernährung-ressourcenverbrauch/tierfutterverbrauch. [09.08.2019].

115 Umweltbundesamt (2019): Die Treibhausgase (Stand: 06.06.2019). https://www.umweltbundesamt.de/themen/klima-energie/klimaschutz-energiepolitik-in-deutschland/treibhausgas-emissionen/die-treibhausgase. [09.08.2019].

116 Statista GmbH: Rinderbestand weltweit in den Jahren 1990 bis 2019 (in Millionen Tieren) (Stand: 24.05.2019). https://de.statista.com/statistik/daten/studie/28931/umfrage/weltweiter-rinderbestand-seit-1990. [09.08.2019].

117 Umweltbundesamt (2017): Verstecktes Wasser (Stand: 22.03.2017). https://www.umweltbundesamt.de/themen/verstecktes-wasser. [09.08.2019].

118 Forum Moderne Landwirtschaft e. V.: Fressen die Tiere uns das Getreide weg? (Stand: Juli 2016). https://www.moderne-landwirtschaft.de/fressen-die-tiere-uns-das-getreide-weg. [09.08.2019].

119 Weick, S.; Brot für die Welt; Evangelisches Werk für Diakonie und Entwicklung e. V. (2010): Fleischkonsum (Stand: März 2010). https://www.brot-fuer-die-welt.de/fileadmin/mediapool/2_Downloads/NIFSA/NIFSA_Kampagnenblatt_Fleischkonsum.pdf. [09.08.2019].

120 WWF Deutschland: Überfischung: Bald drohen uns leere Meere (Stand: 17.09.2018). https://www.wwf.de/themen-projekte/meere-kuesten/fischerei/ueberfischung. [09.08.2019].

121 Bundesministerium für Umwelt, Naturschutz und nukleare Sicherheit: Was ist Lebensmittelverschwendung? Fakten und Tipps. https://www.mein-klimaschutz.de/beim-einkauf/a/essen/was-ist-lebensmittelverschwendung. [09.08.2019].

122 Deutsche Welthungerhilfe e. V.: Hunger: Ausmaß, Verbreitung, Ursachen – Die häufigsten Fragen zum Thema (Stand: 15.07.2019). https://www.welthungerhilfe.de/fileadmin/pictures/publications/de/fact_sheets/topics/2016_factsheet_hunger.pdf. [09.08.2019].

123 Noleppa, S.; Cartsburg, M.; WWF Deutschland (2015): Das große Wegschmeißen – Vom Acker bis zum Verbraucher: Ausmaß und Umwelteffekte der Lebensmittelverschwendung in Deutschland (Stand: Juni 2015). https://www.wwf.de/fileadmin/fm-wwf/Publikationen-PDF/WWF_Studie_Das_grosse_Wegschmeissen.pdf. Abgerufen am 09.08.2019.

124 Umweltbundesamt (2019): Plastiktüten (Stand: 12.06.2019). https://www.umweltbundesamt.de/umwelttipps-fuer-den-alltag/haushalt-wohnen/plastiktueten. [09.08.2019].

Anmerkungen

125 Orb Media (2018): Neue Recherchen von Orb Media weisen global auf Mikroplastik in abgefülltem Flaschenwasser hin (Stand: 14.03.2018). https://www.presseportal.de/pm/129923/3891538. [09.08.2019].

126 Norddeutscher Rundfunk (2019): Nestlé gräbt Vittel das Wasser ab (Stand: 29.03.2019). https://www.tagesschau.de/wirtschaft/boerse/wasserknappheit-nestle-101.html. [12.09.2019].

127 ECOVENTA GmbH: Plastik ist nicht fantastisch. Die nachhaltige Alternative Leitungswasser (Stand: 15.09.2017). https://veggienale.de/plastik-ist-nicht-fantastisch-die-nachhaltige-alternative-leitungswasser. [09.08.2019].

128 Albert Schweitzer Stiftung für unsere Mitwelt: Warum Sojawurst nicht dem Regenwald schadet (Stand: 01.06.2018). https://albert-schweitzer-stiftung.de/aktuell/warum-soja-wurst-nicht-dem-regenwald-schadet. [09.08.2019].

129 Albert Schweitzer Stiftung für unsere Mitwelt: Warum Sojawurst nicht dem Regenwald schadet (Stand: 01.06.2018). https://albert-schweitzer-stiftung.de/aktuell/warum-soja-wurst-nicht-dem-regenwald-schadet. [09.08.2019].

130 Albert Schweitzer Stiftung für unsere Mitwelt: Warum Sojawurst nicht dem Regenwald schadet (Stand: 01.06.2018). https://albert-schweitzer-stiftung.de/aktuell/warum-soja-wurst-nicht-dem-regenwald-schadet. [09.08.2019].

131 Liebmann, B.; Umweltbundesamt (2015): Mikroplastik in der Umwelt – Vorkommen, Nachweis und Handlungsbedarf. https://www.umweltbundesamt.at/fileadmin/site/publikationen/REP0550.pdf., Wien 2015, S. 6.

132 Statista GmbH (2019): Umsatz mit Naturkosmetik in Deutschland in den Jahren 2007 bis 2018 (in Millionen Euro) (Stand: 09.08.2019). https://de.statista.com/statistik/daten/studie/201220/umfrage/umsatz-mit-naturkosmetik-in-deutschland. [09.08.2019].

133 Schüren, C.; Axel Springer SE (2014): So (un)sportlich sind die Deutschen (Stand: 11.06.2014). https://www.welt.de/sonderthemen/deutschland-bewegt-sich/article128922556/So-un-sportlich-sind-die-Deutschen.html. [09.08.2019].

134 Statista GmbH (2019): Anteil der Männer mit Übergewicht und Adipositas in Deutschland in den Jahren 2005 bis 2017 (Stand: 09.08.2019). https://de.statista.com/statistik/daten/studie/233449/umfrage/entwicklung-von-uebergewicht-und-adipositas-in-deutschland-bei-maennern. [09.08.2019].

135 Statista GmbH (2019): Anteil der Frauen mit Übergewicht und Adipositas in Deutschland in den Jahren 2005 bis 2017 (Stand: 09.08.2019). https://de.statista.com/statistik/daten/studie/233461/umfrage/entwicklung-von-uebergewicht-und-adipositas-in-deutschland-unter-frauen. [09.08.2019].

136 Bundesministerium für Umwelt, Naturschutz und nukleare Sicherheit: Wie hoch ist der Wasserverbrauch beim Duschen?, https://www.mein-klimaschutz.de/zu-hause/a/bad/wie-hoch-ist-der-wasserverbrauch-beim-duschen. [09.08.2019].

137 Schüren, C.; Axel Springer SE (2014): So (un)sportlich sind die Deutschen (Stand: 11.06.2014). https://www.welt.de/sonderthemen/deutschland-bewegt-sich/article128922556/So-un-sportlich-sind-die-Deutschen.html. [09.08.2019].

138 Frech, M.; Axel Springer SE (2017): Statt 17.000 Tampons einfach mal die Menstrua-tionstassen nehmen (Stand: 16.06.2017). https://www.welt.de/gesundheit/article165617109/Statt-17-000-Tampons-einfach-mal-die-Menstruationstassen-nehmen.html. [09.08.2019].

139 Ross, Morgan, MA.; The True Cost, Dokumentation (2015): The True Cost – Der Preis der Mode, United States.

140 Ross, Morgan, MA.; The True Cost, Dokumentation (2015): The True Cost – Der Preis der Mode. United States.

141 The Feed: Slow Fashion. YouTube, 07.07.2016, Web, 09.08.2019 um 17:32 Uhr, in: https://www.youtube.com/watch?v=K73h2I6diQ0.

142 Redaktionzukunft: Slow Fashion – Nachhaltiger Modekonsum. YouTube, 28.01.2015, Web, 09.08.2019 um 17:36 Uhr, in: https://www.youtube.com/watch?v=bMkZwJLT1Bc.

143 Kandziora, S.: Nachhaltigkeit und Kleidung – Tipps für Einsteiger. YouTube, 07.11.2018, Web, 09.08.2019 um 11:54 Uhr, in: https://www.youtube.com/watch?v=iwhe6qtTP9k.

144 Forbes Inc. (2017): Are Cotton T-Shirts Sustainable Products? (Stand: 02.11.2017). https://www.forbes.com/sites/quora/2017/11/02/are-cotton-t-shirts-sustainable-products. [12.08.2019].

145 Norddeutscher Rundfunk (2013): Tagesschau: Bergungsarbeiten in Bangladesch ein-gestellt (Stand: 13.05.2013). https://web.archive.org/web/20130607172807/http://www.tages-schau.de/ausland/bangladesch-fabrikgebaeude104.html. [09.08.2019].

146 Sasse, R.; wallstreet:online AG: Weltweit wieder auf Wachstumskurs! (Stand: 24.03.2018). https://www.wallstreet-online.de/nachricht/10396229-modeindustrie-weltweit-wachstums-kurs. [09.08.2019].

147 Ross, Morgan, MA.; The True Cost, Dokumentation (2015): The True Cost – Der Preis der Mode. United States.

148 Ross, Morgan, MA.; The True Cost, Dokumentation (2015): The True Cost – Der Preis der Mode, United States.

149 Tamedia AG, Tagesanzeiger (2019): Wie unsere Kleidung die Umwelt belastet (Stand: 07.05.2019). https://www.tagesanzeiger.ch/wissen/wie-unsere-kleidung-die-umwelt-belastet/story/25996359. [09.08.2019].

150 Gonzalez-Rodriguez, A.; Fashion United (2017): Trumps Wirtschaftspläne: Gewinner und Verlierer der Modebranche (Stand: 04.01.2017). https://fashionunited.de/nachrichten/busi-ness/trumps-wirtschaftsplaene-gewinner-und-verlierer-der-modebranche/2017010421523. [09.08.2019].

151 Ross, Morgan, MA.; The True Cost, Dokumentation (2015): The True Cost - Der Preis der Mode. United States.

152 Jessen, J.; Berliner Morgenpost: Arbeitsbedingungen: Wie Textilfabriken in Bangladesch mittlerweile arbeiten (Stand: 15.07.2019). https://www.morgenpost.de/wirtschaft/artic-le226496907/Wie-Textilfabriken-in-Bangladesch-mittlerweile-arbeiten.html. [03.09.2019].

153 Rakesh, J.: Orange by Handelsblatt (2019): Wie unser Shoppingwahn die Umwelt ver-schmutzt (Stand: 04.06.2019). https://orange.handelsblatt.com/artikel/61506. [09.08.2019].

Anmerkungen

154 Bolzli, M.: Nau media AG: Kunden bestellen Kleider für Selfie – und schicken sie zurück (Stand: 22.08.2018). https://www.nau.ch/news/wirtschaft/kunden-bestellen-kleider-fur-selfie-und-schicken-sie-zuruck-65401644. [09.08.2019].

155 Bethge, P.; Höflinger, L.; Salden, S.; Spiegel Online GmbH & Co. KG (2018): So irrsinnig ist das Geschäft mit der Wegwerfmode (Stand: 09.01.2018). https://www.spiegel.de/spiegel/wegwerfmode-ist-oekologischer-irrsinn-a-1186694.html. [09.08.2019].

156 Höft, M.; Jentzsch, C.; ARD (2011): Die Altkleiderlüge – Wie Spenden zum Geschäft werden. YouTube, 09.011.2011, Web, 09.08.2019 um 17:55 Uhr, in: https://www.youtube.com/watch?v=djXkFedpTrE.

157 Umweltbundesamt (2015): Wäsche waschen, Waschmittel (Stand: 10.04.2015). https://www.umweltbundesamt.de/umwelttipps-fuer-den-alltag/haushalt-wohnen/waesche-waschen-waschmittel. [09.08.2019].

158 Umweltbundesamt (2015): Umweltbewusst waschen und reinigen (Stand: 18.05.2015). https://www.umweltbundesamt.de/themen/chemikalien/wasch-reinigungsmittel/umweltbewusst-waschen-reinigen. [09.08.2019].

159 Statista GmbH: Absatz von Waschmaschinen in Deutschland in den Jahren 2014 bis 2018 (in 1.000 Stück) (Stand: 15.03.2019). https://de.statista.com/statistik/daten/studie/556824/umfrage/absatz-von-waschmaschinen-in-deutschland. [09.08.2019].

160 M. DuMont Schauberg Expedition der Kölnischen Zeitung GmbH & Co. KG: Experten erklären – 60-Grad-Wäschen sind überflüssig und teuer (Stand: 07.09.2018). https://www.rundschau-online.de/ratgeber/verbraucher/geld/experten-erklaeren-60-grad-waeschen-sind-ueberfluessig-und-teuer-28773598. [09.08.2019].

161 Laas, I.; Greenpeace e. V.: Mikroplastik: Partikel in der Kosmetik, Fasern in der Kleidung (Stand: 21.07.2017). https://www.greenpeace.ch/2017/07/21/mikroplastik-partikel-in-der-kosmetik-fasern-in-der-kleidung. [09.08.2019].

162 Fraunhofer-Gesellschaft zur Förderung der angewandten Forschung e. V.: Mikroplastik und Kläranlagen. https://www.initiative-mikroplastik.de/index.php/themen/mikroplastik-und-klaeranlagen. [09.08.2019].

163 Wagener, L.; RESET gemeinnützige Stiftungs-GmbH (2017): Ein Waschsack gegen Mikroplastik (Stand: 03.01.2017). https://reset.org/blog/ein-waschsack-mikroplastik-01032017. [09.08.2019].

164 PETA Deutschland e. V.: (2018): »Nachhaltigen Pelz gibt es nicht!« – Werberat rügt Pelzindustrie (Stand: Dezember 2018). https://www.peta.de/pelz-nachhaltig. [09.08.2019].

165 PETA Deutschland e. V.: Unbeschreibliches Leid: Museling. https://wolle.peta.de/mulesing. [09.08.2019].

166 Drbohlav, A.; WWF Deutschland: Wie gelangt der Müll ins Meer?, http://www.wwf.de/fileadmin/fm-wwf/Publikationen-PDF/Infografik_Muell_im_Meer.pdf. Abgerufen am[09.08.2019].

167 Laas, I.; Greenpeace e. V.: Mikroplastik: Partikel in der Kosmetik, Fasern in der Kleidung (Stand: 21.07.2017). https://www.greenpeace.ch/2017/07/21/mikroplastik-partikel-in-der-kosmetik-fasern-in-der-kleidung. [09.08.2019].

168 Bund für Umwelt und Naturschutz Deutschland e. V. (BUND): Die wahren Kosten des Fliegens: Klimakiller. https://www.bund.net/mobilitaet/infrastruktur/luftverkehr/co2-emissionen. [09.08.2019].

169 Norddeutscher Rundfunk (2019): Tagesschau: So viele Flüge in Deutschland wie nie (Stand: 18.01.2019). https://www.tagesschau.de/inland/luftverkehr-107.html. [09.08.2019].

170 Statista GmbH (2019): Anzahl der gemeldeten Pkw in Deutschland in den Jahren 1960 bis 2019 (Bestand in 1.000) (Stand: 04.03.2019). https://de.statista.com/statistik/daten/studie/12131/umfrage/pkw-bestand-in-deutschland. [09.08.2019].

171 Statista GmbH (2019): Fahrleistung der Personenkraftwagen in Deutschland von 1970 bis 2017 (in Milliarden Kilometern) (Stand: 24.01.2019). https://de.statista.com/statistik/daten/studie/2984/umfrage/entwicklung-der-fahrleistung-von-pkw/. [09.08.2019].

172 Statista GmbH (2019): Anzahl beförderter Personen im öffentlichen Personenverkehr in Deutschland im Jahr 2018 nach Verkehrsträgern (in Millionen) (Stand: 26.07.2019). https://de.statista.com/statistik/daten/studie/3095/umfrage/oeffentlicher-personenverkehr-in-deutschland. [09.08.2019].

173 Tudor-Locke, C.; Craig, C.; Brown, W., u. a. (2011): How Many Steps/day are Enough? For Adults. https://www.ncbi.nlm.nih.gov/pmc/articles/PMC3197470. [09.08.2019].

174 Haufe-Lexware GmbH & Co. KG (2019): Wie viele Schritte soll man am Tag gehen (Stand: 12.02.2019). https://www.haufe.de/arbeitsschutz/gesundheit-umwelt/kommen-sie-in-bewegung-so-viele-schritte-sollten-sie-gehen_94_231212.html. [09.08.2019].

175 TREMOD 5.82; Umweltbundesamt (2017): Vergleich der durchschnittlichen Emissionen einzelner Verkehrsteilnehmer im Personenverkehr (Stand: 13.11.2018). https://www.umweltbundesamt.de/sites/default/files/medien/366/bilder/dateien/vergleich_der_durchschnittlichen_emissionen_einzelner_verkehrsmittel_im_personenverkehr_bezugsjahr_2017.pdf. Abgerufen am [09.08.2019].

176 Bundesverband der Deutschen Luftverkehrswirtschaft e. V. (2017). Wie viel Kerosin verbrauchen deutsche Fluggesellschaften in einem Jahr? https://www.klimaschutz-portal.aero/faq/wie-viel-kerosin-verbrauchen-deutsche-fluggesellschaften-in-einem-jahr. [09.08.2019].

177 Bund für Umwelt und Naturschutz Deutschland e. V. (BUND): Die wahren Kosten des Fliegens: Klimakiller. https://www.bund.net/mobilitaet/infrastruktur/luftverkehr/co2-emissionen. [09.08.2019].

178 Umweltbundesamt (2019): Flugreisen (Stand: 09.04.2019). https://www.umweltbundesamt.de/umwelttipps-fuer-den-alltag/mobilitaet/flugreisen. [09.08.2019].

179 Umweltbundesamt (2019): Flugreisen (Stand: 09.04.2019). https://www.umweltbundesamt.de/umwelttipps-fuer-den-alltag/mobilitaet/flugreisen. [09.08.2019].

180 atmosfair gGmbH: Flugreisen und das persönliche Klimabudget. https://www.atmosfair.de/de/gruenreisen/persoenliches_klimabudget. [09.08.2019].

181 Bund für Umwelt und Naturschutz Deutschland e.V. (BUND): Die wahren Kosten des Fliegens: Klimakiller. https://www.bund.net/mobilitaet/infrastruktur/luftverkehr/co2-emissionen. [09.08.2019].

Anmerkungen

182 Umweltbundesamt (2017): Bus und Bahn fahren (Stand: 24.08.2017). https://www.umweltbundesamt.de/umwelttipps-fuer-den-alltag/mobilitaet/bus-bahn-fahren. [09.08.2019].

183 TREMOD 5.82; Umweltbundesamt (2017): Vergleich der durchschnittlichen Emissionen einzelner Verkehrsteilnehmer im Personenverkehr (Stand: 13.11.2018). https://www.umweltbundesamt.de/sites/default/files/medien/366/bilder/dateien/vergleich_der_durchschnittlichen_emissionen_einzelner_verkehrsmittel_im_personenverkehr_bezugsjahr_2017.pdf. Abgerufen am [09.08.2019].

184 Balthasar, C.; Wiese, T.: Warum Kugelschreiber tödlicher sind als Blitze. http://bit.ly/2OJ6OEH. [09.08.2019].

185 ZEIT ONLINE GmbH (2019): Monheim macht Busfahren kostenlos: https://www.zeit.de/mobilitaet/2019-07/mobilitaet-monheim-gratis-busse-nahverkehr. [03.09.2019]. .

186 6t-Bureau de Recherche; PULS Reportage (2019): Selbstversuch Juicer: E-Scooter aufladen – lohnt sich das?, YouTube, 21.08.2019, Web, 25.09.2019 um 08:12 Uhr, in: https://www.youtube.com/watch?time_continue=465&v=hIZqt9IBs8I.

187 Diamant Fahrradwerke GmbH (2018): Fahrradfreundliche Städte – Fahrradstadt Kopenhagen (Stand: 28.09.2018). https://www.diamantrad.com/blog/fahrradstadt-kopenhagen. [09.08.2019].

188 VCÖ – Mobilität mit Zukunft (2013): VCÖ-Untersuchung: In welchen Städten Europas am meisten Rad gefahren wird (Stand: 02.06.2013). https://web.archive.org/web/20140812061426/http://www.vcoe.at/de/presse/aussendungen-archiv/details/items/vcoe-untersuchung-in-welchen-staedten-europas-am-meisten-rad-gefahren-wird-02062013. [09.08.2019].

189 VFR Verlag für Rechtsjournalismus GmbH: Auto verschrotten lassen – Das krachende Ende einer langen Freundschaft (Stand: 27.05.2019). https://www.bussgeldkatalog.org/auto-verschrotten. [09.08.2019].

190 Verkehrsclub Deutschland e. V.: Spritsparen – Schont Geldbeutel und Umwelt. https://www.vcd.org/themen/auto-umwelt/spritsparen. [09.08.2019].

191 Henßler, S.: Tesla Model S nach 400.000 Kilometer noch 93 Prozent Akkukapazität (04.09.2017). https://www.elektroauto-news.net/2017/tesla-model-s-400-000-kilometer-93-akkukapazitaet. [09.08.2019].

192 Henßler, S.: Mythen und Fakten über E-Autos (Stand: 05.05.2019). https://www.elektroauto-news.net/2019/folge-023-mythen-fakten-e-autos. [09.08.2019].

193 Brandt, M.; Heise Medien GmbH & Co. KG (2018): Statistik der Woche: Umweltschädliche Urlaubsreisen (Stand: 19.06.2018). https://www.heise.de/tr/artikel/Statistik-der-Woche-Umweltschaedliche-Urlaubsreisen-4084549.html. [09.08.2019].

194 atmosfair gGmbH: CO_2-Fußabdruck meines Flugs berechnen. https://www.atmosfair.de/de/kompensieren/flug. [09.08.2019].

195 Statista GmbH (2018): Zustimmung zu Aussagen zum Thema »Nachhaltigkeit bei Urlaubsreisen« in Deutschland im Jahr 2017 (Stand: 11.05.2018). https://de.statista.com/statistik/daten/studie/858218/umfrage/meinung-zum-thema-nachhaltigkeit-bei-urlaubsreisen-in-deutschland. [09.08.2019].

196 Statista GmbH (2018): Zustimmung zu Aussagen zum Thema »Nachhaltigkeit bei Urlaubsreisen« in Deutschland im Jahr 2017 (Stand: 09.08.2019). https://de.statista.com/statistik/daten/studie/411620/umfrage/anzahl-der-weltweiten-fluege. [09.08.2019].

197 ZEIT ONLINE GmbH (2018): Tourismus für acht Prozent des Treibhausgasausstoßes verantwortlich (Stand: 08.05.2018). https://www.zeit.de/gesellschaft/zeitgeschehen/2018-05/klima-tourismus-acht-prozent-treibhausgasausstosses. [09.08.2019].

198 Umweltbundesamt (2019): Flugreisen (Stand: 09.04.2019). https://www.umweltbundesamt.de/umwelttipps-fuer-den-alltag/mobilitaet/flugreisen. [09.08.2019].

199 Statista GmbH (2019): Anzahl der Passagiere auf dem weltweiten Kreuzfahrtmarkt von 2009 bis 2019 (in Millionen) (Stand: 09.08.2019). https://de.statista.com/statistik/daten/studie/285194/umfrage/passagiere-auf-dem-weltweiten-kreuzfahrtmarkt-bis-2014. [09.08.2019].

200 Urlaubstracker GmbH (2019): Umweltsünder Kreuzfahrtschiff: Ökologische & nachhaltige Kreuzfahrten (Stand: 01.02.2019) https://www.urlaubstracker.de/nachhaltige-kreuzfahrten. [09.08.2019].

201 atmosfair gGmbH: Flugreisen und das persönliche Klimabudget. https://www.atmosfair.de/de/gruenreisen/persoenliches_klimabudget. [09.08.2019].

202 Ellen MacArthur Foundation: The New Plastics Economy – Rethinking The Future Of Plastics & Catalysing Action, Januar 2016, S.32.

203 Statista GmbH (2017): Die meisten Berufspendler fahren mit dem Auto (Stand: 25.08.2017). https://de.statista.com/infografik/10822/die-haeufigsten-verkehrsmittel-der-berufspendler. [09.08.2019].

204 Statista GmbH (2014): Junge Menschen arbeiten lieber für nachhaltige Unternehmen (Stand: 07.07.2014). https://de.statista.com/infografik/2435/altersverteilung-der-personen-die-bevorzugt-fuer-unternehmen-arbeiten-die-sich-fuer-nachhaltigkeit-einsetzen. [09.08.2019].

205 Statista GmbH (2017): Die meisten Berufspendler fahren mit dem Auto (Stand: 25.08.2017). https://de.statista.com/infografik/10822/die-haeufigsten-verkehrsmittel-der-berufspendler. [09.08.2019].

206 Forum Nachhaltige Geldanlagen e. V. (2018): Der nachhaltige Anlagemarkt in Deutschland (Stand: 05.06.2018). https://www.forum-ng.org/de/fng/aktivitaeten/980-fng-marktbericht-nachhaltige-geldanlagen-2018-deutschland.html. [09.08.2019].

207 Nicolai, B.; Axel Springer SE (2017): Nespresso will nicht vom Aluminium lassen (Stand: 14.11.2017). https://www.welt.de/wirtschaft/article170606900/Nespresso-will-nicht-vom-Aluminium-lassen.html. [09.08.2019].

208 ZEIT ONLINE GmbH (2019): IWF verbannt Einwegplastik (Stand: 12.04.2019) https://www.zeit.de/wissen/umwelt/2019-04/nachhaltigkeit-recycling-iwf-umweltschutz-plastik-verschmutzung. [09.08.2019].

209 Mathez, A.; Frankfurter Rundschau: Wie die Deutsche Bank Geld mit Krieg verdient (Stand: 24.05.2019). https://www.fr.de/wirtschaft/milliarden-krieg-12315609.html. [09.08.2019].

Anmerkungen

210 Focus (2017): Studie: Allianz investiert in die Hersteller von Streubomben (Stand: 24.05.2017). https://www.focus.de/finanzen/news/fragwuerdige-geschaefte-studie-allianz-investiert-in-die-hersteller-von-streubomben_id_7170525.html. [09.08.2019].

211 Dreamartist Webmedia: Die Akku Lagerung der verschiedenen Akkutypen. http://www.akku-abc.de/akku-lagerung.php. [09.08.2019].

212 Lekker Energie GmbH: So senken Sie Ihre Stromkosten und sparen bares Geld. https://www.lekker.de/blog/stromkosten. [09.08.2019].

213 Maister GmbH: Maister und die Umwelt. https://www.maister-bbq.de/produkte/maiskohle. [09.08.2019].

214 Boßmeyer, R.: So viel Dreck hinterlassen Festivalbesucher (Stand: 10.06.2019). https://www.t-online.de/nachrichten/deutschland/gesellschaft/id_85904820/umweltsuende-festival-so-viel-dreck-hinterlassen-die-besucher.html. [09.08.2019].

215 Statista GmbH: Prognose der Umsätze für Online Food Delivery in Deutschland für die Jahre 2017 bis 2023 (in Millionen Euro) (Stand: 01.08.2019). https://de.statista.com/statistik/daten/studie/642308/umfrage/online-food-delivery-umsatz-in-deutschland. [09.08.2019].

216 Görsch, J.uliane: 7000 Chemikalien und unzerstörbar: Täglich landen 10 Milliarden Kippen auf dem Boden (Stand: 23.02.2019). https://weather.com/de-DE/wissen/umwelt/news/2019-02-23-7000-chemikalien-und-unzerstoerbar-was-filterzigaretten-anrichtenund-unzerstoerbar-was-filterzigaretten-anrichten. [09.08.2019].

217 FAZE Music & Verlags GmbH: Über 60 Festivals verbieten Einwegzelte (Stand: 14.05.2019). https://www.fazemag.de/ueber-60-festivals-verbieten-einwegzelte. [09.08.2019].

218 Umwelthelden e. V.: Tropenholzfreie Grillkohle – Grillen ohne Regenwald. https://www.abenteuer-regenwald.de/bedrohungen/tropenholz/grillkohle. [09.08.2019].

219 Basierend auf: https://www.verbraucherzentrale.de/sites/default/files/migration_files/media222992A.pdf